KB002015

역사의 오류를 읽는 방법

역사의 오류를 읽는 방법

1판 1쇄 인쇄 2024. 7. 10.
1판 1쇄 발행 2024. 7. 19.

지은이 오항녕

발행인 박강휘
편집 김태권 디자인 유향주 마케팅 고은미 홍보 박은경
발행처 김영사
등록 1979년 5월 17일(제406-2003-036호)
주소 경기도 파주시 문발로 197(문발동) 우편번호 10881
전화 마케팅부 031)955-3100, 편집부 031)955-3200, 팩스 031)955-3111

저작권자 ⓒ 오항녕, 2024
이 책은 저작권법에 의해 보호를 받는 저작물이므로
저자와 출판사의 허락 없이 내용의 일부를 인용하거나 발췌하는 것을 금합니다.

값은 뒤표지에 있습니다.
ISBN 978-89-349-3557-5 03900

홈페이지 www.gimmyoung.com   블로그 blog.naver.com/gybook
인스타그램 instagram.com/gimmyoung 이메일 bestbook@gimmyoung.com

좋은 독자가 좋은 책을 만듭니다.
김영사는 독자 여러분의 의견에 항상 귀 기울이고 있습니다.

역사의 오류를 읽는 방법

텍스트의 실수와 왜곡을 잡아내고 진실을 건지는 법

오항녕 지음

김영사

조화에는 벌레가 없다

역사-인간, 호모 히스토리쿠스Homo historicus. 역사학자 요한 하위징아Johan Huizinga(1872~1945)가 문화는 놀이-인간(호모 루덴스 Homo ludens)의 흔적이라고 한 말을 흉내내어 이렇게 불러본 적이 있었다.

대학 중심의 전문 역사학자들과 시민들 사이에 벽이 있다는 반성으로 역사 대중화가 화제에 오른 적이 있었다. 이런 논의는 언제나 반가운 일이지만, 기실 숙제로 시작하는 일기부터, 집안의 족보, 교실의 일지, 여러 학교의 교사校史, 각종 마을 및 시민 기록관, 국립기록원에 이르기까지 역사를 남기고 전하고 이야기하는 행위는 그냥 삶의 일부분이다. 그래서 인간은 호모 히스토리쿠스이다.

본디지털born-digital의 시대에 역사는 이미 디지털로 만들어지거나 재생산된다. 본디지털이 역사 자료의 규모나 양, 탐구 방법의 차원을 넘어서는 역사학의 변화인지는 더 생각해봐야겠다. 1995~2002년 말 서울시스템에서 방대한 조선왕조실록을 CD에 담고 웹으로 제공하기 시작한 뒤로, 역사정보통합시스템, 한국고전종합DB 등을 통하여 누구나 사료史料에 쉽게 접근할 수 있게 되었다. 이런 환경이 역사연구 및 교육 전문가와 수용자 및 활용자 사이의 간극을 줄였는지, 또 이런 환경 덕분에 역사탐구의 질이 예전보다 농밀해졌는지는 모르겠다. 하지만 역사공부를 좀 더 가까이할 수 있고 자신의 역사를 남기는 데 더 관심을 둘 수 있는 여건이 만들어졌을 때, 이왕이면 그 활동이 생산적이고 정확하게 이루어지기를 기대할 수는 있을 것이다. 이 책이 역사를 탐구하는 과정에서 어떻게 실수나 오류를 줄일지 고민하는 이들에게, 그 방법과 관점을 제공할 수 있었으면 하는 바람이다.

역사학은 인간의 흔적인 역사를 지식의 형태로 축적해가는 학문이다. 역사학은 대학의 분과학문 중 하나이지만, 동시에 모든 학문의 형식이자 방법이며, 모든 학문의 성격 자체이기도 하다. 의학사史, 물리학사, 심리학사, 경제사가 없는 의학, 물리학, 심리학, 경제학은 없는 이유이다. 심지어 역사학 자체도 역사학사가 있다.

음식이 깨끗하지 못하고 영양이 부족하면 우리 몸이 건강할 수 없다. 마찬가지로 역사학이 건강하지 못하면 역사학은 물론 다른 학문도 건강할 수 없다. 역사학 전공자만이 아니라, 그들을 믿고 역사를 배우고 읽는 많은 이들의 삶이 건강하지 못하게 될 수 있고, 의식하지 못하더라도 역사 속에서 살 수밖에 없는 모든 이들의 삶이 허약해질 수 있다.

이 책은 건강한 역사 탐구를 위한 작은 노력이다. 건강해지고자 한다면 두 방향의 접근이 가능하다. 첫째, 건강한 사람을 따라 하는 방법이다. 규칙적으로 운동하고 잘 자고, 또 좋은 마음을 갖도록 노력하는 것이다. 둘째, 건강하지 못한 상태를 개선하는 방법이 있다. 이 두 번째 접근법은 건강한 사람을 따라 하는 첫 번째 방법과 반드시 병행하는 것이 좋다. 건강을 해치는 습관이나 질병을 고치지 않으면 튼튼한 몸이 되기 어려운 것과 같은 이치이다.

이 책은 후자에 무게가 놓여 있다. 우리가 역사를 공부할 때, 습관적으로나 무의식적으로, 또는 편견이나 무지 때문에 빠지는 오류가 무엇인지 살피고 조심함으로써 건강한 역사적 사고를 키우는 데 도움을 주려는 책이다.

거의 모든 연구의 계기가 그렇듯이 당연히 이 글에도 선배들의 자극이 있었다. 먼저 당나라의 유지기劉知幾. 세월을 말하기는 부끄럽지만, 20년 동안 인류 최초의 역사학개론인 그의 《사통史通》을 번역하면서 서서히 문제의식이 싹텄다고 할 수 있다.[1] 《사통 내편》이 역사학 원론이라면 《사통 외편》은 역사서 비평으로, 역사서에 어떤 오류가 나올 수 있는지 쭉 사례를 들어 설명하고 있기 때문이다. 공자가 편찬했다는 《춘추春秋》, 역사학의 아버지로 불리는 사마천이 편찬한 《사기史記》도 그의 비판을 피해가지 못하였다.

다음은 장순휘張舜徽. 전통시대 훈련을 받은 최고 학자인 그는 《중국고대사적교독법中國古代史籍校讀法》(1955)이라는 다소 무거운 책 이름으로 내게 다가왔다. 원래 나는 이 책을 번역하면서 제목을 '어떻게 고전과 역사서를 오류 없이 읽을 것인가'라고 정하려고 했으나,《역사문헌교독법》이라는 어렵고 딱딱한 제목으로 만족해 야 했다.[2] 한문이라는 언어의 벽에 대한 환기부터, 판본板本, 교수校讎(두 종류 이상의 이본異本을 대조하여 틀린 데를 고침), 전거典據(말이나 문 장의 근거가 되는 문헌상의 출처), 가짜 책의 구별에 이르기까지 역사 공부의 기초에 대해 노학자의 경륜을 담아 차분히 설명한 책이다.

마지막으로 바다 건너 먼 곳에 사는 역사학의 선배, 데이비드 H. 피셔David H. Fischer가 있다.[3] 그는 오류란, 단지 실수 자체가 아니라 실수에 빠져드는 방식, 즉 무엇보다 잘못된 추론을 가리킨 다는 점을 강조했다. 그는 논리학의 성과를 역사연구에 훌륭하게 접목시켰다. 그의 책이 출간되었을 때 미국 역사학자들은 자신의 이름이 그의 책에 언급됐을까봐 전전긍긍했다는 이야기도 있다. 당초 이 책을 번역하는 것도 생각해보았으나, 사례가 미국과 유럽 의 역사 중심이어서 나의 능력을 벗어나 있었다. 하지만 내 책의 구조와 논리, 사례의 확장 중 많은 부분을 피셔 교수에게 신세 지 고 있다.

흔히 인문학의 두 축을 경經과 사史, 즉 철학과 역사라고 한다. 인간이 자신과 세계의 의미와 가치에 대해 던졌던 질문의 축적이 경서經書라면, 그 질문을 가지고 인간이 살았던 흔적이 역사歷史라고 생각한다. 역사는, 흔적을 남기고Recording, 기록을 보존하고Archiving, 그것을 통해 역사를 서술하고 이야기하는Historiography 세 영역을 함께 가리키는 말이다. 현대 역사학은 이 중 주로 마지막 부분인 서술-이야기하기에 머물러왔다. 그중에서도 분과로서의 역사학은 논문 쓰기로만 국한되었다.

그러나 학교에서 배우는 역사만이 아니라, 일상을 쓰는 일기도, 누군가에 대한 그리움을 달래려고 소중히 보관하고 있는 사진도 역사이며, 무엇보다 보관하고 있는 행위 자체가 역사이다. 그러므로 역사학개론을 다시 쓴다면 이런 포괄성을 담고 있어야 한다.[4] 이 책에서 다룬 '역사학의 오류' 역시 내가 생각하는 역사의 세 영역을 염두에 두고 나누어 생각해보았다.

1부 '사실의 오류'에서는 기록을 남기며 발생하는 오류, 어떤 선입견이나 편견을 가지고 사실에 접근하면서 생기는 오류를 다루었다. 문자와 언어에 대한 무지나 착각에서 생기는 오류도 여기에 속한다. 이 오류 때문에 공자는 아버지의 무덤도 모르는 사람이 되고, 5000년 문명은 야만으로 전락한다. 기초적인 오류라고 부를 수 있을 텐데, 역사적 관심이나 탐구 단계에서 조심해야 할 주제이다.

2부 '서술의 오류'에서는 적고 전달하고 이야기하는 과정에서 발생하는 오류를 다루었다. 2부가 가장 길다. 아무래도 역사의 대부분이 여기에 해당하기 때문이다. '이순신 장군이 없었으면?' 같이 숱하게 던져지는 가상의 질문들도 여기서 검토한다. 이런 물음들이 역사적 사고에 기여할 수 있는지 없는지, 기여할 수 있다면 그것이 무엇이고 없다면 왜 그런지를 살필 것이다. 여기서는 일반 논리학의 오류로부터 도움을 많이 받았다. 사람의 언어전달에는 공통점이 있기 때문이다. 다만 역사적 사고는 경험에 기초하고 그 경험으로부터 추론과 사실을 덧붙여나가는 학문이기 때문에, 그런 학문적 특징을 염두에 두었다.

3부 '비판의 오류'에서는 역사를 둘러싼 논쟁에서 발견될 수 있는 오류를 다루었다. '네 말은 믿을 수 없어!' 하는 식으로 논제와 사람을 혼동하는 오류, 자신의 오류를 감추려고 편싸움을 유도하는 오류 등을 다루었다. 논쟁에서 지고 싶은 사람은 없다. 하지만 호승지심好勝之心이야말로 논쟁에서 가장 큰 적이다. 그러나 마음 수양까지 이 책에서 다룰 수는 없다. 다만 그 마음이 빚어내는 어리석음은 글로, 말로 표현되기에 좀 더 나은 논쟁이 되기 위한 방편으로 삼아 살펴보았다.

이렇게 책을 크게 세 부분으로 나누기는 했지만, 호기심과 이야기가, 사실 탐구와 서술이, 서술과 비판 및 논쟁이 분리될 수 있다고 생각하는 사람은 아마 없을 것이다. 구분은 방편일 뿐이다. 결국 역사를 탐구하는 것은 가능하면 실제 일어났던 진실에 가깝게 그 일을 기록하고 기억하는 것, 이야기하는 것이다. 그래서 우리 삶을 좀 더 낫게 만드는 일이다.

생화生花와 조화造花의 차이가 무엇이냐고 내게 묻던 친구가 있었다.

멀뚱멀뚱 쳐다보는 나에게 던지듯 말했다.

"조화에는 벌레가 없지."

역사를 공부할 때 나오는 오류나 실수, 사람이니까 있는 것이다.

2024년 전주대 여름

오항녕

차례

3부　어떻게 역사를 해석할 것인가
해석의 오류

1부

역사가도 틀릴 수 있다

사실의 오류

내 몸 안의 메멘토

인간의 경험과 흔적, 그리고 그 유력한 전달방식인 기록과 기억, 또 기록을 통해 이야기하고 활용되는 역사는 그 과정에서 오류와 함정을 수반한다. 어떤 흔적인들 온전하겠으며, 어떤 전달인들 정확하겠으며, 어떤 이야기인들 과거 자체의 재현이겠는가? 지나간 시공간의 사건을 다루는 역사학은 이렇듯 태생적 아포리아를 가지고 있다. 하지만 막다른 벽임과 동시에 시작을 뜻하는 아포리아라는 말처럼, 역사학은 그 한계와 왜곡을 하나씩 닦고 벗겨내면서 진실에 다가가는 학문이다. 어떤가, 한번 해볼 만하지 않은가?

나부터 잘하자

몇 해 전 내가 쓴 책의 한 대목이다.

> 근대의 학자 가운데 통감학이라는 명칭을 쓰기도 하지만, 기실 《자치통감》을 체계적인 학문 연구 대상으로 보기 시작한 것은 매우 오래되었다. 중국 원元나라 때 호삼성胡三省은 '온공이 세상을 뜬 뒤 공휴가 그 일로 상심하여 결국 통감학은 그 가문에서 거의 전해지지 못하였다〔蓋溫公之薨, 公休以毀, 卒通鑑之學其家幾於無傳矣〕'라고 통탄하면서 '통감지학'이라는 말을 처음 사용하였다.[1]

온공은 송나라 명재상이자 역사학자인 사마광司馬光이다. 사마광의 《자치통감資治通鑑》이 지닌 사학사의 위상 때문에 일찍부터 '통감학'이란 용어를 썼고 지금도 쓰고 있다.² 《자치통감》에 정통한 연구자였던 원나라 호삼성은 사마광의 아들 사마공휴司馬公休가 아버지의 학문을 잇지 못해 《자치통감》의 역사학 성과가 전해지지 못했다고 안타까워하였다.³ 그런데 위 서술에서 호삼성 말의 인용문은 오류이다. 이는 다음과 같이 수정되어야 한다.

> 온공이 세상을 뜬 뒤 공휴가 그 일로 몸이 상하여 세상을 떠나자 통감학은 그 가문에서 거의 전해지지 못하였다〔蓋溫公之薨, 公休以毁卒, 通鑑之學其家幾於無傳矣〕.

'상을 치르다 몸이 상해서 죽었다〔毁卒〕'란 말을 잘못 이해한 것이다. 안타깝게도 이 말은 자주 쓰는 표현이고 내가 번역한 문집 중에서도 빈번하게 등장하는 표현이다. 그런데도 나는 틀렸고, 더 안 좋은 건 이런 오류는 책이 출간되어 기분 좋게 펼쳤을 때에야 눈에 띈다는 것이다.

"나는 사도세자의 아들이다"

정조는 즉위하는 당일 빈전殯殿 문 밖에서 대신들을 소견했다. 그리고 임오년(사도세자가 죽은 해) 이후 하루도 잊지 않고 가슴속에 간직해온 한마디를 선포했다.

"아! 과인은 사도세자의 아들이다."

즉위 일성에 대신들은 경악했다. 특히 사도세자를 죽음으로 몰았던 노론은 공포에 휩싸였다. 14년 전 뒤주 속에서 비참하게 죽은 사도세자가 다시 살아난 모습을 똑똑히 보았던 것이다.[4]

어떤 소설가가 정조가 즉위하자마자 친아버지 사도세자를 높이려고 했다는 증거로 제시한 내용이다. 이 서술에는 모티브가 있고, 또 근거 사료도 있다. 그런데 그 사료에는 정작 소설가가 경악할 내용이 들어 있었다. 해당 사료를 보자.

아! 과인은 사도세자의 아들이다. 선대왕(영조)께서 종통宗統의 중요함을 위하여 나에게 효장세자孝章世子*를 이어받도록 명하셨거니와, 아! 전일에 선대왕께 올린 글에서 '근본을 둘로 하지 않는다[不貳本]'는 나의 의지를 크게 알 수 있을 것이다. (…) 혜경궁惠慶宮께도 또한 마땅히 경외京外에서 공물을 바치는 의절이 있어야 하나 대비大妃와 동등하게 할 수는 없으니, (…) 이 명이 내린 뒤에도 괴귀怪鬼와 같은 불순한 무리

• 영조의 요절한 맏아들. 이복동생 사도세자의 차남 세손 산(정조)이 그의 사후 양자로 지명되면서 사후 왕으로 추존되었다.

들이 이에 빙자하여 (사도세자를) 추숭追崇하자고 의논한다면, 선대왕께서 남긴 유교가 있으니 마땅히 해당 형률로 논하고 선왕의 영령께 고할 것이다.[5]

정조의 말은 '내가 사도세자의 아들이다'라는 선언이 아니다. 핏줄로는 사도세자의 아들이지만, 선대왕 영조가 효장세자를 잇도록 했으니 내가 사도세자의 아들임을 핑계로 삼아 추숭 논의 등이 있으면 안 된다고 준엄히 경고한 말이다. 정조 시대의 맥락을 여기서 일일이 설명할 필요는 없거니와,[6] 사료를 잘 읽어야 한다는 사례로 짚고 넘어가자.

역사 교과서에서도

교과서에서도 오류는 적지 않다.

> 친명 의식에 빠진 양반들을 비판하다
> **7월 28일** 아하! 명나라 왕의 은택은 이미 다 말라버렸다. 중국에 사는 선비들이 자발적으로 오랑캐의 제도를 좇아서 변발을 한 지도 백 년이나 되었건만, 그래도 오매불망 가슴을 치며 명나라 왕실을 생각하는 까닭은 무슨 이유인가? 중국을 차마 잊지 않으려는 까닭이다.[7]

위 고등학교 한국사 교과서에서는 연암 박지원의 《열하일기》에서 한 부분을 따와 학습자료로 인용하였다. 흔히 〈호랑이의 꾸짖음[虎叱]〉으로 널리 알려진 글을 연암이 소개하고, 그 뒤에 〈연암이 말하기를[燕岩氏曰]〉이라는 자신의 평론으로 덧붙인 문장의 일부이다.

위 한국사 교과서에서 연암의 말을 소개하면서 제시한 타이틀은 '친명 의식에 빠진 양반들을 비판하다'이다. 그런데 정작 박지원의 말은 그게 아니다. 박지원은 중국(명나라)을 잊지 못하는 선비들의 태도를 가상하게 여기고 위의 글을 쓴 것이다.

> 이 편篇이 비록 지은이의 성명은 없으나 대체로 근세 중국 사람이 비분悲憤함을 참지 못해서 지은 글일 것이다. 요즘 와서 세상의 운세가 긴 밤처럼 어두워짐에 따라 오랑캐의 화禍가 사나운 짐승보다도 더 심하며, 선비들 중에 염치를 모르는 자는 하찮은 글귀나 주워 모아서 시세에 아첨하니, 이는 바로 남의 무덤이나 파는 유학자儒學者로서 이리 같은 짐승조차도 오히려 잡아먹기를 달갑게 여기지 않을 것이다. 이제 이 글을 읽어본즉, 말의 많은 부분이 이치에 어긋나서 저 거협胠篋·도척盜跖과 뜻이 같다. 그러나 온 천하의 뜻있는 선비가 어찌 하룬들 중국을 잊을 수 있겠는가.**8**

실제로 연암은 중국에 갔을 때 명나라의 유풍을 지키는 학자가 있다는 말을 들으면 만사 제쳐놓고 찾아갔다. "아아, 슬프다. 명明

나라의 왕택王澤(임금의 은택)이 끊인 지 벌써 오래여서 중원의 선비들이 그 머리를 변발로 고친 지도 백 년의 요원한 세월이 흘렀으되, 자나 깨나 가슴을 치며 명나라 황실을 생각함은 무슨 까닭인고. 이는 차마 중국을 잊지 못함이다"라고 말했다. 여기서 연암의 중화中華 관념이 무엇이었는지 더 논의할 수는 있지만, 위 교과서의 제시글과 연암 원문은 전혀 부합하지 않는다. 아니 정반대이다.

이런 일은 《열하일기》를 읽어보았다면 나올 수 없는 오류이다. 위에 예로 든 교과서만이 아니라 대부분의 중고등학교 교과서에서 이런 오류가 발견된다. 특히 '실학實學'에 대한 사료는 매우 조심해서 읽어야 한다.[9] 문맥에서 동떨어진 정반대의 해석, 비약하는 설명이 적지 않게 노출된다. 이전 교과서를 답습하다 보니 오류마저 전승되는 경우가 있는데, 학생들이 역사를 배우는 첫걸음이 교과서라는 점을 고려한다면 신중해야 할 것이다.

숙제

숙제를 내드리겠다. 이 글을 읽을 독자 대부분은 이제 숙제라는 쇠사슬에서 벗어나 있을 터, 그러니 이제는 숙제의 아스라한 추억을 되새기는 시간을 가져보는 것도 그런대로 운치 있지 않을까? 억울해하지 않으셨으면 한다. 이 숙제, 필자에게도 해당한다.

자신이 겪었던 일 하나를 떠올리자. 오래전의 일도 좋고, 최근의 일도 좋다. 자신과 상관이 있어도 좋고, 상관이 없어도 무방하다. 사실이 분명하고, 증거가 있으면 더 좋다. 사랑하는 사람과의 이별, 가족 간에 기뻤던 일, 사회생활에서 인상 깊었던 사건, 혹은 어떤 이의 숭고한 삶에 대한 회상도 좋다. 기억할 만한 어떤 사건을 A4용지에 적어보자. 분량은 반 장도 좋고 한 장도 좋다.

그리고 얼마 뒤에 다시 그 사건을 회상하며 마찬가지 방법으로 적어보자. 한 달을 넘기지 않았으면 좋겠다. 아침에 적었으면 저녁에 다시 적어보아도 되고, 하루 뒤, 일주일 뒤, 모두 상관없다. 여기가 끝이다. 숙제 참 쉽다. 이제 먼저 쓴 글과 뒤에 쓴 글을 비교해보는 일이 남았다. 이건 한 달 뒤에 하자(내가 한 숙제는 다음 장에 나온다). 오늘은 그 비교를 위해 몇 가지 함께 생각해보기로 하자.

냉소

'모든 역사는 승자의 역사'라는 말이 있다. 역사는 승자의 관점에서 기록되게 마련이고, 따라서 승자의 관점에서 왜곡되게 마련이라는 것이다. 이 말은 역사 또는 역사기록의 한계를 언명하는 가장 소박한 형태의 냉소冷笑이기도 하다.

많은 사람들이 은연중에 동의하는 걸 보면 이 말에 뭔가 일리가 없지 않을 것이다. 그러나 조금만 생각해보아도 고개가 갸웃거려질 수밖에 없는 말이라는 것을 알 수 있다. 무엇보다도 우리 인생이, 우리가 사는 세상살이가 승패로만 이루어지지 않는다는 데서 그 이유를 찾을 수 있다.

지난 한 달을 돌이켜보면, 나는 삼시 세끼를 먹고 월급을 타고, 학생들을 가르치다가 혼내기도 하고 혼내고는 안쓰러워하기도 했다. 아침에 연구실에 나가 자료를 보고 새로운 문제는 노트도 했다. 점심때면 늘 그렇듯이 학교식당이나 주변 식당에서 동료들과 즐겁게 또는 밋밋하게 식사를 했다. 아, 그러고 보니 생일 턱을 낸 동료도 있었다. 학교, 사회, 세상에서 벌어지는 일에 대해 글도 쓰고 평론도 했다. 이렇게 나의 시간은 흘러갔고, 앞으로도 대개 이렇게 흘러갈 것이다. 회사에 다니는 많은 분들이 필자와 비슷하리라고 생각한다.

그렇지만 승패의 삶이 없지는 않다. 승진을 승패로 여기는 사람도 있을 것이고, 누구는 몇 평짜리 아파트, 얼마짜리 자동차를 가지지 못한 것을 인생의 승패로 생각할 수도 있을 것이다. 사업하는 분들 중에는 경쟁사를 물리치고 사업권을 따내거나, 국회의원 선거의 경우처럼 그 결과에 따라 당락＝승패가 엇갈리는 정치인들도 있을 것이다. 역사에 등장하는 쿠데타와 혁명, 반정反正도 그런 승패의 범주에 들어갈 수 있을 것이다.

하지만 너와 나의 인생에서 승패가 그리 많지 않듯, 사회나 나라에서도 승패는 그리 많지 않다. 대한민국에는 승패가 갈리는 선거가 이어지지만, 그 결과와는 상관없이 매년 예산이 짜이고 그에 따라 세입과 지출이 이루어지고, 국민들은 그 틀에서 경제활동을 하며 살고 있다. 오히려 승패에 주목하게 되는 것은 대개 하루하루의 축적을 대수롭지 않게 생각하고 지내다 보니 나타나는 호들 갑 때문이 아닐는지. 이렇게 보면 '모든 역사는 승자의 역사'라는 말은 세상에서 벌어지는 많은 일 중 해당하는 경우가 별로 없는 명제이다.

또한 승패가 나뉘는 경우라도 그 사건 자체의 세팅이 그렇게 되어 있기 때문이지, 그 사건에 대한 관찰이나 기록이 승자에 의해 왜곡된다는 것을 의미하지 않는다. 승패가 나뉘는 사안 또는 사건이라는 사실과, 그 승패가 승자의 손에 의해 왜곡된다는 것은 차원이 다른 문제이기 때문이다. 왜? 승패가 갈리는 그 사실을 승자만 보고 있지 않기 때문이다.

만일 '모든 역사는 승자의 역사'라는 견해가 옳다면, 우리가 역사의 패자에게 보내는 그 많은 관심은 어디서 온 것이라는 말인가? '모든 역사는 승자의 역사'라는 견해조차도 '모든 역사는 승자의 역사'가 아니기 때문에 가능한 관점이 아니겠는가? 그렇다. 승패가 나뉘고 그것이 기록될지라도 역사가 승자의 눈으로만 기록되지 않는다. 손바닥으로 하늘을 가릴 수 없다는 격언이 정녕 참말이라면 아마 그 격언의 사례로 '역사'가 맨 앞자리를 차지하지 않을까.

승패로 나뉘는 세상일이 그렇게 많지 않다는 평범한 진실에 더하여, 승패가 있다는 사실과 승패를 기록으로 남긴다는 것은 차원이 다르다는 평범한 이치에 더하여, 이쯤에서 '모든 역사는 승자의 역사'라는 관점이 갖는 함정 하나를 지적하고 가야겠다. 이 견해에는 무엇보다도 일부에 대한 진실로 전체를 덮어버리는 지적知的 게으름이 숨어 있다. 원래 게으름은 모든 냉소의 공통된 속성이라서 이상할 것은 없지만, 적당한 전문성과 함께 이 냉소가 찾아올 경우 소심한 비전문가들은 포섭되거나 타협하고 만다. 털고 가

자. 모든 역사는 승자의 역사? 그런 거 없다!

메멘토

그런 거는 없지만 이런 거는 있다. 기억, 또는 기록과 관련된 합리적 의심 말이다. 알 만한 사람은 다 아는 〈메멘토Memento〉(2001)라는 영화가 있다. 크리스토퍼 놀란 감독은 〈메멘토〉에서 기억의 진실성에 대한 질문을 영화화했고, 이어 〈인셉션Inception〉(2010)에서 기억의 층위에 대한 철학적 질문을 영화화했다. 먼저 나온 〈메멘토〉가 놀란 감독의 출발점이다.

못 본 분들을 위해 내용을 요약해보자. 보험 수사관이었던 레너드는 단기 기억상실증 환자이다. 단기 기억상실증으로 인해 그는 자신의 아내에게 인슐린을 과다 주사하여 죽게 만든다. 그러나 그는 아내가 누군가에게 살해되었다고 생각하고, 가상의 범인 '존 G'를 추격한다. 10분이 지나면 그는 기억을 상실한다. 안타까운 주인공을 둘러싸고 조작과 진실이 교차한다. 저급한 기억 능력을 가진 필자의 처지에서는 심상히 보아 넘길 주제가 아니었다.

주인공은 10분으로 제한된 기억을 연장시키려고 자신의 신체 거의 모든 부분을 메모장으로 이용한다. 손등, 팔뚝, 배, 허벅지 등 곳곳에 필사적으로 기록 작업Documentation•을 한다. 그러나 제한

• 도큐멘테이션은 계획을 세워 체계적으로 어떤 인간의 활동이나 성과를 기록하는 행위이자 방법을 가리키는 기록학의 용어이다.

2021년 안산시 단원구 4.16기억전시관에서 열린 세월호 참사 기억 프로젝트 7.5 〈Recall〉 전시. 세월호 아카이브의 일환으로 비영리 민간기록단체인 4.16기억저장소가 기획했다.

된 신체와, 시간만 허용된다면 끝이 없을 경험의 싸움은 사실 무모한 일이다. 그 틈을 비집고 왜곡이 이루어지는 것은 자연스러운 일이다. 주인공이 필사적으로 진실을 새겨놓은 손등, 팔뚝, 배, 허벅지 등등은, 고려시대와 조선시대 사고史庫, 지금의 국가기록원, 각 기업이나 방송국, 시민단체의 아카이브, 그리고 우리들의 일기장과 같다. 〈메멘토〉의 주인공 레너드는 약간 다른 나다.

아포리아

풀기 어려운 문제를 아포리아Aporia라고 한다. 원래는 막다른 골목이라는 의미이다. 표준국어대사전에서는 "대화법을 통하여 문제를 탐구하는 도중에 부딪치게 되는 해결할 수 없는 어려운 문제"라고 정의하고, 또 "이 문제는 해결하지 못하는 것으로 버려지는 것이 아니라 다른 방법이나 관점에서 새로이 탐구하는 출발점이 된다"라고도 했다. 흥미롭다. 풀기 어려운 막다른 골목인데, 새로운 출발점이 된다는 것이.

역사의 대상이 되는 과거를 재현再現할 수 없다는 데서 역사학의 아포리아는 시작된다. 재현, 말 그대로 다시 보여준다는 뜻이다. 사진으로 남기든, 기록으로 남기든, 과거는 성글게 남아 있을 수밖에 없다. 말하자면 구멍이 숭숭 뚫린 그림인 셈이다. 실제로 CCTV를 설치해놓아도 필자의 역사학개론 강의 가운데 1시간조차 그대로 재현할 수 없다. 이 아포리아 때문에 좌절과 냉소를 오갔던 것이다.

구로사와 아키라 감독이 영화 〈라쇼몽羅生門〉(1950)에서 표현했듯이, 같은 사건을 놓고 사람들은 서로 다르게 얘기한다. 원래 이 영화는 일본의 설화집인 〈금석물어집今昔物語集〉(즉 옛날이야기 모음)의 한 스토리를 가져와 만든 것인데, 줄거리는 이렇다. 어떤 무사가 아내를 말에 태우고 산길을 가다가 산적을 만났다. 산적은 이들을 유인하여 무사를 나무에 묶어놓은 뒤 무사의 아내와 잤으며, 무사는 살해되었다. 무슨 다른 관점이 가능하겠나 싶을 정도로 단순한 사건이다. 이 이야기를 놓고 구로사와 감독은 같은 사건에 대한 네 장면의 영화를 완성했다. 무사, 무사의 아내, 산적이 등장하는 원작에, 이 장면을 숨어서 지켜보던 나무꾼이라는 인물까지

영화 〈라쇼몽〉 스틸 컷. 우리가 객관적 진실을 인식하는 것은 가능한가?

추가로 창조하여 네 사람이 각각 하나의 사건에 대해 진술하는 영상을 보여주었다.

모두의 진술이 달랐다. 산적 타죠마루는 무사의 아내와 사랑을 나눈 뒤 떠나려고 했는데 무사의 아내가 붙잡으며 내 몸을 버려놓았으니 너 아니면 내 남편 하나는 죽어야 한다고 울부짖어서 할 수 없이 무사와 결투하다가 그를 죽였다고 했다. 무사의 아내 마사고는 강간을 당한 뒤 남편의 눈에서 느낀 경멸감 때문에 말다툼하던 중 남편을 단검으로 살해했다고 진술했다. 나무꾼이나 죽은 무사의 영혼 역시 진술이 달랐다.

구로사와 감독은 이 영화에서 우리가 객관적 진실을 인식하는 것이 가능한가, 라는 보편적 질문을 던졌다. 여기서 〈라쇼몽〉의 영화사적 의미나 해석은 더 진행하지 말자. 필자가 잘 모르기도 하거니와 이 정도의 문제제기만으로도 우리 주제와 관련하여 할 말은 넘쳐나니까.

여기서 나는, 역시 각기 보기 나름이야, 라는 식으로 객관적 진실에 대한 불가지론不可知論을 말하려는 것이 아니다. 오히려 이 불가지론으로 빠질지도 모르는 아포리아를 붙잡고 거기서 출발점을 마련한 사람들, 이 아포리아를 아포리아답게 만든 사람들이 있었고, 그들을 우리는 역사가라고 불렀다는 사실을 상기하고자 하는 것이다.

역사는 과거의 기억할 만한 경험이자 그 경험에 대한 탐구를 의미한다. 기억할 만한 경험은 이야기일 수도 있고, 단순한 정보일 수도 있다. 역사는 시간의 학문이다. 세상의 모든 존재는 시간 속에서의 존재이다. 그렇기에 인식하든 못 하든, 수업시간에 졸든 말든, 역사는 세상 모든 존재의 존재론이기도 하다. 그러므로 역사의 아포리아는 세상 모든 존재의 근원적 규정성에서 시작된다.

모든 존재는 변한다. 돌이킬 수가 없다. 사람이 스물, 서른… 일흔, 이렇게 나이를 먹다가 죽듯이, 세상도 흥망성쇠를 겪는다. 그렇게 모든 것이 변한다. 내가 스무 살의 그날로 돌아갈 수 없듯이, 내가 태어나 자란 성환읍 홍경리도 내 어린 시절의 홍경리로, 조선시대 우리 할머니 할아버지가 정착하시던 그때의 홍경리로 돌아갈 수가 없다. 고려시대 수백 명의 승려가 살던 홍경사弘慶寺가 있던 시절로 돌아갈 수가 없는 것이다. 역사에서 재현이 불가능한 이유가 바로 여기에 있다. 누가 지나간 시간을 붙잡을 수 있겠는가? 과거를 재현할 수 없기 때문에 생기는 역사의 아포리아는 인간의 숙명인 것이다.

여기에 더하여 그나마 가지고 있는 재현 수단이 시원치 않다는 것이다. 있다고 해보아야 붓이었다. 그나마 나아진 것이 사진과 녹음이다. 여전히 도도히 흘러가는 시간을 붙잡기에는 턱없이 부족한, 아니 부족하다고 말하기조차 민망한 수단밖에 우리는 가지고 있지 못하다.

구성되는 기억

안도해야 할지 더 좌절해야 할지 모르겠지만, 과학은 우리의 기억이 안정적이지 않은 이유를 가르쳐주었다. 우리는 흔히 어떤 일이 '기억난다'라고 말한다. '그래, 우리 전에 만났었지?' 하며 기억을 떠올린다. 이 떠올림이 문제다. 이 떠올림이 창고에 있던 물건을 꺼내오듯이, 머릿속 어딘가에 있던 기억을 꺼내오는 것이 아니라는 말이다. 다시 말해, 뭔가 기억이라는 실체가 있어서 그것을 테이프 돌리듯 재생하는 것이 아니라, 기억은 그때그때 재구성되는 것이라는 사실이다. 좀 더 알아보자.

우리가 말하는 생물학적 현상으로서의 기억에는 단기기억과 장기기억이 있다. 단기기억이란 작업기억working memory이라는 말로 불린다. 언뜻 단기기억은 컴퓨터를 사용할 때 메모리라고 부르

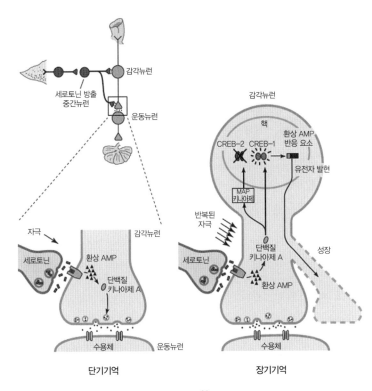

감각뉴런

세로토닌 방출
중간뉴런

운동뉴런

감각뉴런

핵

CREB-2   CREB-1

환상 AMP
반응 요소

유전자 발현

MAP
키나아제

반복된
자극

자극

감각뉴런

단백질
키나아제 A

성장

세로토닌

환상 AMP

단백질
키나아제 A

세로토닌

환상 AMP

수용체   운동뉴런

수용체

단기기억

장기기억

분자생물학으로 본 단기기억과 장기기억의 형성.[10]

는 램Random Access Memory, RAM처럼 이해되고, 장기기억은 중앙
처리장치Central Processing Unit, 곧 CPU에 해당하는 것처럼 느껴
질지도 모른다. 그런데 그렇게 이해하면 될 듯하면서도, 안 된다.
무슨 말인가?

컴퓨터의 메모리는 우리가 작업할 때 문서든 그래픽이든 중앙
처리장치에서 불러오는 것이다. 즉 뭔가 CPU에 저장되어 있는 것

을 있는 그대로 다른 사이버 공간으로 가져오는 것이다. 그러나 우리의 머릿속에서 일어나는 단기기억과 장기기억은 꺼내오는 것이 아니라, 재구성되는 것이다.

먼저 단기기억. 앞의 그림을 보면서 이해하자. 기억할 무엇이 충격이라는 형태로 주어지면, 중간뉴런을 활성화하여 화학적 전달자인 세로토닌을 시냅스(신경전달부위)로 방출하게 만든다. 세로토닌이 시냅스 틈새를 건너 감각뉴런(신경세포)에 있는 수용체와 결합하고 이로 인해 환상環象 AMP가 생산된다. 환상 AMP는 단백질 키나아제 A를 자유롭게 만들고 이것이 운동뉴런으로 신경전달물질인 글루타메이트의 방출을 촉진한다. 이런 단기기억의 작용은 '시냅스를 강화한다'라는 말로 표현된다.

한편 장기기억은 단순히 단기기억의 축적이 아니다. 둘 사이에는 해부학적 차이가 있다. 여러 번 복습하면 그 반복학습을 통해 흔히 학습효과가 높아진다고 말한다. 그 생물학적 근거가 있다. 기억이 반복되면 단백질 키나아제 A가 핵으로 이동하여 감각뉴런의 유전자를 발현시키고, 새로운 시냅스의 성장을 가져온다. 이것이 단기기억의 작용으로 설명했던 '시냅스를 강화한다'는 것과의 차이점이다. 그러니까, 단기기억과 장기기억은 서로 다른 메커니즘 속에서 형성되는 것이다.

이를 연구하는 분자생물학자들도 '기억 저장'이라는 표현을 쓴다. 그런데 필자는 그 '저장' 자체가 '단백질 합성'이라는 점에서, 창고 물건을 꺼내오는 것이 아니라, 창고에서 물건을 재구성해서

가지고 나오는 것으로 이해한다. 심지어 창고조차 계속 재구성되는 것이다. 그러므로 애당초 기억 저장이라는 것은 실체가 아니라 과정이다. 따라서 우리의 기억은 생물학적으로 언제나 다를 수밖에 없는 것이다.

한편 기억은 재구성되기도 하지만 아예 사라지기도 한다. 기억이 없어지는 망각은 뇌 신경세포가 새로 생기면서 일어나는 현상이라는 것을 쥐 실험으로 확인했다고 한다. 2014년 일본 아이치현의 후지타 보건위생대 연구팀은 뇌의 해마에 있는 치상회齒狀回 부위에서 새로운 신경세포가 생기면서 망각이 일어난다는 점을 확인하고, 과학학술지 〈사이언스〉에 실험 결과를 발표했다.[11] 이 논문대로라면, 우리가 어렸을 때의 일을 기억하지 못하는 '유아기 건망' 현상도 쉽게 설명할 수 있다. 이 연구를 고통스러운 기억을 잊게 하는 방법으로 활용한다면 외상후스트레스장애PTSD도 치료할 수 있다는 게 연구팀 주장이다.

수난의 기록

기억-망각의 생리학적 메커니즘에 따르면, 우리의 기억이 같은 사건에서조차 사람마다 다른 데 대해 죄의식 같은 것을 가질 이유가 없다. 한 사람의 기억도 언제나 다르게 재생되는데, 각기 다른 개체들 사이에서야 말해 무엇 하겠는가? 우리의 기억 메커니즘의 진화가 그렇게 이루어진 걸 어쩌겠는가? 이제 시간 속 덧없는 존재의 근원적 규정성에 한 가지가 더해졌다. 우리 머릿속의 기억마저 고정된 기억을 제공해주는 것이 아니다. 그 위에 과거에 대한 재현의 자료인 기록마저도 언제나 부족하고, 나아가 선입견, 고정관념, 이해가 엇갈리면서 우리의 기억은 다시 한번 굴절을 겪는다.

기억을 얼려둔 자료, 즉 과거를 재현할 기록이 부족한 이유는 크게 두 가지로 나눌 수 있다. 자연적 원인과 인위적 원인이 그것이다. 먼저 자연적 원인. 설명하지 않아도 짐작할 수 있을 것이다. 필자가 국가기록원에 근무할 당시에 한 지방자치단체로부터 침수된 기록물을 복원할 수 있을지 의뢰받은 적 있었다. 침수沈水는 전통적으로 기록에 대한 가장 치명적인 자연적 위협이었다. 특히 종이는 일단 물을 먹으면 떡이 되다시피 해서 복원하기가 여간 어렵지 않다.

하지만 언제나 문명의 흥망이 그렇듯이, 자연적인 이유보다는 인위적인 이유가 기록의 생명에는 더 치명적이다. 지구에도 그렇듯이 문명에도 인간이 가장 위협적인 존재라는 사실은 변하지 않는다. 인간의 무엇이 위협일까? 인간 자체가 위협이다.

조선시대에 실록을 편찬했다는 사실은 다 아는 일이다. 앞으로 우리가 다루게 될 내용이나 주제도 실록의 도움을 많이 받을 것이다. 그런데 그 실록의 생존은 기록에 대한 인위적인 위협의 대표적인 사례 두 가지를 보여준다. 하나는 모여 사는 인간 자체가 위협이라는 것이고, 다른 하나는 인간이 벌이는 전쟁이다.

처음에 한 질을 간행했던 실록은 손실의 위험 때문에 여러 질을 간행하게 되는데, 그래서 만들어진 것이 네 군데의 사고史庫였다.

한양 궁궐 안에 있는 춘추관春秋館을 비롯해, 충주, 전주, 성주 사고가 그것이었다. 조선 전기의 문신 양성지梁誠之 같은 사람은 사고가 관청과 붙어 있어서 화재가 염려될 뿐 아니라 또 나중에 외적의 침입 우려도 있다고 지적했다.[12]

불행하게도 이 예측은 정확히 맞아떨어졌다. 중종 33년 11월 성주사고에 불이 났다. 사고가 관청 옆에 있었다는 것은 읍치邑治 지역에 있었다는 말인데, 요즘으로 치면 면사무소나 군청 옆에 두었다는 의미다. 아마 관리가 편해서 그리했던 듯한데, 결과적으로 인재人災를 피할 수 없었던 셈이다.

선조 25년 4월 왜란이 일어나자, 선조는 피란을 떠났다. 왜군이 들어온 뒤 궁궐과 관청은 불에 탔다. 조선시대 연구자들은 누구나 임진왜란을 기점으로 남은 사료가 현격히 차이가 나는 데 놀란다. 임진왜란을 기점으로 어림잡아 이전 사료는 실록 빼면 거의 없다고 보면 된다. 다 어디로 갔을까? 누군가 가져가고 남은 것들도 불탔을 것이다. 전쟁은 종종 광기를 불로 보여주니까.

전쟁 때 사라진 기록은 이에 그치지 않는다. 한국전쟁 당시 남한과 북한의 종이쪽지에 쓰인 기록이란 기록은 미군의 포대 자루에 담겨 미국으로 수송되었다. 그래서 한국 학자들은 지금도 현대사를 연구하려면 미국 국립기록청NARA으로 가야 한다. 미군은 전쟁 수행 중에도 점령지에서는 맨 먼저 기록부터 주워 담았다. 아직 정리되지 않은 기록들은 선적번호Shipping Number가 매겨진 채로 NARA 수장고에 보관되어 있다.[13] 그 시간만큼 한국 현대사는 구멍이 뚫려 있을 것이다.

수정주의의 탈을 쓰다

선입견, 고정관념, 오해가 낳는 왜곡의 가능성을 소개하는 것으로 이번 장을 마쳐야겠다. 역사에서 의도를 찾는 것처럼 어려운 대목은 없다. 프랑스 작가 모리스 바르데슈Maurice Bardèche 이래, 이른바 역사수정주의가 보여주는 의도적 왜곡을 소개한다.

이들은 나치의 제노사이드Genocide(인종학살)가 조작이라고 주장한다. 유대인들의 증언과 자료는 위조이며, 독가스실이라는 것은 존재할 수 없기 때문에 있을 수 없다고 주장한다. 믿을 수 없는 일은 일어날 수 없다는 논법이다.

그런데 더 중요한 것은, 이러한 주장과 논법들이 점차 팔레스타인 문제를 덮어 감추는 방향으로 이용되었다는 점이다. 동시에 이런 은폐는 다시 역사수정주의자들에게 기회를 주는 악순환을 낳았다. 어딘가 좀 본 듯한 느낌이 오지 않는가? 그렇다. 위안부가 없었다는 주장이나 논법과 통하는 데가 있다.

여기서 그치지 말자. 과연 이런 '수정주의'는 정당한 역사학과 관계가 없는 것일까? 단지 왜곡일까? 그렇지 않다. 은폐의 논리, 왜곡의 논리는 역사학의 논리로 비판될 수 있다. 여기서 다시 우리는 역사학의 새로운 가능성을 본다. 바로 사건이 일어났음을 출발점으로 삼는 역사학 본연의 임무로의 복귀인 것이다.

과거에 대한 기억, 역사기록을 통해 구성되는 역사는 이렇듯 층층이 한계를 지니며 왜곡의 가능성을 태생적으로 지니고 있다. 우리가 하는 일은 그 한계를 인식하고 왜곡된 것들을 하나씩 벗겨내어 진실에 가까이 가는 것이다. 공자의 오랜 격언처럼, 서두르면 도달하지 못한다. 그러나 한 걸음씩 신중하게 발을 내디딘다면 진실이라는 목표에 마침내 도달할 수 있다. 어떤가, 한번 해볼 만하지 않은가?

2 | 나는 아버지 무덤을 알았다

아버지 무덤이 어딘지 몰랐다니! 그럴 수가 없었다. 그래서는 안 되었다. 하물며 '성인 聖人'이신 공자가 아닌가! 그런데 그게 아니었다. 후대 사람들이 사실을 잘못 기록했고, 이후로도 내내 사료를 잘못 읽은 데서 온 오해였다. 하지만 원래 사람은 사실을 '다르게' 기록하고 때로는 '잘못' 기록하기도 한다. 실험도 해보고, 공자에 대한 오해도 풀어보겠다.

숙제

지난번 숙제 검사. 자신이 겪었던 일 하나를 떠올려 적어보는 것이었다. 사소한 일도, 중요한 일도 좋다. 기억할 만한 어떤 사건을 A4용지에 적어본다. 양도 상관없다. 그리고 얼마 뒤 같은 사건을 한 주나 한 달 뒤에 다시 적어본다. 그리고 비교해본다. 이게 1장에서 내준 숙제였다. 먼저 필자의 숙제를 보여드린다.

● 상황 : 필자는 전주에서 매달 넷째 주 금요일 저녁 7시에 '이제는 같이 살자'라는 모임에 참석한다. 학생, 교사, 건축가, 주부, 회사원 등 시민들이 함께하는데, 10명 내외가 참여한다. 공유지共有地[14]에 관한 책도 읽고 영화도 보고 나들이도 한다. 세계사를 보

면 사람들은 사적 소유를 신성시하는 현대와는 달리, 지역과 시대를 불문하고 공유의 영역을 안전판으로 삼아 생존, 생활하였다. 광활한 숲에서는 땔나무, 집 지을 목재, 꿩이나 멧돼지 같은 육류, 각종 버섯과 딸기류를 얻었다. 강과 바다에서도 마찬가지였다. 오늘날에도 공원, 도로, 항만, 공항, 철도 등을 대부분 국가에서 관리한다는 점에서는 비슷하지만, 국가 소유일 경우 언제든 사유화될 수 있다는 점에서 차이가 있다.

피터 라인보우의 《도둑이야!》, 실비아 페데리치의 《캘리번과 마녀》 등을 읽고 난 뒤, 모처럼 봄맞이 소풍을 가자는 의견이 나왔다. 장소는 지리산 둘레길. 이왕이면 쑥도 캐자고 했다. 모두들 좋은 생각이라고 환영하였다. 따뜻한 봄날 나들이를 누가 마다하겠는가. 〈기억 1〉은 그날 있었던 일을 일기장을 통해 재구성한 내용이고, 〈기억 2〉는 재구성한 내용을 3주 뒤에 기억해서 다시 쓴 것, 즉 숙제로 적은 내용이다.

〈기억 1〉

9시 알마 카페 앞에서 만나기로. 내가 아파트로 데리러 온 김○○의 차를 찾지 못해 5분 늦었다. 그래도 모두 제때 도착. 나는 강○○의 차로 옮겨 타고 출발. 회원 세 명이 차량 봉사. 남원까지 1시간 정도 걸렸다.

장○○의 조카가 운영하는 카페에 차를 세웠다. 5월

말이면 주변이 수국으로 뒤덮인단다. 누구는 바로 수국 모종을 샀다. 장○○이 차 한잔하고 출발하자고 한다. 좋은 생각이다. 출출한데 간식도 하자고 한다. 이러다 해 저물겠다.

11시 넘어서 드디어 둘레길로 출발.

"여기서부터 둘레길이야?"

"아니, 아직." 먼저 사전답사를 다녀온 최○○이 대답했다.

20분쯤 걸었다. 길옆으로 흐르는 개천이 졸졸졸…. 냉이는 이미 꽃을 피웠고, 개불알꽃, 민들레꽃이 보인다. 물론 모르는 꽃, 풀, 나무가 더 많다.

내송의 둘레길 표지가 보인다. 최○○은 이쪽이야, 하고 앞장서서 걷는다. 10분쯤 가다가, 최○○과 함께 사전답사를 갔던 장○○이 "이쪽이 아닌가봐" 하더니, 남원 쪽에서 걸어오던 사람들에게 묻더니, 다시 길을 돌렸다.

알고 보니 내송에서 왼쪽으로 가야 했던 것이다. 거기서부터 솔정지, 구룡치를 거쳐 운봉에 이르는 지리산 둘레길 1코스였다.

"근데 최○○, 장○○ 둘이 사전답사 왔던 거 아니었어?"

"왔었지요! 근데 여기까지밖에 안 왔어요."

장○○은 내송 안내판을 가리키며 이렇게 말했다.

"그럼 둘레길은 시작도 안 한 거잖아! 그게 무슨 사전 답사야!"

그동안 착하기 그지없던 멤버들의 항변이 시작되었다.

"그래도 여기까지는 왔었어! 아무튼 물어봐서 다시 돌아왔잖아!"

사전답사 파트너였던 최○○이 말했다. 오늘 나들이가 불안해지기 시작했다. (후략)

〈기억 2〉

고맙게도 김○○이 아파트로 데리러 온다고. 이미 도착해서 기다리는 김○○의 차를 찾지 못해 늦었다. 나는 할 얘기가 있어서 강○○의 차를 탔다. 나○○도 함께 탔다. 남원까지 1시간 정도 걸렸는데, 고속도로를 탄 회원도 있었다. 시간은 비슷한 듯.

57번지 게스트하우스 겸 카페에 주차. 장○○의 조카가 주인이라고. 온실에 있는 화분도 판매하는데, 박○○은 수국을 샀다. 얼마 지나면 뒷산에 수국이 뒤덮인단다. 누가 차 한잔하고 출발하자고 해서 앉았다가, 점심으로 준비한 김밥도 먹었다. 덕분에 11시 넘어서 출발.

모자, 선글라스 쓰고. 바람도 햇살도 좋다. 논두렁에

냉이꽃이 잔뜩 피었는데, 난 지금쯤 캘 수 있는 줄 알았다. 먹을 줄만 알았지, 냉이 생태는 전혀 몰랐던 것. 조금 걸었더니 내송마을 입구에 둘레길 표지가 보인다.

사전답사를 왔던 최○○을 따라 걷는데, 이상하게 남원 쪽 방향이었다. '둘레길이 남원에서 출발하는데…. 답사한 사람이 알겠지' 생각하며, 그냥 따라갔다.

10분쯤 갔을까, 장○○이 "이쪽이 아닌가봐" 하더니, 남원 쪽에서 걸어오던 사람들에게 물어보고는 저쪽이라며 우리가 온 내송마을 입구를 가리켰다. 알고 보니 거기서 왼쪽으로 올라가는 길이었다(우리는 솔정지, 구룡치를 거쳐 구룡폭포를 보고 다시 주천으로 돌아왔다).

누가 최○○, 장○○을 보고,

"여기 사전답사 왔던 거 아니었어?"

"왔었지! 여기까지."

장○○은 안내판을 가리키며 말했다. 사람들은 어이없어 웃고 말았다.

"둘레길은 시작도 안 한 거잖아! 그게 무슨 답사야!"

그래도 바쁜 시간에 사전답사를 한 게 어딘가. 마침 화장실도 있어서 몇몇은 볼일을 보고, 발걸음 가볍게 출발. 조금 시간을 내면 이렇게 여유로운걸, 나는 왜 바쁘게만 살고 있을까….

숙제 검사

〈기억 1〉과 〈기억 2〉의 차이는 두 가지다. 첫째, 사실에 대한 기억에서 크지는 않지만 대화 내용이나 순서가 다르게 나타나고, 어떤 부분은 기억에서 지워졌다. 둘째, 〈기억 2〉에서는 〈기억 1〉에 없었던 '태도, 느낌, 반성' 등의 해석이 덧붙여졌다.

먼저 첫 번째 사실 차이. 만일 기억이라는 것이 창고에 있는 물건을 꺼내오듯이 저장되어 있는 무엇을 꺼내오는 행위라면 적어도 그 사실에 대한 나의 기억은 같아야 한다. 아예 빼먹는 것은 상관이 없다. 왜냐하면 기억이 없어지는 것은 물건을 도둑맞는 것과 같기 때문이다. 그런데 사실은 기억하는데 그에 대한 표현이 달라지는 것은 기억이 실체가 아닌 구성되는 것이라는 견해를 뒷받침하는 사례일 수 있다.

그럼에도 불구하고 오전 9시쯤에 출발했고, 누구 차를 탔으며, 주천의 카페에 주차하고 차를 마신 일, 사전답사를 다녀온 회원들의 길 안내 실수 등 몇몇 사실은 그대로 남는다. 다시 말해 기억이 구성되면서 달라져도 여전히 남는 사실들이 있다. 그러나 남는 사실 또한 과연 언제까지 그대로 남아 있을까? 바위도 침식되듯이, 세월에 의해 그 남은 사실조차 기억에 의해 침식되어가지 않을까? 이 문제는 지금 답하기 어렵다. 앞으로 신경과학의 연구와 역사학의 숙고를 통해 납득할 만한 답이 나오기를 기대하는 수밖에 없다.

두 번째, 〈기억 1〉과 〈기억 2〉에서 덧붙여진 '태도, 느낌, 반성'

같은 해석의 문제를 생각해보자. 역사는 사실의 기록이기도 하지만 해석의 기록이기도 하다. 사실과 해석이 겹쳐 있어서 애매한 경우도 있지만, 사람들이 여전히 사실과 해석을 나누는 것을 보면 둘은 분명 다르다는 것을 알 수 있다.

동아시아의 역사학 전통에서는 가급적 사실과 해석을 나누어 기술했다. 예를 들어 백이와 숙제에 대한 사실을 쭉 기록하고, 끝에 태사공왈太史公曰이라고 하여 자신의 해석, 즉 사평史評을 적어놓은 사마천의 경우가 대표적이다. 이렇게 하면 후대 사람들이 읽을 때 사실과 사평(해석)을 그래도 구분해서 이해할 수 있으리라 여겼던 것이리라.

그런데 역사학에서 해석이 중요하다고 하니까 종종 사실을 무시하고 해석만 하려는 사람들이 있다. 확인하자. 역사학은 사실을 기초로 해석하는 거다. 사실이 없으면 해석 자체가 없다. 때로는 사실 자체도 비판한다. 이는 사실에 담긴 진실을 더욱 분명하게 드러내주는 과정이다. 사실에 대한 비판이 오류의 합리화가 아니라는 말이다. 이때의 비판은 잘못의 지적이 아니라 의미 연관이나 기초 등을 밝히는 일을 뜻한다. 비판이 마치 오류의 합리화라도 되는 양 받아들이는 사람들이 있기에 덧붙이는 말이다.

위 〈기억〉에 붙은 해석에서 우리가 확인하는 바는, 사실에 대한 기억만이 아니라 그 사실에 대한 해석이 생길 수도 있다는 점이다. 단순히 해석이 생기는 경우도 있지만 다른 해석이 가능할 수도 있는 것이다. 역사학에서 사실과 해석을 다루기는 녹록지 않고,

또 그래서인지 모호한 논의도 많지만, 그렇기에 더욱 이 주제에 대한 기초 소양을 갖추어야 한다.[15]

이 숙제를 내드렸던 이유는 간단하다. 우리가 겪는 일상이 곧 역사학의 핵심적인 아포리아이자 연구주제라는 점을 강조하기 위해서였다. 하긴 그러니까 역사학이 보편적인 학문이 될 수 있는 것이기도 하다. 우리 일상의 생각과 질문이 철학을 구성하는 것, 우리가 일상에서 사용하는 언어와 표현이 문학을 구성하는 것과 마찬가지다.

성인聖人에게 야합이라니!

앞서 기억 또는 기록에서의 오류가 필연적일 수밖에 없는 이유로, 과거의 재현불가능성, 전쟁, 자연재해 등으로 인한 기록의 유실, 선입견과 악의에 의한 왜곡 등 여러 요인을 꼽았다. 이번에는 여기에 하나 더 추가되는 요인이기도 하지만, 역사학의 기초적인 오류 사례를 살펴보자. 바로 몰라서 저지르는 오류이다. 즉 무지, 또는 무식의 소치다. 그중에서도 가장 기초적인 오류는 글을 몰라서 저지르는 오류이다. 왜냐하면 많은 역사는 기록과 문자로 남아 있기 때문이다.

그래서 당연한 일이지만 역사공부를 하려면 언어 능력이 중요하다. 필자도 서양사를 전공하려고 생각했을 때는 선배들로부터 독일어, 프랑스어를 배워 책을 읽었다. 그러다가 한국사로 전공을 바꾸면서 선배에게 또 한문을 배웠고, 졸업 후엔 청명 임창순 선생님이 가르치시던 지곡서당(한림대 태동고전연구소)에 들어가 사서 삼경을 배운 뒤에야 더듬거리며 사료를 읽을 수 있었다. 언어 능력은 백번을 강조해도 지나치지 않다. 기초니까.

기초라는 말로 언어 능력을 강조하는 이유는 그만큼 그 능력이 중요하고 기본이기 때문이다. 동시에 언어 문제가 항상 논란이 되는 영역이라는 뜻도 담겨 있다. 즉 기초로서 강조되지만, 누구나 틀릴 수 있고 오류를 저지를 수 있는 소지가 있는 것이다. 그래서 오늘은 대가大家들이 저질렀던 실수, 그래서 더 많은 사람을 당혹스럽게 만드는 데 일조했던 일화를 소개해보려고 한다.

공자는 노나라 창평향 추읍에서 출생하였다. 그의 선조는 송나라 사람으로, 이름은 공방숙이다. 공방숙이 공백하를 낳았고, 공백하는 숙량흘을 낳았다. 숙량흘이 안씨 집안의 딸과 야합하여 공자를 낳았는데, 니구에서 기도를 드려 공자를 낳았다고 한다. (…) 공구가 태어나자 숙량흘은 죽었고, 방산에 장례 지냈다. 방산은 노나라 동쪽에 있어서, 이 때문에 공자는 자신의 아버지 묘소가 있는 곳을 궁금해했지만 어머니가 확실히 대답해주지 않았다. (…) 공자 어머니가 죽자 오보의 사거리에 빈소를 차렸는데, 대개 신중히 하기 위해서였다. 추땅 사람 만보의 어머니가 공자 아버지의 묘소를 가르쳐준 뒤에 방산에 가서 합장했다[孔子生魯昌平鄕陬邑. 其先宋人也, 曰 孔防叔. 防叔生伯夏, 伯夏生叔梁紇, 紇與顏氏女野合而生孔子, 禱於尼

丘得孔子. (…) 丘生而叔梁紇死, 葬於防山. 防山在魯東, 由是孔子疑其
父墓處, 母諱之也. (…) 孔子母死, 乃殯五父之衢, 蓋其愼也. 郰人輓父之
母誨孔子父墓, 然後往合葬於防焉].

위의 사료는 사마천의 《사기史記》 권47 〈공자세가孔子世家〉 첫 대
목을 요약한 것인데, 대개 위와 같이 해석한다. 다만 해석 중 '대개
신중히 하기 위해서였다[蓋其愼也]'는 '천장淺葬을 한 것이다'가 옳
다. 뒤에 보겠지만, 신愼은 '신중하다'가 아니라, 빈殯(임시로 묻음)
과 같은 뜻이다. 무슨 말인지 보자.

공자는 송나라 사람이다. 송나라는 은나라가 망한 뒤 유민들로
구성된 나라이다. 사마천에 따르면 공자의 선대는 공방숙孔防叔(증
조부) - 공백하孔伯夏(조부) - 숙량흘叔梁紇(아버지)로 내려왔다. 그리
고 아버지 숙량흘이 어머니 안 씨를 맞아 공자를 낳았다고 했다.

그런데 사마천이 남긴 위의 기록 때문에 후대에 독자들은 의심
에 휩싸였다. 우선 숙량흘이 안 씨와 '야합野合'해서 공자를 낳았다
는 기록을 인정하게 되면, '지고한 성인께서' 한 명의 사생아가 되
는 것이다. 게다가 사마천은 그 아래에, '공자는 자신의 아버지 묘
소가 있는 곳을 궁금해했지만 어머니가 확실히 대답해주지 않았
다'라고 기록해놓았다. 이치로 보나 정리로 보나, 자식이 아버지의
묘소가 어디에 있는지도 모르고 어머니조차 일러주지 않았다면,
누가 그 관계가 합당하거나 정상적이었다고 인정할 수 있겠는가?
아무리 주석을 다는 후학들이 이를 합리화시키려고 애를 써도 합

〈공자의 초상〉(1770년경). 숙량흘이 안 씨와 '야합'해서 공자를 낳았다는 기록을 인정하게 되면, '지고한 성인께서' 한 명의 사생아가 되는 셈이다.

리화될 수 없는 일이었다.

《예기禮記》의 독해

지금 논의에서 중요한 점은 두 사실, ① 공자는 야합에 의해 태어났다, ② 어머니 안 씨가 가르쳐주지 않아서 공자는 아버지 무덤을 몰랐다는 점이다. 사마천이 남긴 〈공자세가〉 기록을 이해하기 위해 다른 식으로 접근해보자.

공자가 아버지 묘소를 몰랐다는 고사는 《예기》〈단궁檀弓〉편에 최초로 나온다. 물론 사마천 시대에는 예기니, 단궁이니 하는 책명이나 편명은 없었다. 《중국고대사적교독법》(1955)의 저자 장순휘는 사마천이 흩어져 돌아다니는 '예기'를 보았을 것이고, 그에 근거해서 〈공자세가〉를 지었다고 보았다. 현존《예기》의 원문이 〈공자세가〉보다 앞선 기록이라는 전제이다.**16**

　《예기》는 원래 한漢나라 학자들이 예경禮經에 대한 해설을 뽑아 모은 저서로, 후한 때나 현존《예기》의 형태를 띤다고 한다. 다만 현재 학계에서는 그 기록 대부분이 한나라 이전에 만들어진 것이고, 거기에 한나라 사람의 저술도 섞여 있다고 본다. 반고班固가《한서漢書》〈예문지藝文志 육예략六藝略〉의 '《예기》 131편' 아래의 주注에, "공자 70제자 이후의 학자들이 기록한 것이다"라고 했던 진술은 객관적이라고 인정받는다. 공자의 고사가 실린《예기》〈단궁〉편의 대목을 인용해보자.

　　孔子少孤不知其墓殯於五父之衢人之見之者蓋以爲葬也其愼也
　　蓋殯也問於郰曼父之母然後得合葬於防

　송나라 때《예기》에 대한 주석을 모으고 자신의 주석을 단《예기집설》의 저자 진호陳澔(1261~1341)는 위의 구절을, "공자는 어려서 고아(아버지가 없는 어린아이)가 되었으므로 아버지의 묘소를 알 수 없어서 (어머니의 상례 때) 오보의 사거리에 빈소를 차렸다. (…) 추땅 만보의 어머니에게 물어보고 난 뒤에야 (아버지의 묘소가 있는) 방산에 가서 합장했다[孔子少孤, 不知其墓, 殯於五父之衢, (…) 問於郰曼父之母然後得合葬於防]"라고 해석했다.

　그러고는 다소 거칠게, "어머니 안 씨가 죽었을 때 공자는 15세를 넘긴 지 이미 오래였다. 성인이 사람이 지켜야 할 도리에 빈틈 없거늘, 어찌하여 어머니가 돌아가실 때까지 아버지가 묻힌 곳을 찾지도 않았으며, 어머니의 빈소를 마련할 때까지 아버지의 묘소를 몰랐단 말인가?"라고 반문하면서, 성인인 공자가 그럴 리 없다, 즉 아버지의 묘소를 몰랐을 리가 없다고 강력히 부인했다. 당연히, 《예기》란 책은 뭇사람들의 기록이 뒤섞여 있어서, 거기에는 사실로 여길 수 없는 것들도 많다"라고 덧붙였다.

게다가 공자에 관한 거의 모든 사료를 비판적으로 검토한 최술 崔述(1740~1816)도 공자의 조상과 출생에 대해 변증하면서 '진호의 변증이 옳다'라고 맞장구쳤다.[17] 성인 공자가 아버지 묘소를 모를 리 없다는 변증에 대한 동의이다. 공자가 야합으로 태어났다는 사실과 결합되면서, 아버지 묘소도 몰랐던 공자에 대한 당혹감이 느껴진다. 과연 그것으로 해결이 되었을까?

표점의 출현

상식 하나 짚고 가자. 위에 《예기》 원문을 인용했는데, 쭉 한자만 나열되어 있고 어떠한 문장부호도 없다. 당초 《예기》의 저자들은 표점標點을 찍지 않았다. 또 필자가 인용한 사마천의 《사기》 역시 문장부호가 있었을 리 만무하다. 필자가 인명, 지명, 서명에는 밑줄을, 그 밖의 문장에는 쉼표, 마침표, 인용부호 등을 나중에 표시한 것이다. 조선시대 문집에도 이런 표점이 없다.

이는 한문만이 아니다. 한글 역시 문장부호가 없었다. 그전에 이 내가 보고 반가움보다 당혹감을 느꼈던 할머니의 편지(위). 시집살이하던 중 친정어머니에게 보낸 편지이다. 그 편지 뒤에 달아놓은 아버지의 발문跋文(아래), 그러니까 세 살 때 잃은 어머니가 손수 쓴 편지를 보고 적어놓은 발문도 충격까지는 아니어도 어색하기는 마찬가지다. 1958년 정월, 그러니까 아버지가 스물한 살 때, 아마 편지를 보고 반가움과 외로움으로 술 한잔하고 쓰신 것으로 보이는데, 마침표, 쉼표가 없다.

두吏讀나 간단한 구두점 표시는 있었지만, 지금 우리가 사용하는 문장부호가 본격적으로 도입된 것은 한글맞춤법통일안이 나오는 1933년 이후가 아니었을까? 필자의 경험 하나를 소개한다.

우연히 돌아가신 할머니의 편지를 얻어 보았다. 할머니가 친정으로 보낸 편지였는데, 아뿔싸! 한글은 한글인데, 초등학교 때부터 한글을 배우고 써 온 내가 읽지를 못하겠더라. 그때 할머니 편지를 보고 있다는 감격보다는 내가 할머니가 쓰신 한글 편지를 읽을 수 없다는 문화적 충격이 더 컸다.

잘못 읽기

이렇듯 원문이 다닥다닥 붙어 쓰여 있기 때문에, 할 수 없이 후세 사람들은 문장을 끊어가며 읽어야 하고, 그에 따라 표시를 하게 되었고, 이를 구두점 또는 표점이라고 한다. 그리고 지금 우리는 그 다닥다닥 붙은 원문을 읽는 과정에서 잘못 끊음으로써 한 사람을 사생아로 만들고 후대 사람들을 당혹스럽게 만든 사례를 보고 있는 중이다.

전후 사정은 이러하다. 우선 위에 인용한 《예기》에 대한 진호나 최술의 표점은 오류다. 어디가 오류인가? 바로 "공자는 어려서 고아가 되었으므로 아버지의 묘소를 알 수 없어서 (어머니의 상례 때) 오보의 사거리에 빈소를 차렸다[孔子少孤, 不知其墓, 殯於五父之衢]"라고 한 데서 틀렸다. 이 대목은 "공자는 어려서 고아가 되었는데, 아버지의 묘소를 오보의 사거리에 천장淺葬했는지 어떤지 몰랐다[孔

子少孤, 不知其墓殯於五父之衢]"라고 해야 한다. 무엇이 다른가?

'부지기묘빈어오보지구不知其墓殯於五父之衢'라는 열 글자를 어떻게 읽느냐에 따라 다르다. 빈殯이란 빈소를 차린다는 말도 있지만, 당시에는 얕게 묻는 임시 무덤을 의미했다. 임시로 묻는 가묘假墓 정도로 이해하면 될 것이다. 지금도 이런 가묘를 초빈初殯, 가빈家殯이라고 하여 빈殯 자를 그대로 쓰고 있다. 한편 깊이 묻는 심장深葬은 옮기지 않고 영원히 묻는 묘소를 말한다. 그러니까 공자는 아버지 묘소가 어디 있는지 몰랐던 것이 아니라, 오부의 사거리에 있는 아버지 무덤이 천장인지 심장인지, 곧 임시 무덤인지 영원히 쓸 무덤인지 몰랐던 것이다. 쉽게 말해서 임시 무덤이었다면 이 무덤을 파고 수습하여 다른 곳에 어머니와 합장해야 할 것이고, 영구 무덤이면 그곳에 어머니와 합장해야 하기 때문에 판단이 필요했다는 것이다.

정현의 원죄

공자가 아버지 무덤을 몰랐다는 사마천의 〈공자세가〉 기록, 그리고 그 근거가 되었던 《예기》의 기록은 오랫동안 공자가 야합으로 태어난 결과이자 역으로 그 사실성을 강화해주는 기록으로 남아 있었다.

진호나 최술의 연구 말고도, 최근 연구에서도 이런 경향은 계속 이어지고 있다. 예를 들어 김용옥 선생은 공자의 아버지 숙량홀과 어머니 안 씨에 대한 논증을 거쳐, '야합'을 인류학에서 '남편이 아내에게 들르는 혼인 형태visiting husband marriage, 訪婚' 중 하나로 보았다. 풍부한 논증과 자료를 통해 전통적인 야합에 대한 해석을 지지하면서도 해석의 차원을 한 차원 끌어올렸다. 그렇지만 공자와 안 씨가 숙량흘의 무덤을 몰랐다는 기록은 그대로 인정했고, 그 결과 공자와 안 씨 모자母子는 부계父系로부터 완전히 버림받은 모자라는 해석으로 이어졌다.[18]

《논어》와 공자에 대한 비판적 독해로 성가를 올렸던 리링李零 (1948~) 역시 다르지 않다. 리링은 사마천의 기록을 그대로 가져오면서 이렇게 해석했다. "야합이란 무슨 뜻인가? 과거에 사람들이 이것에 대해 열심히 떠들어댔다. '성인이신 공자께서 어찌 야외에서 일을 치러 태어날 수 있었겠는가?' 하고 말이다. (…) 정식 배우자가 아니었던 것이다. 그래서 공자는 어머니가 돌아가셨을 때 어머니 관을 오부의 사거리에 놓고 아버지가 어디에 묻혀 있는지 이곳저곳 사람들에게 물어보다가 알게 된 후에 부모님을 합장했던 것이다."[19]

우리는 공자가 아버지의 무덤을 몰랐다는 해석이 구두점의 오류에서 비롯된 것임을 지적한 바 있다. 임시 매장[淺葬], 영구 매장[深葬]을 고려하지 않고, '不知其墓殯於五父之衢'를 '不知其墓, 殯於五父之衢'로 끊었다. 오류를 낳은 근원은 사마천에게 있지만, 결정적으로는 후한 때 경학의 마스터였던 정현鄭玄(127~200)에게 있었다. 그는 '不知其墓, 殯於五父之衢'라고 끊어 읽고, '不知其墓' 아래 다음과 같이 주석을 달았다.

54

사마천(좌)과 정현의 초상(우). 둘은 공자를 아버지 무덤도 모르던 사람으로, 공자 어머니를 아들에게 아버지 무덤도 안 가르쳐준 사람으로 만든 대표적인 인물들이다.

공자의 아버지 숙량흘은 안 씨의 딸 징재와 야합해서 공자를 낳았다. 공자의 어머니 안징재는 그 사실이 부끄러워 공자에게 무덤의 위치를 알려주지 않았다[孔子之父耶叔梁紇與安氏之女徵在, 野合而生孔子. 徵在恥焉, 不告].

정현은 《예기》 원문 중 '不知其墓'에서 구두를 끊고, 자신의 상상력을 동원하여, 또 사마천이 말했던 야합을 떠올리며, 그 이유를 바로 야합에 의한 공자의 탄생과 연결시켰던 것이다. 공자는 야합에 의해 태어난 것이 맞는 듯하다. 현재로서는 반대 증거가 없다. 그러나 공자가 아버지의 무덤을 모른 것은 아니다. 이 사실은 근 2천 년 뒤 청淸나라 옹정雍正 연간(1723~1735)에 손호손孫濩孫이 지은 〈단궁논문檀弓論文〉에 이르러 바로잡혔다.

3 | 문명이라는 이름의 편견

문명Civilization이라는 개념의 탄생이 유럽 백인국가의 자기의식이었듯이,[20] 근대는 문명이란 말과 함께 출현하였고 그 역사 현실을 진보라는 이름으로 특권화했다. 문명은 상대어로 야만을 만들었고, 유럽 백인국가의 맞은편에 지구의 다른 인종, 부족, 국가를 세워놓고 '야만'이라고 불렀다. 이것이 사물과 세상을 보는 관점을 규정하는데, 이는 백인들이 다른 인류를 보는 시각을 규정했고 다른 인류는 그 백인들의 관점을 내면화하기에 이른다. 형벌에 대한 인식도 마찬가지여서, 역사학에서도 형벌을 역사적으로 접근하기보다 문명과 야만의 이데올로기에서 접근하곤 한다. 아래에서 보다시피.

처형 1

1904년 가을, 베이징 쉬안우먼宣武門 밖 채소시장 앞. 병사 두 명이 바구니와 처형할 때 쓸 칼을 들고 앞으로 나왔다. 다른 병사들은 죄수의 상체가 사형집행인, 즉 회자수劊子手와 그의 조수에게 잘 드러나도록 옷을 벗기고 변발을 삼각대에 묶었다. 회자수가 죄수의 가슴 부위부터 시작해 이두박근과 허벅지 살을 차례대로 조각조각 도려내기 시작하였다. 살을 저미는 작업 도중에 회자수가 신속한 손놀림으로 죄수의 심장을 단번에 찔러 목숨을 끊었다.

그러고 나서 계속 차례로 죄수의 사지를 절단했는데, 처음에는 팔목과 발목, 그다음으로 팔꿈치와 무릎, 마지막으로 어깨와 엉덩이 부분을 잘라내었다. 숙련된 회자수는 죄수의 신체 부위를 서른 여섯 개 남짓으로 나누어버렸다. 회자수가 일을 마치고 나서 관리들에게 소리쳤다. "시아르언르어殺人了!" 처형 완료!

티머시 브룩이 《능치저참》에서 소개한 왕웨이친王維勤이란 죄수의 처형 장면이다. 이 처형이 있은 지 몇 달 뒤인 1905년 4월 능지형은 청나라 법전에서 영원히 사라졌다.

능지

앞 장에서 공자가 자신의 아버지 묘소도 몰랐던 사람으로 사람들 입에 오르내리게 된 경위를 알아보았다. 공자 부모가 정식 혼인이 아닌 '야합'에 의해 맺어졌다는 기록은 공자가 아버지 묘소를 몰랐다는 사실을 뒷받침하는 강력한 증거가 되었다. 그러나 그것은 사실이 아니었다. 《예기》〈단궁〉편에 나오는 간단한 문구에 대한 해석의 오류가 낳은 결과였다. 그것도 당시 가장 탁월했던 경학의 대가 정현이란 학자의 오류. 그렇기 때문에 오히려 우리는 오류의 가능성 앞에 좀 더 겸손할 수밖에 없다.

문구 해석의 오류가 역사 왜곡을 빚는 미시적 요인이라면, 이번에 다룰 주제는 역사 왜곡을 초래하는 거시적 요인이다. 곧 어떤 역사적 사실에 앞서 사람들이 갖게 되는 편견, 선입견 때문에 생겨난 왜곡이다. 편견이나 선입견에는 문화적, 정치적 차이가 한몫한다. 중국의 형벌제도 중 하나인 능지형凌遲刑을 둘러싸고 벌어졌던 서구 언론과 지식인들의 호들갑이 이번 장의 주제이다. 호들갑치고는 꽤나 강력했지만.

1904년 중국에 대한 편견의 정점, 왕웨이친의 처형 장면.

능지처참이니, 참수니 하는 말, 사극에서 들어보았으리라. "능지
처참하라!"는 명령과 함께 이루어진다고 생각하는 혹형酷刑에 대
한 상상은 우리에게도 익숙한 이미지이다. 참수斬首는 목을 벤다는
뜻이다. 능지는 몸을 조각조각 내는 형벌이다. 영어로는 death by
a thousand cuts(천 조각을 내서 죽임). 이편이 더 실감나려나 모르
겠다. 이 처참한 처형은 곧 동양, 특히 조선이나 중국의 처형 장면
과 동일시되며, 전제왕정의 개념 또는 이미지의 일부를 형성한다.

사진

왕웨이친의 처형, 능지형을 알 수 있게 해준 앞의 사진은 중국
인이 찍었을까? 아니다. 1904년 프랑스 등 외국 정부는 반청反淸·

반외세 단체인 의화단을 진압한 뒤 공사관에 군대를 주둔할 수 있는 권리를 얻었고, 이 사진은 바로 프랑스 공사관에 배치되었던 군인들이 찍은 것이다. 이 처형이 있을 줄 알고 사진기를 갖고 대기했을 것이다. 당시 10년 전만 해도 사진은 전문 사진사들만 찍을 수 있었다고 한다. 그러던 것이 1900년 이후 휴대용 사진기가 개발되면서 누구나 사진기를 갖고 찍을 수 있게 되었다. 기술적, 정치적으로 완벽한 타이밍이었다.

호기심이 일었을 것이다. 유럽 법령에서 사라진 혹형이 벌어진다는 사실에 대한 반응이 사진 촬영으로 나타났을 것이다. 그리고 휴대용 사진기를 통해 찍힌 이 장면이 베이징의 능지형을 문화적 기억으로 영구 보존하기archiving에 이르렀다. 또 이 사진이 없었다면 이 사진이 입증하고 있는 중국과 서양, 동양과 서양의 간극은 이듬해에는 메워질 수 있었을 것이다. 그러나 이 사진들로 인해 중국은 도저히 납득할 수 없는 행동들이 정상적인 것처럼 벌어지는 공포와 혐오의 헤테로토피아Heterotopia(이질적 세상)가 돼버렸다.

사진이 준 선정주의 효과는 예상을 뛰어넘었다. 사진이 아니었으면 불가능했을 편견을 유럽 대중의 의식 속에 불어넣을 수 있었기 때문이다. 고문당한 육체가 주는 관능적 이미지가 유포되기 시작했다. 중국인은 극한의 고통을 초래하는 기술을 완성했다는 '중국적 잔혹성'의 수사학이다. 수플리스 시누아supplice chinois(잔혹한 형벌)! '중국의 형벌'이라는 관념. 뒤에 살펴보겠지만, 이 수사학은 식민주의의 합리화, 즉 '이 야만을 멈추기 위해서는 우리 유럽인이 필요하며, 서구 문명만이 이 폭력을 멈추게 할 수 있다'라는 사명감으로 진화했다.

"손에 2파운드 무게의 뜨거운 밀랍으로 만든 횃불을 들고, 속옷 차림으로 파리의 노트르담 대성당의 정문 앞에 사형수 호송 수레로 실려와, 공개적으로 사죄할 것." 다음, "위 호송 수레로 그레브 광장까지 옮겨간 다음, 그곳에 설치된 처형대 위에서 가슴, 팔, 넓적다리, 장딴지를 뜨겁게 달군 쇠집게로 고문을 가하고, 그의 오른손에 국왕을 살해하려 했을 때의 단도를 잡게 한 채 유황불로 태워야 한다. 계속해서 쇠집게로 지진 곳에 불로 녹인 납, 펄펄 끓는 기름, 지글지글 끓는 송진, 밀랍과 유황 녹인 물을 붓고, 몸은 네 마리의 말이 잡아끌어 사지를 절단하게 한 뒤, 손발과 몸은 불태워 없애고 그 재는 바람에 날려 버린다."

이 자료는, 1757년 3월 2일, 시종侍從 무관武官이 된 뒤 베르사유 궁전에서 루이 15세를 살해하려다 실패하고 체포되어 반역죄로 극형을 받은 로베르 다미앵에 대한 판결이었다. 〈암스테르담 신문〉의 보도에 따르면 분명히 이 사건은 판결문 그대로 집행되었다. 부통이라는 치안관의 목격담은 한층 상세하고 끔찍해서 차마 옮기기 싫지만, 사실 전달을 위해 대폭 줄여 소개한다.

로베르 다미앵의 처형 장면을 묘사한 18세기 판화.

유황을 태웠으나 그 불길이 너무 작았기 때문에 죄수에게는
손등의 피부만 약간 상하게 했을 뿐이다. 그다음에는 소매를
팔뚝 위까지 걷어 올린 사형집행인이 45cm 정도의 불에 달
군 특제 쇠집게를 집어들고, 먼저 오른쪽 다리의 장딴지를,
다음에 넓적다리를, 또 오른팔의 근육 두 군데를, 다음에는
가슴을 찢었다. 집행인이 아무리 체력이 강하고 억센 사람이
라 하더라도 쇠집게로 집고 있는 곳의 살을 같은 방향으로
두세 번 비틀어가면서 잘라내는 데는 무척 애를 먹지 않을
수 없었다. 그리고 잘라낸 부분에는 각각 6리브르 화폐 크기
만 한 흉측한 구멍이 드러났다.

스코틀랜드 전쟁 영웅 윌리엄 월리스
의 동상. 영화 〈브레이브 하트〉에서
절정은 월리스의 처형 신이다. 절차
에 따라 강도를 더해가는 형벌을 집
행하는 과정에서 성직자는 끊임없이
월리스에게 죄를 인정하고 구원을 받
으라고 설득한다. 고증이 잘된 장면
이다. 유럽 중세의 처형은 죄수와 집
행자, 성직자가 벌이는 하나의 의식
이자 연극이었다. 이와 비교하면 중
국의 처형은 무미건조한 집행 이상이
아니었다. 이런 이유로 중국의 처형
을 목격한 유럽인들은 미학적 거부감
을 드러냈다. 이 미학적 거부감이 문
명의 담지자라는 유럽의 자의식과 결
합하면 중국의 야만성에 대한 경멸로
이어진다.

13세기 말엽, 스코틀랜드의 전쟁 영웅 윌리엄 월리스의 일대기
를 다룬 영화 〈브레이브 하트〉(1995)를 보면 거의 마지막 장면에서
월리스(멜 깁슨 분)가 처형당하는 장면이 나온다. 그때 서양 회자수
가 등장하는데, 그는 자신의 공구 주머니를 쭉 펼쳐 보인다. 바로
그것이다. 영화에서는 다 보여주지 않았지만 위의 다미앵에 대한
판결문에서 보듯이 회자수는 가지고 온 공구를 다 써서(그렇지 않으
면 번거롭게 연장을 다 챙겨 올 리가 없다!) 죄수에게 '고통을 주며' 처형
했다. 여기서 일단 '고통'을 기억하고 가자. 멜 깁슨 영화의 마초주
의와는 별개로 위의 장면은 시청각 자료로서 가치가 있다.

혹형의 이데올로기

푸코는 '감옥의 역사'라는 부제가 붙은 그의 저서 《감시와 처벌》에서 고통의 극대화를 위해 세밀하고 체계적으로 만들어진 중세 형벌제도를 고찰하였다.[21] 다미앵의 처형은 여느 능지형을 능가하는 잔혹성을 보여준다. 이는 신체 자체를 형벌의 대상으로 삼는 형벌제도에서 나타나는 공통적인 현상이다.

두 가지를 짚고 간다. 첫째, 서유럽도 그렇게 형벌이 잔혹했으니까 오십보백보이지 중국 형벌을 두고 왈가왈부할 것이 없다는 말이 아니다. 물론 중국 형벌에 대해 혐오감을 느꼈던 유럽인들의 편견이 갖는 한계를 보여주는 한 가지 증거는 된다. 또한 혹형에 대한 문화적, 미학적 혐오에도 불구하고 유럽 제국주의자들이 식민지에서 행했던 살해, 혹형과 고문의 실상을 고려하면 왕웨이친의 처형을 두고 보인 유럽인들의 반응은 가증스럽기까지 하다. 멀리 갈 것도 없이 유럽 군대는 의화단을 진압하면서, 거의 학살했다. 나폴레옹 군대는 스페인의 애국자들을 능지형과 유사한 방식으로 처형했는데, 이는 프란치스코 데 고야의 그림을 통해서 확인할 수 있다.

시기적으로 보면, 서유럽에서 위와 같은 혹형이 사라진 것은 중국보다 100년 정도 앞선다. 문제는 시기가 아니다. 시기를 놓고 논의하다 보면, 중국보다 유럽이 먼저 개명開明했다느니, 그게 그거라느니 하는 단선적單線的 논란에 빠진다. 마치 한 줄 위를 가는 것처럼 한 사회가 지나간 길을 다른 사회가 지나간다고 보는 단순한

프란시스코 데 고야의 〈전쟁의 참화〉, 1863.

사유로는 사태를 이해할 수 없다. 역사를 공부하는 사람들조차 이런 사유 습관에 젖어 있는 경우가 많지만, 이런 인식 태도는 역사학과 거리가 멀다. 역사학의 출발은 첫째, 왜 A사회와 B사회가 다른가, 둘째, 왜 A사회는 C사회로 갔는데 B사회는 C사회로 가지 않았는가, 하는 질문에 있을 뿐이다. 단선적, 단계적 발전? 그런 거 없다.

신체형의 역사성

둘째, 국가 권력에 의한 형벌이 갖는 폭력성의 문제는 일단 이번 논의에서 제외한다. 종종 외신에서 보도하듯이 경찰에 의해 발생한 대민對民 폭력 사건의 경우, 해당 경찰에 대한 처벌은 매우 경미하다. 합법적 공권력의 행사라는 논리 때문이다. '중국의 잔혹성'이라는 수사학에는 사실 형벌로서의 혹형만이 아니라, 불법不法 또는 비법非法 폭력의 이미지도 함께 섞여 있다. 실제로 '중국의 잔혹성'을 뒷받침하는 증거로 불법, 비법 폭력을 제출한 연구도 있다. 하지만 지금 우리의 주제는 합법적 공권력으로서의 형벌, 혹형임을 상기하자.

원래 인간의 몸은 형벌의 마당이다. 신체를 대상으로 금고, 징역, 유배, 거주제한 등이 벌어진다. 이런 근대의 형벌도 '신체에 대한 형벌'이다. 그러나 근대 형벌제도에서 징벌과 신체의 관계는 과거의 신체형과 동일하지 않았다. 중세 유럽이나 동아시아 왕조 국가에서 형벌은 신체 자체에 가해졌다.

근대 형벌제도에서 신체는 '도구 또는 매개체'와 같은 것이 된다. 즉, 신체를 감금한다든지, 혹은 노동을 시킨다든지 해서 신체에 제재를 가하지만, 그 목적은 개인으로부터 권리이면서 동시에 재산으로 생각되는 자유를 박탈하기 위한 것이다. 이 형벌제도에 의하면, 신체는 구속과 박탈의 체계, 의무와 제한의 체계 속에서 취급되고 있다. 육체적 고통, 신체 자체의 괴로움은 이미 형벌의 구성요소가 아니다. 징벌은 견딜 수 없는 감각의 고통을 다루는 기술의 단계에서 그 모든 권리 행사를 정지시키는 경제의 단계로 이행해버린 셈이다. 푸코의 이러한 지적은, 흔히 우리가 생각하듯이 신체 자체에 대한 행형行刑에서 신체 권리 박탈이라는 행형으로의 변화가 고상한 인도주의Humanism에 기초한 것이 아니라, 국가 형벌 권력의 효율적 작동을 위한 재편이었음을 말해준다. 실제로 18, 19세기 형벌제도 개혁자들은 신체형이 민중을 위협하는 방법이 되지 못한다는 점을 명심하고 있었다.

신체는 세균 전파라든가 수명 같은 생물학적 생존의 토대만이 아니다. 신체는 직접적으로 정치의 영역 속에 들어가 있어서 권력은 신체에 직접적 영향력을 행사하게 되었다. 생산하는 신체인 동시에 복종하는 신체. 푸코는 신체형이 되기 위해 세 가지 조건이 필요하다고 보았다.

첫째, 형벌은 정확히 측정할 수는 없다 하더라도 적어도 평가하고, 비교하고, 등급을 정할 수 있는, 어떤 분량의 고통을 만들어내야 한다. 둘째, 고통을 만들어내는 데에는 규칙이 수반되어야 한다. 세칙에 따라 촘촘히 계산되는 것이다. 셋째, 신체형은 일종의 의식儀式을 구성해야 한다. 목을 베어 매다는 효시梟示를 생각하면 된다.

이런 점에서 중세의 신체형은 잔인하지만 야만적인 것은 아니었다. 이유, 절차와 과정, 양형量刑, 효과 등이 치밀하게 계산된 문명적 행위이다. 그러므로 중세의 신체형을 야만적이라고 부르는 것은 '중국적 잔혹성'의 경우처럼 아직 다른 차원의 형벌이 온존하고 있는 세계를 '야만'으로 규정하려는 '문명세계'의 계략이다. '문명'이 '문명'을 대신한다고 하면 명분이 서겠는가? '문명'이 '야만'을 척결해야 한다고 해야 침략과 폭력이 정당화되지 않겠는가? 그러면서 자신들의 폭력은 다시 피지배자들의 야만성을 통해 합리화된다. 저 야만인들을 다스리기 위해서는 폭력과 혹형이 불가피하다는 논리다.

고문의 의미

신체형에 대한 푸코의 통찰에도 불구하고, 역시 푸코가 관찰한 서유럽과 중국은 거리가 있었다. 그것은 바로 고통 자체에 대한 인식의 차이다. 고통의 문제는 고문과 처형을 나누어 살펴보아야 할 듯하다.

현행법상 고문은 한국의 사법체계에서 불법에 해당한다. 그러나 중세법에서 고문은 합법이었다. 이를 형신刑訊이라고 했다. 조선의 형신에는 죄에 따라 말로 하는 평문平問과, 신체에 고통을 주는 곤장, 무릎을 짓누르는 압슬壓膝, 인두로 살을 지지는 낙형烙刑이 있다. 고문은 엄연한 사법적 행위이다.

중세법에서는 죄를 입증할 만한 모든 증거가 수집된 뒤에 유죄성이 인정되는 것이 아니었다. 즉, 피의자에 대한 무죄추정의 원칙이 아니라, 유죄성은 범죄자를 인지할 때의 개별적인 증거 요소에 따라 단계적으로 하나씩 구성되었다. 예를 들면, 죄를 뒷받침하는 증거가 절반쯤 있을 경우 진상이 완전히 밝혀지지 않더라도 용의자는 절반만큼 유죄인 자가 되는 것이다. 따라서 반역 사건의 고변告變에 언급되면 언급된 만큼 죄가 있는 것이다. 중대한 범죄라면 단지 경미한 증거라 하더라도 당사자는 '어느 정도' 범죄자 취급을 받았다.

요컨대 형사 사건에서의 논증은 '진실인가 허위인가'라는 이분법적인 구조를 따르지 않고, 연속적인 점증법의 원칙을 따랐다. 예를 들면, 논증에서 어떤 단계에 이른다는 것은 바로 유죄성의 단계 하나가 완성됐음을 의미한다. 그러니 그만큼 처벌을 받아야 한다. 용의자인 한 그는 어떤 종류의 징벌을 마땅히 받아야 하며, 무죄 상태에서 혐의의 대상이 되는 일은 있을 수가 없었다. 혐의가 곧 유죄성이다.

한편 처형 단계를 놓고 보면 고통이 갖는 의미는 유럽과 중국에서 전혀 달랐다. 예를 들어 처형의 고통으로 따지자면 목을 매다는 교형絞刑이 목을 베는 참형보다 고통이 클 텐데도, 중국에서 더 심한 극형은 참형이었지 교형이 아니었다. 이 점이 처음 고통이라는 키워드로 중국 처형에 접근했던 관찰자들이 당혹스러워했던 대목인데, 일부는 적절하게도 중국 처형의 등급은 고통이 아니라 신체 훼손 정도라는 점을 이해하기도 했다. 실제로 그러했다.

그런데 서양인 목격자들은 중국 처형의 무미건조함, 사무적인 태도에 놀랐다. 구원의 의식도, 죄수와 회자수, 성직자 사이의 연극적 요소도 없었다. 앞서 영화 〈브레이브 하트〉에서 성직자와 죄수 사이에 벌어지던 대결과 협상도 볼 수 없었다. 단순한 처형이었으니 그럴 수밖에. 중국의 처형은 말 그대로 집행이었지, 다미앵 처형에서 나타나는 계산된 고통의 의례와는 달랐다. 그렇지만 이 차이는 곧 유럽 관찰자들에게 이질적으로 다가왔고, 그 단순성이 야만성으로 대체되었다. 이런 태도에 지배할 수 있는 힘의 우위가 확보되면 곧장 대상에 대한 경멸로 이어진다.

문명과 야만의 이분법

브룩의 연구에 따르면, 서구에서 근대 초기에는 중국 형벌의 합리성과 일관성을 강조하는 견해가 주를 이루었다가, 18세기 후반으로 오면서 잔혹성을 강조하는 쪽으로 눈에 띄게 변했다고 한다. 17, 18세기 서구 지식인들의 중국 이해는 대체로 우호적이었고 중국을 국민국가의 모델로 인식하기도 했다. 라이프니츠, 볼테르, 프랑수아 케네 같은 학자들에게서 볼 수 있는 견해이다. 19세기에 오면 중국의 형벌과 사법절차는 일반적으로 '동양적 전제주의Oriental Despotism'의 결과로, 잔혹성이 팽배한 사회의 퇴보적이고 반¥야만적인 본성을 드러내는 것으로 여겨졌다.

이는 문명文明의 개념을 유럽이 독차지하면서 문명이 유럽의 자의식이 되고, 유럽 이외의 문명과 유럽 식민지의 낮은 수준을 전제로 하는 식민주의적 사고방식과 결합되어 있었다. 야만에 대한 '문명화 의무'. 에드워드 사이드는 이를 오리엔탈리즘Orientalism이라고 불렀다.[22]

아프리카인의 노예화, 아메리카 인디언의 절멸을 거치는 동안, 유럽은 부와 권력의 측면에서 다른 지역과 격차를 벌렸다. 이러한 정치경제적 변화와 함께 유럽 사회를 다른 사회와 구별하는 지적 경향이 출현하였다. 즉, 서구에서 과학이 발달한 것이 일반적으로 서구 문화의 합리성을 입증해준다는 생각, 역사가 진보한다는 원리, 인간적 동정심과 개인주의가 순수 문명의 중요한 지표이며 잔혹성은 그 반대라는 견해, 법의 지배에 기초한 정부의 우월성, 프랑스 혁명에 대한 반동으로서 기독교의 부활, 귀족정치에 대한 낭만주의의 출현, 결코 하찮은 것이 아닌 인종우월주의가 그런 지적 경향에 포함될 것이다.

이 시기, 기억할 필요가 있다. 1855년 파리 만국박람회에서 식민지관植民地館이 최초로 등장했다. 그리고 1889년 프랑스 혁명 100주년을 기념(!)하여 다시 열린 파리 만국박람회에서는 식민지관의 인종 전시로 제도화되었다. 이 박람회는 에펠탑과 함께 기억하시길. 에펠탑이 세워지던 바로 그 박람회이다. 당시 300미터 층고와 강철 재질로 보면 세련되었다기보다 위압적이었던 에펠탑과 박제가 된 식민지 인종 간의 수직적 위계는 중국 형법제도를 둘러싸고 벌어진 야만과 문명의 이분법, 제국주의 권력장치의 다른 표현이었다.

좀 더 중국 상황과 밀착해서 살펴보자. 중국의 잔혹성이라는 수사법과 이미지는 1차 아편전쟁(1839~1842)을 기점으로 강화되었다. 중국이 본격적으로 먹잇감으로 인식되기 시작했던 시기다. 인쇄술의 발달과 함께 중국 형벌에 대한 화보집이 발간되는데, 1858년 중국 사법제도의 전형적 특징으로 잔인무도함을 강조하는 퍼시 크룩섕크Percy Cruikshank의 저작이 그것이다. 그해에 영국 파머스턴

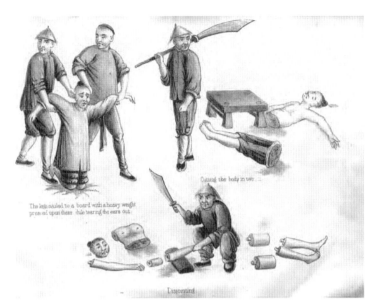

퍼시 크룩섕크의 화보집 《중국인의 형벌》에 나오는 못 박힌 판자에 무릎 찧기, 허리 자르기, 토막내기. 상상을 통해 만들어진 관념은 이런 화보를 통해 대중화되었다. 아편전쟁 이후 중국을 '야만화'하여 식민지화할 대상으로 인식하기 시작할 무렵에 이 화보집이 출간되었다.

정부는 청나라에 대한 전쟁의 구실을 만들었고, 그 전쟁을 정당화하기 위해 재중在中 영국인의 면책 특권을 주장했다(화보집의 저자 퍼시 크룩섕크는 파머스턴의 친구인 조지 크룩섕크의 조카였다). 같은 시기 홍콩 총독들은 중국적 형벌인 곤장과 채찍질은 식민지 국민을 통제하기 위해서 필수불가결한 수단이라고 주장했다. 중국의 형벌은 나쁘지만 자신들이 하는 것은 괜찮다는 뜻이다. 우리가 처음에 살펴본 왕웨이친의 처형 사진에 담긴 관음증은 이미 그 전사前 史가 있었던 셈이다. 이 흐름 속에서 참으로 드문 능지형이었던 왕

목에 칼을 찬 죄수. 영국인 탐험가이자 화가인 아널드 H. 새비지랜도어가 《한국, 조용한 아침의 나라》(1895)에 수록한 삽화. 그는 이 책에서 조선의 형벌을 '기괴하고도 오리지널한 야만'으로 묘사했다.

웨이친의 처형 사진은 그 시각적 수용성 때문에 '중국적 잔혹성'에 정점을 찍었다.

　루쉰의 소설《약藥》(1923)이나 웨이슨 초이의《옥모란The Jade Peony》(1995)같은 소설에서는 중국인들 스스로 그 잔혹성의 이미지를 내면화하고 있음을 보여준다. 특히 루쉰의 소설에서 주인공 라오촨은 방금 처형된 시체의 피에 적신 만두가 폐병 치료에 효과가 있다고 믿게 됐다. 소설이라는 지어낸 이야기였지만, 또 피-폐병-만두와 중국 형벌제도가 아무런 상관이 없었음에도 이는 야만성의 재현으로 받아들여졌던 듯하다. 이 점은 중국적 잔혹성의 수사학이 유럽인들의 수사학과 이미지로만 재생산된 것이 아니라, 중국인 자신에게도 내면화되었음을 보여주는 사례이다. 과거 중국에 관한 일부 사실이 이제 압도적 전설이 되었고, 지금도 중국에 대한 기억 속에 스멀스멀 기어다니고 있다.[23]

4 | 300? 스파르타?

현재 서유럽 사회는 8세기까지, 아니 15세기까지도 세계사의 변방에 불과했다. 지중해와 페르시아, 그리고 실크로드를 통해 동아시아 문명을 잇는 지역이 세계의 중심이었고,[24] 괴베클리 테페Göbekli Tepe 유적에서 보듯이 기원전 1만 년 전에 이미 정주 공동체를 형성하고 이어 밀농사에 접어들었던 튀르키예의 아나톨리아 문명은 바빌로니아, 페르시아를 거쳐 오스만 튀르크로 이어졌다.[25] 그러나 19세기 이래 유럽중심주의 세계관이 만연하였고, 이로 인해 곳곳이 유럽과 비유럽, 문명과 야만으로 이분화되는데, 그중에서 이슬람 문명, 아랍 또는 중동 지역에 대한 인식의 왜곡이 특히 심하였다. 그 영향이 어디 한두 군데에 그칠까마는 영화와 같은 엔터테인먼트 영역이라고 예외는 아니다. 그중 영화 〈300〉은 그 결정판이었다.

이게 스파르타?

고개를 넘어 몇 필의 말이 달려온다. 스파르타에 항복을 권유하러 온 페르시아 사신. 그들은 자신들이 정복한 나라의 왕의 해골을 보여준다. 사신을 대면한 자리에서 있던 대화.

> **왕비:** 속임수를 부렸다간 무사할 수 없다.
> **사신:** 대장부들 하는 말에 여자가 끼어들다니요.
> **왕비:** 스파르타의 여자들은 대장부를 키운다.

사신은 스파르타의 흙과 물을 원했다. 흙과 물은 곧 그 땅을 상징한다.

사신: 백성들의 목숨을 소중히 여긴다면 잘 생각하십시오. 황
　　　제의 군사력은 막강하여 거대한 군대가 움직이면 땅이
　　　움직이고 물을 들이켜면 강이 마릅니다.

왕: 복종? 그건 좀 힘들겠다.

　왕은 주변의 신하, 백성과 산천, 그리고 왕비의 얼굴을 차례차례
보다가 이렇게 정리한다. "네놈들은 정복한 왕의 해골을 가져왔으
며 내 백성들을 죽이겠다고 협박했다. 왕비를 모욕했다." 그러곤
사신을 발로 차 거대한 우물로 빠트리면서 말한다. "이게 스파르
타다!"

식스팩의 함정

　이 영화의 내레이터는 이렇게 말한다. "걸음마를 배우는 순간부
터 검술을 배웠다. 절대 물러서거나 항복해서는 안 되며 스파르타
를 위해 싸우는 것이 최고의 영광이라고 배웠다." 스파르타의 전
사는 일곱 살이 되면 엄마의 품을 떠나 아고게agoge라 불리는 성
인식을 치른다. 왕은 자신의 아들과 씨름을 한 뒤 말한다. "스파르
타의 힘은 옆에 있는 전사다. 그를 존경하고 명예를 지키면 너도
존경을 받는다."

　영화는 "지금은 병사와 말로 이루어진 맹수가 끈기와 자신감으
로 먹이를 노리고 있는 때"로 상정한다. "노예들로 구성된 페르시
아가 이성과 정의를 중시하는 작은 그리스를 노리고 있다"라고 한

다. '야만의 페르시아' 대 '문명의 그리스'. 데자뷔. 앞 장에서 살펴본 중국의 '능지처참'에 대한 서구의 인식과 같은 맥락에서 이해할 수 있다.

우리가 어려서부터 '스파르타식 교육'으로 기억에 남아 있는 바로 그 스파르타이다. 태릉 선수촌에 선수들이 훈련할 때도 훈련이 힘들면 스파르타식 훈련이라고 상투적으로 말하지만, 이렇게 말하는 필자도 그 내용에 대해 아는 바 없고, 또 그 어디에서도 스파르타식 교육이 실제로 어떠했는지 일러주지는 않았다.

얘기를 시작하기에 앞서 두 가지 전제를 말해둔다. 첫째, 그리스나 로마처럼 지중해를 중심으로 벌어진 전쟁이나 여타 삶의 양식을 살펴보는 것이 이 글의 관심은 아니다. 그중 아주 일부가 필자의 관심 속에서 검토될 것이다. 둘째, 영화같이 역사적 사실을 허구화할 수 있는 장르에서 역사의 진실과 왜곡을 문제 삼는 것도 이 글의 과제는 아니다. 수많은 소설과 영화, 드라마가 펼쳐 보이는 상상의 나래를 막을 수도 없거니와 또 그 장르들은 나름의 역할이 있는 법이다.

〈300〉이란 영화. 스파르타의 레오니다스 왕이 스파르타 전사 300명을 이끌고 페르시아 크세르크세스 왕의 침략을 막아낸다는 내용이다. 식스팩 복근과 함께 기억되는, 아니 식스팩 복근을 빼면 거의 기억할 것이 없는 영화인데, 꽤 인기를 끌었다. 실은 이게 문제이다. 그 설정이 익숙하다는 뜻이니까. '그리스 스파르타 대 페르시아'의 구도가 '문명 대 야만'의 구도로 설정되는 것이 너무도 당연히 받아들여지는 내 속의 내면화야말로 정작 불쾌하게 기억되어야 할 것을 기억하지 못하게 하는 기제이다.

특히 영화 〈300〉은 마지막 전투를 앞둔 아침, 다른 동맹군의 병력을 철수시키고 레오니다스가 스파르타군에게 했던 연설을 덧붙임으로써 '완성도'를 높였다. 이 연설은 마지막까지 생존했던 인물의 입을 통해 전해지는 형식을 띠면서, 마치 진짜 사실이었던 것처럼 배치되었다. 작가의 상상을 사실처럼 느끼게 해줄 수 있는 능력, 이러니까 할리우드가 장사하는 것이겠다.

> 수백 세대가 지나 사람들이 이곳에 올 것이다. 아마 바다 멀리 학자들과 여행객들은 고대에 대해 알고자 하는 열망과 과거에 대한 호기심을 품고 올 것이다. 그들은 우리의 평야를 돌아보고 돌과 파편을 보고 우리의 조국이 있었다는 것을 증명할 것이다. 그들이 우리에게 무엇을 배우겠는가? 그들의 삽은 아름다운 궁전이나 사원을 발굴하지 못할 것이다. 그들의 곡괭이는 영원한 건축이나 예술 작품을 파내지 못할 것이다. 그렇다면 스파르타인들은 무엇을 남기겠는가? 대리석이나 청동으로 만든 조각품이 아니라, 바로 이것, 오늘 우리가 이 자리에서 행하는 것을 남길 것이다.

멋지다! 누구라도 듣고 가슴이 벅차오르지 않을 수 있겠는가! 이런 연설은 초기 전투 뒤에 페르시아의 크세르크세스 왕이 레오니다스 왕을 설득하다가 실패한 뒤 분에 못 이겨 하는 말과 선명히 대비된다.

> 스파르타의 역사마저 지워버릴 것이다. 그리스의 모든 문서를 불태워 없애버릴 것이다. 그리고 역사가의 눈을 뽑아버릴 것이다.

참으로 역사학자가 아니라도 반역사적, 반문명적 발언이라고 느끼기에 족한 스크립트였다.

진짜 '300'의 기원

첫째, 스파르타가 페르시아와 싸운 일이 이른바 페르시아 전쟁 중이었던 테르모필레 전투에서 있기는 했다. 기원전 480년경의 일이다. 스파르타 300명, 테게아 등 1000명, 아르카디아 1000명, 보이오티아 등 1500명에, 포키스 군대 1000명이 테르모필레에서 페르시아군의 진격을 저지했다. 하지만 페르시아의 정예부대에 레오니다스 왕의 군대가 전멸하면서 그리스 해군이 살라미스섬으로 후퇴하고, 크세르크세스 왕은 아테네로 입성한다.[26]

스파르타 300명은 레오니다스 왕의 친위병이었다. 그리스 동맹군 등이 소수의 병력으로 페르시아의 진격을 저지하려고 했던 것은 사실이지만, 당시 전투에 참가한 병사를 300명이라고 하기에는 무리가 있다. 같은 300명의 모티브가 다른 데도 있었다. 이것이

자크루이 다비드의 〈테르모필레의 레오니다스〉, 1814. 이 전투에서 페르시아 정예부대는 레오니다스 왕의 스파르타군 300명을 비롯해 그리스군을 격퇴하고 아테네로 입성한다.

이번 장의 주제 중 하나인데, 레오니다스 왕의 연설과는 너무 동떨어진, 차라리 희극이라고 불릴 만한 아르고스와의 전투가 그것이다.

둘째, 〈300〉에서 묘사하듯이 페르시아 크세르크세스 왕은 그렇게 야만적이거나 흥분하기 잘하고 신비주의에 심취한 인물이 아니었다. 오히려 신중하고, 그 신중함 때문에 일을 그르칠 정도로 합리적으로 사유하는 인물이었다.

이런 점에서, 〈300〉은 할리우드의 오리엔탈리즘을 흔히 하는 표현대로라면 '쌩얼'로 보여준 영화임은 틀림없다. 거듭 말하지만, 상상의 허구라는 점 때문에 〈300〉을 비판하는 것이 아니다. 단순

크세르크세스 왕의 야만성을 강조한 〈300〉의 영어권 포스터. 페르시아의 왕인 그는 신비주의, 오만, 무력, 노예, 짐승, 괴물 등으로 표상되는 또 다른 동양의 모습이다.

한 관점의 차이 때문도 아니다. 그러나 어쩌면 이순신 장군이 몽고군과 싸웠다고 하는 것일지도 모르는 영화, 세종대왕이 분서갱유를 했다고 표현하는 영화라면 그냥 지나치기 어렵지 않겠는가?

먼저 〈300〉에서 등장하는 300이란 숫자의 연원을 살펴보자. 스파르타군 300명이 전원 전사하면서 전설로 남은 것은 사실이다. 스파르타 사람들은 레오니다스 왕의 유골을 테르모필레에서 스파르타로 옮겨 매장했고 그 묘소에 기념비를 세웠는데, 이 비에 300명의 이름이 새겨졌다고 전해진다. 그런데 너무도 흡사한 300의 모티브가 다른 데 있다.

기원전 6세기 무렵, 스파르타는 티레아라는 지역을 둘러싸고 아르고스와 분쟁에 휩싸였다. 티레아는 본래 아르고스 영토의 일부였는데 스파르타가 이곳을 점령해서 자기들 땅으로 만들어버렸기 때문이다. 또한 아르고스의 서쪽 말레아곶까지 이르는 지역도 본토에 있던 부분은 물론 키테라섬을 비롯한 그 밖의 섬들까지 아르고스령이었다. 아르고스 사람들은 빼앗긴 자국령을 되찾기 위해 달려갔다.

회담 끝에 쌍방으로부터 300명씩 병사를 출전시켜 이기는 쪽이 문제의 지역을 소유하기로 협정을 맺었다. 양군의 본대는 각기 자국으로 철수하여 전투하는 곳에는 주둔하지 않기로 했다. 본대가 그곳에 남을 경우, 어느 쪽이든 아군의 형세가 불리하면 응원하러 달려 나올 우려가 있기 때문이었다.

쌍방에서 선발된 병사들이 뒤에 남아 싸웠다. 양쪽은 서로 백중지세로 싸웠는데, 각각 300명씩 총 600명 중 세 명만 살아남게 되었다. 즉 아르고스 쪽에서는 알케노르와 크로미오스 두 사람이, 스파르타 쪽에서는 오트리아데스 단 한 사람이 남았다. 위의 세 사람만 살아남았을 때 해가 진 것이다. 아르고스 쪽의 두 사람은 자신들이 이겼다고 생각하고 승리 소식을 전하기 위해 아르고스 진영으로 재빨리 돌아갔지만, 스파르타 쪽의 오트리아데스는 아르고스군의 전사자 몸에서 무기를 챙겨 아군 진영으로 가져왔다.

이튿날 전투의 결과를 확인하기 위해 양측이 만났는데, 서로 자기편이 승리했다고 주장했다. 한쪽은 살아남은 병사 수가 많으므로 자기편이 승리했다고 말하고, 다른 쪽은 상대는 도망쳐 돌아갔지만 자기편의 병사는 끝까지 남아 죽은 적병의 무기까지 거두었기 때문에 승리라고 주장했다. 듣고 보면 둘 다 일리가 있었다. 마침내 이러한 말다툼 끝에 다시 전투가 벌어졌고, 양쪽 모두 다수의 전사자를 낸 뒤 스파르타군이 승리했다.•

이후 아르고스인은 머리를 길게 기르던 관습을 버리고 빡빡 깎았다. 그러고는 티레아를 탈환하기 전까지는 아르고스 남자는 누구도 머리를 기르지 못하며 여자는 황금 장신구를 착용하지 못한다는 관례를 만들었다. 반면 스파르타는 반대의 관습을 채택하여, 이때까지 머리를 기르지 않던 관습을 버리고 머리를 기르기 시작했다. 또한 300명 중 혼자 살아남았던 오트리아데스는 같은 부대의 전우들이 전사했는데 자기 혼자 스파르타로 돌아온 데 부끄러움을 느끼고 티레아에서 자결했다고 한다.

헤로도토스의 《역사》

펠로폰네소스반도의 같은 도시국가 아르고스와 스파르타 사이의 전투 이야기를 전해준 사람은 서유럽에서 역사학의 아버지로 불리는 헤로도토스이다.[27] 그는 펠로폰네소스 전쟁을 다룬 《역사》라는 책을 썼다. 재미있는 사실은 사마천의 《사기》 역시 헤로도토스의 《역사》와 같은 제목이라는 점이다. 그러니까 우리는 사마천

• 영화 〈300〉에서 만일 '300명'의 모티브가 기원전 480년경 페르시아와 싸운 테르모필레 전투가 아니라, 스파르타가 같은 도시국가 아르고스와 싸운 코미디 같은 전투에서 유래했다면 "역사상 가장 위대한 전사들"로 소개하는 이 영화의 메인 카피는 어떻게 바뀔까?

과 헤로도토스라는 두 아버지를 모시고 있는 역사학도인 셈이다.[28]

그의 《역사》 권7이 영화 〈300〉의 근거였다. 우물에 사신을 차 넣는 장면이나, 300명의 친위대 등의 모든 사료를 이 문헌이 제공했다고 볼 수 있다. 현명한 왕비 고르고의 일화도 그렇다. 단 고르고의 어린 시절은 권5에 실려 있다.

헤로도토스는 기원전 480~420년대에 살았다. 참고로 공자는 73세까지, 기원전 551~479년 기간에 살았다. 맹자는 84세까지 살았던 것으로 추정되는데, 생몰 연도는 기원전 372~289년 설이 유력하다. 그러므로 헤로도토스는 대략 공자와 맹자 사이에 살았던 인물이다. 그는 소아시아 남부 할리카르나소스(현 튀르키예 보드룸) 지방 명문가 출신이었다. 이오니아 문화의 영향을 받은 지역이다. 숙부였던 파니아시스가 서사 시인이었는데, 그 영향을 많이 받았던 듯하다. 리그다미스 왕이 통치하던 시절에 독재자 타도를 목표로 한 반란이 일어났는데, 이 과정에서 파니아시스가 목숨을 잃었고, 헤로도토스는 사모스섬으로 망명했다. 이 체제 기간이 상당히 길었는데, 여기서 《역사》 3권을 저술했다. 이 경험도 사마천과 비슷하다.

기원전 450년경 리그다미스 왕이 타도되고 민주정이 성립된다. 헤로도토스도 이 혁명에서 무언가 역할을 했을 것으로 보이지만, 현재 남아 있는 자료는 없다. 귀양살이에서 돌아온 그는 기원전 444년경 10여 년에 걸쳐 여러 차례 여행을 갔고, 아테네에 꽤 오랫동안 체류하면서 페리클레스, 소포클레스 등과 교류했다. 페리

헤로도토스의 흉상(로마 시대). 역사학의 아버지로 불리는 그가 쓴 책 《역사》 권7 이 영화 〈300〉의 근거였다.

클레스 치하에서 아테네가 전성기를 구가하고 있었으므로 문화적으로 영향을 받았을 것으로 보인다. 그의 여행 거리는 동쪽으로는 바빌론/수사, 서쪽으로는 리비아의 키레네, 바르케, 남쪽으로는 나일 상류의 시에네(현 아스완), 북쪽으로는 흑해 북안의 그리스 식민 도시인 오르비아를 중심으로 크리미아반도, 우크라이나 남부 주변에 이른다. 이 역시 사마천이 세 번에 걸쳐 중국 양쯔강 등 남부 지역, 제나라 등 중부 지역, 쓰촨 지방 등 서남 지역을 답사했던 경험에 비견할 수 있다.

《역사》는 총 9권이다. 헤로도토스는 1권 첫머리에서, "이 책은 할리카르나소스 출신의 헤로도토스가 인간 세계의 사건이 시간이 흐름에 따라 잊혀가고 그리스인과 이방인이 이룬 놀라운 위업들, 특히 양자가 어떠한 원인에서 전쟁을 하게 되었는가 하는 사정을 세상 사람들이 알지 못하게 될 것을 우려하여, 스스로 연구, 조사한 바를 서술한 것이다"라고 했다. 여기서 헤로도토스가 펠로폰네소스 전쟁에 주목한 것은 사실이지만, 그의 《역사》는 지중해 지역의 세계사로 보는 편이 타당하며, 《역사》의 내용을 페르시아 전쟁으로 환원시켜 읽는 것은 무례한 일로 보인다. 우선 당시 지중해 지역은 유럽 대 중동으로 이해하면 안 된다. 그는 다음과 같이 덧붙였다.

> 크든 작든 관계없이 사람들이 살고 있는 나라들(도시들)에 대해서 하나하나 논술하면서 이야기를 진전시키고자 한다. 왜냐하면 일찍이 강대했던 나라 대부분이 오늘날에는 약소국이 되었고, 우리 시대에 강대하게 된 나라도 전에는 약소국이었기 때문이다. 그러므로 인간의 행운이 결코 오래 계속되는 것은 아니라는 이치를 알고 있는 나로서는 대국도 소국도 똑같이 다루면서 서술해가고 싶다.

지중해의 동향

헤로도토스가 처음부터 스파르타와 아르고스의 전투에 관심이 있었던 것 같지는 않다. 거기에는 다른 배경이 있었다. 튀르키예 지역에 리디아라는 왕국이 있었는데 원래 헤라클레스가家에 있던 주권이 메름나스가라 불리는 크로이소스 가문으로 이동했다. 그런데 크로이소스는 점차 세력을 넓히던 페르시아의 왕 키로스를 경계하면서 아테네나 스파르타와 동맹을 맺으려 했고 동시에 페르시아로 진격할 준비를 하고 있었다.

그러나 키로스는 크로이소스의 전략이 어긋난 틈을 이용하여 사르디스로 진격하여 크로이소스를 사로잡으라고 명했다. 전초전은 키로스의 승리였다. 키로스가 낙타 부대로 하여금 기병에 대항하도록 했는데, 이유는 단순했다. 말이란 동물은 낙타를 두려워하여 그 모습을 보거나 그 냄새를 맡기만 해도 견디지 못했다. 키로스는 이 점에 착안하여 눈부신 성과를 기대하고 있던 크로이소스 기병대를 무력화했다.

크로이소스는 사르디스에서 키로스에게 포위되었다. 크로이소스는 동맹군 스파르타에게 구원을 청했으나, 당시 스파르타는 아르고스와 전쟁 중이었다. 그 전쟁이 바로 300대 300으로 싸우고도 모자라, 한 판 더 싸웠던 그 우스꽝스러운 전투였다. 페르시아 전쟁의 전사前史라고 할 수 있는 상황을 설명하며 리디아와 페르시아의 대립을 서술할 때 첨부했던 스파르타와 아르고스 전투, 여기서 헤로도토스가 전달하려던 메시지는 무엇이었을까? 그저 있던 사실을 전해주려는 것뿐이었을까? 아니면 인간의 지독한 어리석음을 덤덤한 척 말해주었던 것이었을까?

스파르타는 결국 리디아를 지원하지 못했고 사르디스가 함락되었으며, 리디아 왕 크로이소스는 생포되었다. 키로스 군대가 사르디스 아크로폴리스 남쪽 절벽으로 침투했는데, 어떤 리디아 병사가 이곳을 내려와 떨어뜨린 투구를 주워 올라가는 것을 보고 위치를 기억해두었다가 그 길을 따라 공격한 것이다. 사르디스 성이 함락되었을 때, 페르시아 병사가 크로이소스를 다른 사람으로 잘못 알고 죽이려고 다가갔다. 그때 벙어리였던 크로이소스의 아들이 공포에 젖은 목소리로, "이봐, 크로이소스 왕을 죽이면 안 돼!"라고 소리쳤다. 크로이소스의 아들이 이때 처음 입을 열었던 것인데, 이미 오래전에 크로이소스 왕이 꿈에서 보았던 장면이라고 한다.

페르시아의 키로스 왕은 사로잡은 크로이소스 왕을 장작에 올려 화형시키려고 했는데, 크로이소스가 눈물을 흘리며 신의 이름을 부르자 맑은 하늘에 구름이 차고 거센 비가 쏟아져 불이 꺼지고 말았다고 한다. 헤로도토스는 또 이렇게 덧붙였다.

평화 시에는 아들이 아버지를 장사 지내지만, 전쟁 시에는 아버지가 아들을 장사 지내지 않으면 안 된다.

헤로도토스가 본 크세르크세스, 페르시아

영화 〈300〉은 페르시아 왕인 크세르크세스를 포악한 군주로, 미신에 빠진 괴물로 묘사했다. 이는 스파르타인들의 '이성적 용맹'과 대비되는 야만성의 표상이었다. 그런데 실제로 그는 어떤 인물이었을까? 역시 헤로도토스의 기록을 통해 알아보자.

《역사》권7에는 그리스 침략을 준비하던 시기 페르시아 조정의 상황을 기록하고 있다. 당시 대부분의 신하들이 그리스를 침략하려던 크세르크세스의 결정을 지지했다. 거기에는 영토의 확장과 노예의 확보라는 고대 국가의 욕구가 담겨 있었지만, 또한 부왕 다리우스 1세가 아테네군에게 당했던 악행에 대한 복수심도 내재해 있었다. 아테네가 사르디스에 침입해 성스러운 삼림과 성전에 불을 질렀던 것이다.

그러나 숙부인 아르타바노스만 황금을 감정할 때 겉모습만 보아서는 안 된다며 그리스 원정은 위험을 자초하는 일이라며 반대했다. 그러면서 크세르크세스가 자신의 말을 듣지 않고 스키타이를 공격했다가 패퇴했던 사실을 상기시켰다. 아울러 원정을 찬성하는 마르도니오스에게도 그리스인을 가볍게 보고 있다며 왕을 그렇게 모셔서는 안 된다고 꾸짖었다. 또 원정을 꼭 해야겠거든 왕은 페르시아에 남아 있고 자신과 마르도니오스 둘만 출정하자고 제안했다.

이런 제안은 대개 충신이나 할 수 있는 제안임을 역사는 경험에서 보여주고 있다. 숙부를 벌주려던 크세르크세스는 이틀 동안 생각한 뒤, 자신의 판단을 번복한다. 다음과 같이.

여러분, 내가 돌연히 마음을 바꾸는 것을 용서하기 바라오. 그것은 내 분별력이 아직 충분히 성숙하지 못한 데다가 그 계획을 권유하는 자들이 한시도 내 곁을 떠나지 않기 때문이오. 아르타바노스가 제시한 의견을 들었을 때, 나는 한순간 젊은 피가 솟구쳐 올라 연장자에 대해서 해서는 안 될 폭언을 내뱉고 말았소. 그렇지만 지금은 그가 말한 바가 옳다고 생각되기 때문에 아르타바노스의 주장을 채택하기로 하겠소. 나는 생각을 바꾸어 그리스 원정을 중지하기로 했으니, 그대들도 내 결정에 따라 행동해주기 바라오.

이후, 미심쩍은 꿈으로 인해 아르타바노스의 동의 아래 아테네 원정을 결정하기는 했으나, 그때도 크세르크세스는 4년 동안 준비한 뒤 출발한다. 다른 장면에서도 크세르크세스에게서 영화 〈300〉에서 보여주었던 '광적인 미개인'의 표상은 찾아볼 수 없다.

헤로도토스는 페르시아에도 답사한 적이 있다. 그는 그 기록을 다음과 같이 남겼다.

페르시아인은 우상偶像을 비롯한 신전이나 계단을 짓는 풍습이 없고 오히려 그렇게 하는 자는 어리석게 여긴다. (…) 페르시아인은 술을 매우 좋아하지만, 페르시아에서는 사람 앞에서 토하거나 방뇨하는 것을 허용하지 않는다. 이 일은 엄중히 지켜지고 있지만, 중요한 일은 술을 마시면서 상의하는 습관이 있다. 그 회의에서 모두 찬성한 것이라도, 회의장으로 제공된 집의 주인이 이튿날 술에서 깬 일동에게 전날의 결정사항을 재론하여 술 깬 상태에서도 찬성을 얻으면 채택되지만, 그렇지 않으면 폐기한다. (…)

캔탱 마시의 〈튀니지의 여왕 The Queen of Tunis〉(1513). '변방'에 있는 나라에서는 여왕조차 이런 얼굴이리라고 생각하는 건 당연했을까.

마찬가지로 내가 칭송하고 싶은 것은 국왕조차 단 한 번의 죄로 사람을 죽이는 일이 없다는 것, 또한 기타 일반 페르시아인들도 자기 하인에게 단 한 번의 과실로 치명적인 고통을 주는 일은 결코 없다는 것이다. 주인은 잘 생각하여 하인이 저지른 실수가 그 공적보다 많거나 또는 크다고 확인될 때 비로소 벌을 내린다. (…) 페르시아에서는 해서는 안 되는 일은 또한 입 밖에 내서도 안 된다. 페르시아에서 가장 치욕적인 행동은 거짓말을 하는 것이며, 그다음으로는 돈을 빌리는 것이다. 돈 빌리는 것을 싫어하는 이유는 여러 가지가 있지만, 가장 큰 이유는 돈을 빌리게 되면 아무래도 거짓말을 하게 되기 때문이다.

　우상의 풍습이 없다는 것, 결정한 내용을 재심하는 관례가 있다
는 것, 함부로 사람을 죽이지 않는다는 것, 처벌을 신중히 한다는
것, 거짓말을 하지 않는다는 것 등. 이 대목에 이르면 문득 헤로도
토스가 영화 〈300〉을 보았다면 뭐라 했을지 궁금해진다.

　헤로도토스의 페르시아에 대한 관찰과 태도를 16세기 초 플랑
드르의 화가 캥탱 마시의 그림과 비교해보자. 영국이나 프랑스, 스
페인 같은 멀쩡한 백인들의 나라에 어떻게 이런 기이하고 추한 모
습의 여왕이 있을 수 있으랴! '변방'에 있는 나라에서는 여왕조차
이런 얼굴이리라고 생각하는 건 당연했을까. 이런 유치한 상상력
은 21세기 할리우드나 세련된 CNN 뉴스를 통해 나에게도 내면화
되어 있다.

5 | 침, 위생, 그리고 봉건

조선시대를 가리켜 봉건시대라고 부르던 시절이 있었다. 조선에는 봉건제도Feudalism
의 구성 요소인 장원莊園, 영주-농노제serfdom가 없었다. 그런데 왜 봉건사회라고 불
렀을까? 이른바 보편사적 시각 때문이었다. 19세기 이전 전 지구 사람들의 역사를 자
판기 누르듯 습관적으로 '봉건사회'라고 불렀다. '봉건제→자본제'라는 영국사 모델을
보편사로 보고, 지구 곳곳의 역사를 이것으로 포맷하는 폭력의 일종이었다. 그러다 보
니 정작 역사학에서 역사성에 대한 인식이 사라졌다. 역사성이 빠진 역사탐구? 존재할
리 없고, 있어도 불구일 것이다.

역사, 세 가지 행위

우리가 말하는 역사에는 세 가지 행위가 담겨 있다. 첫째, 지금
살면서 일을 만들고 그걸 기록하고 자료를 모으는 일이다. 우리
모두는 하루하루 역사를 만든다. 일기장이, 언론이 그걸 기록한다.
혹시 신문이나 인터넷 기사를 스크랩하고 있다면 이 역시 역사를
기록하는 일이다. 청와대를 비롯하여 각급 기관에서 생산해내는
각종 공문서, 기업에서 업무 중에 발생하는 문서들도 그 자체로
현실의 반영이며, 기록이다. 초등학교 때부터 학교 숙제로 내주는
일기日記 역시 날마다 남기는 기록이라는 뜻이고, 나의 역사 중 가
장 중요한 정보를 담고 있다. 그러니까 우리는 알게 모르게 역사
를 기록하며 살고 있는 것이다. 기록하는 것Recording, 이것이 역

사의 첫 번째 행위이다.

둘째, 기록된 인간의 경험을 잘 관리하여 후세에 넘겨주는 일이다. 여러 나라에 있는 국립기록관National Archives이나 지방기록관, 종교단체나 학교의 기록관들이 그 역할을 수행한다. 그래서 기록관을 박물관, 도서관과 함께 3대 문화기관으로 생각하는데, 아쉽게도 아직 우리나라에서는 기록관이 시민들의 피부에 와닿지 않는다. 조선실록을 보존한 4대 사고史庫의 전통을 생각하면 안타까운 대목이다. 서서히 나아지리라 믿는다. 이렇게 역사를 보존하는 것Archiving, 이것이 두 번째 역사 행위다.

셋째, 이렇게 보존된 기록을 통하여 그 경험, 즉 역사적 사실을 재현再現, Representing하는 일이다. 앞서 남긴 기록을 사료史料라고 하고, 이렇게 재현하는 행위를 역사서술이라고 한다. 필자가 지금 쓰는 이 글의 성격도 기본적으로 역사서술의 영역에 속하며, 기타 논문이나 저서도 대체로 역사서술에 속한다. 조선시대의 역사나 기타 흥미로운 시대에 대해 알려주는 일은 모두 이 역사서술에 속한다.

기록 – 보존 – 재현, 이것이 역사이다. 우리는 종종 기록-보존은 빼놓고, 재현에만 관심을 기울이는 경향이 있다. 그러나 이는 역사에 대한 오해를 낳는다. 자, 그러니 역사에 관심이 있다고 하면, 할머니와 할아버지, 부모님 인생을 녹음해두고Recording, 잘 보관했다가Archiving, 훗날 손자, 그 손자의 아들딸들이 다시 듣고 되새길Representing 수 있게 해보자.

맨 위에서부터 순서대로, 국가기록원, 국립중앙박물관, 국립중앙도서관.
기록관, 박물관, 도서관을 3대 문화기관이라고 한다. 그러나 그것은 직능
분화의 문제일 뿐, 역사의 관점에서 보면 모두 인간의 역사를 보존하는 기
관이다.

역사를 보는 눈

그런데 이런 역사-인간의 행위, 역사를 만드는 데 참여하는 행위에는 사관史觀이 개입한다. 사관이란 역사를 보는 눈이라는 말이다. 기록-보존할 때도 사관이 개입한다. 무엇을 기록하고, 어떤 기록을 남길까 하는 질문에서 이미 선택selection이 들어가기 때문이다. 그래서 흔히 하는 주문이 '중요한 것'을 기록-보존하라고 한다. 그러나 이 말처럼 애매한 말도 없다. 과연 무엇이 '중요한 것'일까?

하지만, 사관이 결정적인 영향을 미치는 것은 기록-보존보다 역사서술, 즉 재현의 단계가 아닐까 한다. 재현은 기록-보존에 의해 영향을 받는다. 기록-보존 단계에서 남긴 사료가 없으면 재현은 애당초 불가능하다. 이런 점에서 사료의 제한, 기록-보존 단계에서 이루어진 선택의 제한을 그대로 안고 시작한다. 또한 기록-보존의 목적이 '한 시대의 경험을 후대로 전승한다'라는 다소 일반적인 성격을 띠는 데 비하여, 재현은 19세기 동학혁명에 대한 논문 작성이나 이순신의 명량해전에 대한 영화 제작처럼 어떤 동기나 이유에서 출발하는 경우가 많다.

여기서 사관이란 무엇인지를 이해할 수 있는 두 가지 조건이 나온다. 첫째, 재현하려는 주제나 대상에 관한 사료가 얼마나 남아 있느냐는 것이다. 아무리 관심이 크더라도 남아 있는 사료가 적으면 어찌해볼 도리가 없지 않겠는가? 둘째, 재현의 '이유나 동기'나 그 재현 자체를 규정하는 인식체계, 즉 재현하는 사람이 그 재현을 수행하는 사유방식에 의해서만 사관이 무엇인지 설명할 수 있다. 이를 에피스테메episteme라고 부른다.

쉽게 말하면, 우리가 대상을 특정한 방식으로 재단하고 나누는 방식이 있다는 것이다. 물론 그 행위는 언어를 통해 이루어진다. 우리는 언어를 통해 세계를 이해하고 전달하기 때문이다. 그러니까 대상을 설명하는 담론을 구성하는 방식을 에피스테메라고 부른다고 보면 된다. 바로 이런 '세계=대상을 질서 지우는 방식'이 있고, 그 방식은 역사적으로 변천해왔다는 것이 미셸 푸코의《말과 사물》의 논지였다.[29]

예를 들어보자. 우리는 지금 밥상머리에 앉아 밥을 먹을 때 상위나 바닥에 함부로 침을 뱉지 않는다. 가상의 문답을 떠올려보자.

문: 왜 침을 뱉지 않지?
답: 더러우니까!

사실 난 침이 왜 더러운지 의심스러울 때가 많다. 남녀의 키스는 침이 있어서 감미롭다. 침이 더럽다는 분들, 키스는 하고 사나? 아무튼 우리 관념을 따라가보자.

문: 좋아, 왜 더러운 거지?
답: 병균이 옮으니까!

백자로 만든 타구唾具. 침 뱉는 그릇이다. 관청 사무실이나 집안에 두고 침 뱉는 데 쓰였다. 같은 시기, 유럽 궁정에서는 식탁에서 침을 뱉지 않는 예절이 정착했다.

아마 현대인들 가운데 이런 문답에 이의를 제기하는 분은 없을 것이다. 침에 병균이 묻어 감염될 위험이 있으므로 식탁에서, 또 길거리같이 사람 많은 곳에서도 침을 뱉지 않는 것이라는 설명은 상식이기도 하다. 그런데 우리의 상식이 된 이러한 인식은 과연 타당할까?

흥미롭게도 식탁에서 침을 뱉지 않는 예절은 중세 유럽의 경우에 11~12세기 무렵 생겨났다. 궁정에서 상대에 대한 예의를 갖추기 위한 태도의 하나로 등장한 것인데, 차마 높은 분 앞에서 침을 뱉는 것이 미안해서 생긴 예절이었다.[30] 이 사실이 전해주는 진실은 무엇인가?

우선 식탁에서 침을 뱉지 않는 예절은 병의 감염과는 상관이 없다. 침과 병의 감염을 연관시키려면 둘 간의 관계를 알아야 하는데, 그 병균이란 맨눈에는 보이지 않는 미생물이다. 즉, 현미경이라는 도구가 의학과 생물학에 도입된 뒤에야 가능한 해석 방식, 즉 담론이다. 현미경을 생물학에 도입하여 최초로 미생물을 발견한 인물은 네덜란드인 안톤 판 레벤후크Antonie van Leeuwenhoek(1632~1723)로, 1660년 이후의 일이고, 그전까지는 식탁에서 침을 뱉지 않는 습관과 위생관념이 아무런 상관이 없었다.

이 사례에서 볼 수 있는 더 중요한 사실이 있다. 어떤 역사적 현상의 발생과 해석은 종종 우리가 생각하는 관념을 벗어난다는 점이다. 처음에 침을 뱉지 않는 예절을 만든 사람들과 오늘날 우리

1880년에 만들어진 복합 현미경. 현미경은 우리의 침이 더럽다는 생각을 갖게 만든 발명품이다. 현미경으로 병균을 관찰하고 난 뒤부터 침과 위생 사이의 연관이 생겨났다.

가 침을 뱉지 않는 이유가 다르다는 점, 이것이 바로 역사를 배우는 이유다. 동시에 우리의 관념에 따라 다른 시대나 사회의 역사를 해석하면 종종 오류에 빠진다는 사실이다.

봉건 또는 중세, 전근대

> ① 임꺽정이란 옛날 봉건사회에서 가장 학대받던 백정 계급의 한 인물이 아니었습니까? 그가 가슴에 차 넘치는 계급적 해방의 불길을 품고 그때 사회에 반기를 든 것만 하여도 얼마나 장한 쾌거였습니까?(홍명희)[31]
>
> ② 우리는 이 글에서 우리나라에서의 봉건제도의 분해와 자본주의적 관계의 발생에 관한 문제부터 해명하려고 하였다. 이 문제를 해명하지 않고서는 우리나라에서의 자본주의의 발전에 관한 문제도 해명할 수 없기 때문이다.(전석담·허종호·홍희유)[32]

위의 두 인용문은 20세기에 조선시대를 어떻게 이해했는지 보여주는 사례이다. ①에서 말하는 임꺽정은 조선 명종대의 도적이다. 명종 때 문정왕후가 승려 보우普雨를 앞세워 정치에 간여하면서 백성들의 삶이 어려워지기 시작했는데, 그 와중에 생겨난 도적이 임꺽정이다. 사실 나는 위의 글이 정말 벽초 홍명희의 글인지 의심하고 있다. 벽초의 글치고는 너무 거칠고 도식적이기 때문이다(아무튼 벽초가 쓴 글이라고 하니 일단 인용해두었다). 저 글에서 벽초는 조선을 봉건사회라고 했다.

그 아래 인용문 ②는 북한 역사학자들의 발언이다. 저분들 세대가 돌아가신 뒤로 북한 역사학계에서 논문다운 논문은 사라져버렸다. 저분들의 주장 역시 자본주의사회로 오기 전인 조선은 봉건사회이다. 이에 비해 남한 학계에서는 중세사회라고 부르거나, 전근대라는 표현을 많이 사용하였다.

이런 습관을 군이 정의하자면 '아무렇거나, 조선은 봉건적이다'란 말이 될 것이다. 이미 '봉건'은 중세나 전근대라는 말 대신 사용해도 될 정도의 탄력성을 가진, 공감을 확보할 수 있는 용어였다.

이런 까닭에 '봉건'은 특수한 학술 개념이기도 하지만, 담론이기도 하다. 이렇게 담론은 어떤 근본적인 성격이나 특징에 의해 형성된다기보다, 발언 또는 발화發話의 규범에 종속되는 경향이 있다. 이는 그 발화자의 욕망이나 성격, 신념의 소산처럼 보이지만 실은 그와 무관한 경우가 많다. 이미 어떤 맥락에서 사용하게끔 결정되어 있는 것이다.

애당초 '개념槪念'이란 말을 한자 뜻 그대로 풀이하면 '얼개 지식'이다. 그러나 '봉건'이 획득한 탄력성과 공감은 바로 '봉건'이라는 용어가 하나의 특권이 되었음을 의미한다. 그리고 이러한 특권은 이미 '봉건'이 어떤 담론 속에 배치되었음을 뜻할 것이다. 그 담론의 공간 안에서 특정 목적과 이론을 통해서 새로운 계열의 개념을 만들고, 각각 뭔가의 실천을 지향하고 있는 것이다.

봉건, 장원

기실 봉건, 중세는 서유럽 역사발전의 패러다임이었다. 봉건제에서 권력은 국왕에 대한 영주의 충성, 영주에 대한 기사의 충성에 따라 배분되고, 이를 매개로 불수불입권不輸不入權˙을 행사할 권력을 위임받아 장원 안의 농노를 지배하는 분권사회가 성립한다.

서유럽 봉건제도는, 전사戰士로서의 복무를 조건으로 봉토封土(장원)를 받고 충성을 서약하며, 봉토를 받은 영주는 자신의 봉토 내의 농노 노동을 통해 경제를 유지하고, 농노를 지배한다. 8세기 프랑크 왕국(카롤링거 왕조)의 은대지恩貸地 제도(베네피키움)에 기원을 둔 봉건제도는, 동시에 로마 관료제도의 잔재인 카롤링거 왕조의 흔적을 청산하면서 등장한 분권 시스템이었다.

장원은 가족, 봉신封臣 집단, 도시공동체 등과 같은 사회구조를 구성하는 기본요소 중 하나였다. 이러한 구성물로 이루어진 시대를 봉건사회, 또는 봉건제라고 부르는 것이다. 물론 장원은 본질적으로 경제적 차원의 제도였지만, 그 성격을 이해하려면 이런 연관성을 염두에 두어야 한다. 장원의 경영은 토지생산물의 한 부분이 단 한 사람에게만 귀속되도록 조직되어 있고, 그 주민은 동일한 인물의 지배를 받으며 하나의 집단을 이룬다. 그 땅의 지배자이자

˙ Immunity. 재판이나 조세 징수 등에서의 자치권.

19세기에 지어진 독일의 노이슈반슈타인 성. 성의 내부는 습해서 성의 주인은 종종 관절염과 류머티즘을 앓았다. 동화에나 나올 법한 예쁜 성은 유럽 봉건제의 흔적이다. 봉건제 아래서 영주는 지역의 왕이었고, 농노들의 거주지와 분리되어 있었다.

소유주인 이 사람이 바로 영주이고, 그 땅이 곧 장원이다. 장원은 이런 두 가지 측면의 결합, 즉 경제적 이익의 도모와 일종의 지배권이라고 부르는 것과의 결합이었다.[33]

문명의 중요한 단위인 국가의 형태를 통해 봉건제를 정의한다면 당연히 봉건제는 분권사회이다. 이에 반해 조선은 중앙집권화된 국가이다. 학계에서는 고려시대의 사회 성격을 놓고 귀족제-관료제 논쟁이 있을 정도이고, 귀족제설의 입장이라고 해서 분권적이라는 견해도 아니다. 나아가 조선의 정치제도가 양반관료제였다는 데 학계에 이견은 없다. 국가는 재화와 권력을 배분하는 역할을 수행하는 가장 고도화된 문명 양식이다. 그러므로 국가가 중앙집권적인가 지방분권적인가, 하는 것은 봉건제를 이해하는

데 핵심적인 문제이다.

근대주의 포맷

이런 점에서 조선사회를 봉건사회(또는 봉건사회를 염두에 둔 중세)
라고 부르는 것은 역사 현실과 부합하지 않고 따라서 적절한 개념
화도 아니다. 이는 한국 역사학의 근대주의를 반영한다. 사실과 가
치, 두 측면에서 근대가 목적론적으로 도달해야 할 시대로 설정되
는 것, 그것이 근대주의다.

사실의 측면이란 어느 사회나 적절한 과정을 거쳐 그곳으로 갈
수밖에 없다는 말이고, 가치의 측면이란 근대가 자유와 평화, 인권
을 실현하는 데 있어서 바람직한 시대라는 말이다. 자유주의 경제
학자 월터 W. 로스토의 경제발전 5단계설이나, 스탈린 시대 속류
마르크스주의 역사발전단계설과 역사합법칙설 모두 이런 근대주
의의 변형이다. 이런 유의 사유방식, 나는 이것을 근대주의라고 부
른다. 그러면서 이전 시대와 위계를 설정하는 진보 관념이 자리를
잡고, 막강한 과학의 힘과 생산력이 그 진보 관념을 뒷받침한다.

물론 근대주의 역사학이라고 해서 다 같지는 않다. 로스토식 발
전사관과 마르크스의 역사적 유물론이 같을 수는 없는 노릇이다.
역사적 유물론과 사회경제사학의 발달은 역사를 정치사, 그중에
서도 뛰어난 개인이나 국왕을 중심으로 서술하던 한계를 극복하
는 데 크게 기여했다. 개인에서 사회구조나 형태로 눈을 돌림으로
써 인간의 역사적 조건을 이해하는 데 진전을 가져왔다. 경제사나

창덕궁 동궐도의 전경(위)과 부분(좌). 왼쪽 도판에서 왼쪽 큰 건물이 경복궁 근정전에 해당하는 의례 공간인 인정전이다. 국왕은 백성들과 떨어져 궁궐에서 따로 사는 듯하지만, 궁궐에는 숱한 관청이 들어차 있었다. 국왕이 중앙집권관료제의 일부임을 보여주는 그림이다.

사회사 연구가 활발해진 것이 그 예이다. 그러면서 역사발전의 동력을 주로 영웅이나 초월적 존재 또는 우연에만 맡겨버리던 타성에서 벗어나, 생산하는 사람들, 곧 농민, 민중을 포착하게 되었고, 노동, 여성, 제3세계 등의 역사가 새롭게 조명되기 시작하였다.

국사 = 국민국가사

조선시대사 연구에서도 이런 경향이 두드러졌다. 사회와 경제

구조, 농민의 운동, 변혁에 대한 연구가 늘어난 것은 바로 이런 역사학 발전의 징표였다. 역사학은 20세기 후반 민주주의와 시민의식 성장의 결과이기도 했지만, 역으로 역사학이 그 성장에 기여하기도 했다.

그런데 조선사 연구는 곧 역사의 이행移行 문제를 제기했다. 더구나 덤덤한 이행도 아니라 식민지로의 전락이라는 '아픈 이행'을 설명해야 하는 과제에 직면했다. 조선은 식민지로 연결되었고, 그에 따라 '변명'은 둘 중 하나일 수밖에 없었다. 조선이 식민지가 될 수밖에 없는 이유 또는 그 필연성을 주장하든지, 식민지가 아니라 자생적인 근대로 나아갈 수 있었다고 주장하는 것이었다. 전자가 식민사관이라면, 후자는 민족사관 등 이른바 식민사관을 극복하겠다고 생각한 입장을 대변한다.

그 대목에서 역사학은 방심했다. 역사학 본연의 문제, 즉 왜 두 사회가 다른가, 왜 한 사회는 다른 사회로 이행하기도 하는데 어떤 사회는 이행하지 않는가 하는 문제로부터 이탈하기 시작했다. 조선사회 또는 문명에서 근대적 요소를 발굴해내는 데 주력하기 시작한 것이다. 거기에 안타까운 조바심이 가세하면서 사회구성체의 복합성과 역동성은 쉽게 경제주의로 환원되었고, 상부구조와 토대의 조합에 따른 다양한 사회 형태에 대한 탐구는 토대결정론으로 좌초되었으며, 역사 전개의 다양성은 역사적 합법칙성이라는 사이비 보편주의에 휩쓸렸다. 근대를 전제로 해서만 의미를 갖는 조선사 연구가 된 것이다. 내가 말하는 역사학의 근대주의다.

사회구성, 구조, 민중, 농민 등의 키워드로 상징되는 발전된 성과를 담은 한국 역사학이 넓은 평원을 놓아두고 방향을 바꾸기도 힘든 골목길로 찾아든 셈이라고나 할까.

그럼 이런 지점을 확인하는 것이 왜 중요한가? 다시 역사학 원론을 생각하자. 역사는 인간의 경험이다. 경험이란 다시 그렇게 할 수 있다는 가능성을 내포한다. 부정적인 경험은 내려놓아야 할 것이고, 긍정적인 경험은 살려내야 할 것이다. 그러나 첫째, 근대주의는 조선문명에서 경험을 바라볼 가능성을 봉쇄했다. 그 결과 오로지 근대로 귀결될 수 있는 경험만 눈에 들어왔다. 이런 식의 논리를 결과론이라고 한다.

다음으로, 우리가 살고 있는 근대를 비판할 수 있는 경험으로서의 조선문명의 가치가 무시되었다. 흔히 조선문명의 어떤 측면을 긍정적으로 평가하면, 곧바로 과거로 돌아가자는 것이냐고 반문하곤 한다. 드라마가 아닌 이상 누가 다시 조선시대로 돌아갈 수 있다고 생각하겠는가? 현재 우리의 삶에 이러저러한 문제나 불합리가 있는데, 그걸 다른 방식으로 해결한 사회의 경험이 있다면 거울삼아 살펴보자는 것이 아닌가? 그게 역사공부의 본래 의미 아니었나?

이것이 조선시대를 연구하는 역사학자들이 봉착한 현주소다. 역사학자들이 골목길에서 오도 가도 못 하는 가운데 조선시대를 연구하는 다른 학문 분과에서 평원을 누비고 있는 것이 다행스럽다고 할 것이다. 하긴 역사연구가 특정 학문 분과의 전유물이 된 것은 근대의 현상, 즉 언젠가 사라질 역사적인 현상이니까.

인식론적 반성

빨리 중세를 해체하고 근대로 와야 했다. 그것을 지체시킨 요인에 대한 부정적 인식의 강화, 즉 조선을 유지시킨 힘은 오히려 저해 요인으로 매도되었다. 대체로 광해군이 폐위되고 인조가 즉위한 계해반정(1623년) 이후의 시대는 오직 '근대적 요소'를 발견하는 연구 외에는 아무런 가치를 갖지 못하는 기형적 현상이 생겨났다. 계해반정 이후, 백성들의 삶을 더 편안히 해주기 위해 취해진 세금, 부역, 신분제의 개혁은 개량적 조치로 폄하되었고, 실체도 흐릿한 '탈주자학'과 '반주자학'의 논리가 풍미하였다. 결국 근대주의자들의 사이비 보편사관과 조급증 탓에 300년 동안 조선 인민들은 상황의 타개 능력도, 시스템의 혁신 능력도 없는 존재들이 되고 말았다. 그러나 정작 경직되어 있었던 것은 조선 후기 성리학자들이 아니라, 20세기 근대주의자들이었던 셈이다.

진작부터 사실과 가치의 측면에서 목적론적으로 설정되었던 근대(현대)가 사실과 가치 두 측면에서 목적론적으로 설정될 수 없다는 사실과 주장이 제기되기 시작했다. 지구상의 극히 일부만이 근대로의 길을 갔고, 대부분의 지역에서 근대는 노예 또는 식민지라는 폭력적 상황 속에서 다가왔다. 아니, 근대로 이행한 그 일부 지역에서조차 자본을 탄생시킨 농민층 분해는 정말 농민들의 신체를 분해하는 강도로 진행되었고, 살인적인 아동노동까지 강요했으며 지금도 그렇게 하고 있다.

가치의 측면에서 근대가 더 이상 추구해야 할 유토피아로 남아 있지 않다는 점은 굳이 내가 설명할 필요조차 없을 것이다. 근대주의자들이 그렇게 선전하던 신분해방은 계급대립으로 대체되었음이 드러났고, 자유는 토지와 생산수단으로부터의 자유, 즉 박탈이 본질임이 드러났다. 그리하여 근대적 인간은 노동력을 팔 수 있는 '자유'를 가진 인간, 노예나 농노가 누렸던 최소한도의 안전망조차 확보할 수 없는('다른 인간이나 사회의 보호로부터' 자유로운=분리된) 인간을 의미했음이 드러났다. 마르크스는 '자유'의 이중적인 의미를 이렇게 설명했다.

한편으로는 그 노동자가 자유로운 인격체로서 자신의 노동력을 자신의 상품으로 마음대로 처분한다는 의미이며, 다른 한편으로는 판매할 아무런 다른 상품도 가지고 있지 않을 뿐만 아니라 자기 노동력의 실현에 필요한 모든 물적 조건에서도 분리되어 있다는 의미이다.[34]

아무리 이중적 의미를 강조했어도 마르크스의 '자유'라는 용어 선택은 적절치 않다. 선택의 여지가 없을 때 우리는 '강제', '마지못해', '할 수 없이' 등의 표현을 쓰지, '자유'라는 용어를 쓰지 않는다. 아마 신분제, 경제 외적 강제 등 봉건의 질곡으로부터 벗어났다는 점을 강조하려는 듯한데, 그래도 조심성 없는 단어 선택임에는 분명하다.

'진보적 근대'는 인류 문명사상 처음으로 곡식 재배와 물품 생산이 인간을 위해서가 아니라 돈을 벌기 위해서 이루어지는 세상임을 보여주었다. 더 큰 문제는 근대 문명의 이런 부정적 측면에 비판적인 사람들조차 역사 인식의 문제로 들어가면 근대주의에 포섭된 양상을 보인다는 사실이다. 유럽 계몽주의자들에게 봉건 사회는 암흑시대였듯이, 이 땅의 깨어있는 시민과 지식인들에게도 조선은 빨리 지나갔으면 좋았을 해체기로 인식되는 것이다. 인생에 그냥 지나갈 시기가 없듯이 역사에도 그런 시기는 없다. 그러나 그렇게 인식하는 특수한 인식체계, 에피스테메가 작동하는 경우가 있다. 우리 현대인처럼 진보의 환상에 빠져있는 경우가 그러하다.

6 | 콩쥐 팥쥐의 역사

이데올로기나 편견에 의해서 역사를 보는 눈이 일그러지기도 하지만, 자료가 사라지거나 기록을 일부러 왜곡함으로써 발생하는 사실에 대한 잘못된 인식도 있을 수 있다. 조선시대 일부 당론서나 일제 강점기 식민사관에서 나타나는 편 가르기 수준의 당쟁론, 1945년 광복 이후 남한 사회를 분열시킨 좌−우, 빨갱이 타령 등이 그 파괴적 사례라고 할 수 있다. 이 장에서는 《선조실록》을 통해 그 실상과 폐해를 살펴볼 텐데, 안타까운 것은 학계에서도 《선조수정실록》의 '수정'에 대해서는 예민해도 막상 거칠고 편파적인 《선조실록》에 대한 사료 비판은 소홀히하고 있다는 점이다.[35] 이에 대해서는 서서히 인식이 높아지고 있는 만큼 좀 더 실상에 다가가리라 믿고, 우리의 상식을 고도화해보기로 한다.

기억의 수정

2010년, …2020년, 하는 식으로 그레고리력, 그러니까 교황 그레고리우스 시대에 부활절의 조정을 위해 만들어진 서양 역법을 사용하는 우리는 이미 간지干支로 해를 세는 방식을 잊었다. 그렇지만 1976년, 독립 200주년을 뻑적지근하게 기념하던 미국인들과는 달리, 1392년 조선이라는 나라를 세운 사람들은 필시 건국 200주년이 되는 1592년에 기념식을 열 생각을 하지 않았을 것이다. 기념식이 별로 없는 문화 때문이기도 했지만, 그들에겐 3갑자, 4갑자가 더 기억할 만한 시간 단위였을 것이다.

지난 2012년에 7갑자를 맞은 임진왜란은 조선 14대 임금 선조 연간(재위 1567~1608)에 일어났다. 지금은 누구나 다 아는 유네스코

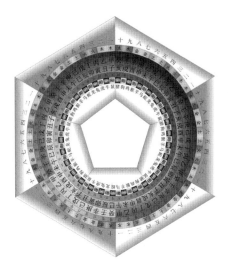

60갑자를 구성하는 간지. 1갑자는
60년이다.

세계문화유산 조선왕조실록 중 《선조실록》은 바로 선조 연간에
일어난 사실과 정치활동에 대한 기록을 편찬한 것이다. 편찬은 선
조 다음 임금인 광해군 대에 이루어졌다.

조선왕조실록은 《태조강헌대왕실록太祖康獻大王實錄》으로부터 《철
종대왕실록哲宗大王實錄》에 이르기까지 472년에 걸친 25대 임금들
의 실록 28종을 통틀어 지칭하는 것이다. 25대 왕인데 28종이 된
이유는 중간에 개수된 실록이 3종 포함돼 있기 때문이다. 그리고
일제 강점기에 편찬된 《고종실록》, 《순종실록》은 편찬 주체가 일
제였고 사료 비판의 여지가 많아 '실록'에 포함시키지 않는다.[36]

실록은 특정한 시기에 특정한 사람들이 의도적으로 기획해 편
찬한 역사서가 아니라, 역대 조정에서 사관이 기록하거나 모아놓

은 문서, 즉 사초史草를 국왕이 바뀔 때마다 정해진 절차에 따라 편찬한 '문서 모음'의 성격을 띤다.

《선조실록》은 그 기록의 공정성에 대해 의심이 일었고, 이 때문에 《선조수정실록》이 편찬되는데, 이는 조선시대 처음으로 있는 실록의 수정이었다. 이 사건은 이후 실록이 개수改修 또는 수정되는 전례가 됨과 동시에, 개수나 수정에도 불구하고 원래 실록과 수정실록을 모두 남기는 역사의식을 보여주는 흥미로운 전통을 남겨주었다. 여기선 그 이야기를 해보려고 한다.

편찬의 시작

광해군 즉위년(1608) 9월, 역사의 기록과 편찬을 담당하는 관청인 춘추관에서는 다음과 같이 아뢰었다.

> 선왕조의 실록은 졸곡卒哭 뒤에 곧바로 사국史局을 설치해 편찬해내야 하는데, 평시의 사책史冊이 모조리 없어져서 남은 것이 없으므로 망연해 근거할 만한 것이 없으니, 지극히 민망스럽고 걱정됩니다. 그러나 막중한 일을 도저히 그만둘 수 없으니 담당 관청에 당상관과 실무 담당 낭청郎廳을 차출하여, 혹은 사대부가 듣고 본 것을 수집하고 혹은 개인이 수장한 일기를 모으기도 해, 여러 방면으로 헤아리고 조절해 편리하게 거행하는 것이 합당하겠습니다.[37]

112

인용문에 나오는 졸곡이란, 상청喪廳에서 늘 곡哭을 하던 데서 아침저녁 곡으로 바뀌는 상례 절차 중 하나인데, 국왕은 졸곡을 기점으로 상복을 벗고 정무를 보기 시작하였다. 그해 9월 17일 춘추관이 실록 편찬을 요청하자, 광해군은 조사詔使, 즉 중국 사신이 지나간 뒤에 사국을 설치하는 것이 좋겠다고 대답했다. 여기서 우리는 몇 가지 사실을 확인할 수 있다. 첫째, 이미 말한 대로 실록은 졸곡이 끝나 임금이 정무를 시작하면서 바로 편찬에 들어가는 첫 사업이라는 것이다. 둘째, 실록 편찬은 역사를 담당하는 춘추관에서 발의하고, 임금은 그 발의에 따라 전교를 내린 뒤 임시 관청이 실록청을 춘추관에 설치하면서 시작된다. 셋째, 사책이 모조리 없어져서 걱정이니, 사료를 수집해야 한다고 했다.

불탄 사초

임진왜란. 7년간 진행된 왜의 침략전쟁이었다. 선조 25년 4월 왜란이 일어나자, 선조는 피란을 떠났다. 그 뒤 왜군이 한양에 들어오자 궁성에 불이 났다. 그 틈에 내탕고內帑庫에 들어가 보물을 훔친 자들도 있었다. 먼저 불탄 곳은 장례원掌隷院과 형조刑曹였다고 한다. 두 곳의 관서에 공사 노비公私奴婢의 문적文籍이 있었기 때문이다. 이때 경복궁·창덕궁·창경궁의 세 궁궐이 일시에 모두 타버렸다.

그 뒤, 역대 홍문관에 간직해 둔 서적, 춘추관의 각조실록各朝實錄, 다른 창고에 보관된 전조前朝의 사초, 즉,《고려사》를 수찬할 때

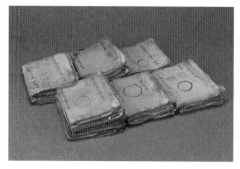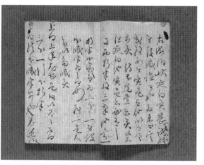

승정원 주서였던 이담명의 사초. 임진왜란 초기. 선조가 피란을 떠나자 경복궁, 창덕궁, 창경궁이 불탔다. 책임감 없는 사관들은 사초도 불태웠다. 사초는 사관들이 직접 보고 들은 사실을 기록하는 1차 사료. 이담명의 사초는 초서草書로 쓰여 있어 읽으려면 훈련이 필요하다.

의 초고가 불에 탔다. 또《승정원일기》가 남김없이 불탔고, 내외 창고와 각 관서에 보관된 것도 모두 도둑맞아 먼저 불탔다. 그런데 탔을 뿐 아니라, 태우기도 했다.

한양을 버리고 파천播遷하는 와중에 역사기록들도 손상되었다. 기록을 담당하는 사관이나 승정원 주서注書도 도망쳤기 때문이다. 사관 조존세趙存世와 김선여金善餘, 주서 임취정任就正과 박정현朴鼎賢 등이다. 이들은 좌우左右 사관으로서 처음부터 호종하면서 선조의 침문寢門을 떠나지 않았으므로 선조가 자식처럼 대우했다. 주서는 《승정원일기》의 작성을 담당하는 관직이다.

그런데 어느 날 밤 선조가 요동으로 건너갈 것을 의논하자 사관들은 몰래 도망치기로 의견을 모으고 먼저 사초책史草冊을 구덩이에 넣고 불을 지른 뒤 어둠을 타 도망했다. 선조가 길에서 자주 돌아보며 사관은 어디 있느냐고 물었는데 모두 보지 못했다고 대답했더니, 선조는 "김선여가 탄 말이 허약하더니 걸어서 오느라 뒤처졌는가?"라고 물었다고 한다. 그에 대한 믿음을 버리지 않았던 것이다.

도망친 자의 승승장구

그러다 새벽이 되어서야 그들이 도망한 것을 알고는 선조의 말씨와 낯빛이 참담해졌다. 같이 가던 신하들은 모두 격분하며 "뒷날 상이 환국하시면 이 무리들이 어떻게 살아나겠는가"라고 했단다. 네 사람은 각각 영남과 호남으로 가서 가족을 찾았는데 고을 관아에서 먹을 것을 얻으면서 핑계 대기를 "상이 물러가라고 허락했기 때문에 왔다"라고 했다.

당초 사간원의 요청에 따라 이들을 사판仕版(관원 명단)에서 삭제했다. 그러나 어찌 된 일인지 선조 32년(1599)에 조존세와 김선여는 다시 대교와 검열로 복직해 사관의 직무를 맡게 된다. 그러므로 《선조수정실록》에 "상이 도성에 돌아온 뒤 네 사람이 돌아와 모였는데, 다시 이들을 사관으로 주의注擬(후보로 올림)하자, 상은 '어찌 도망한 자들에게 다시 사필史筆을 잡게 할 수 있겠는가. 백집사百執事(일반 관원)라면 몰라도'라고 했고, 이 때문에 모두 외직外職(지방 관직)에서 벼슬했다"라고 했다. 《선조실록》에는, 의주로 파천했을 때 기록한 사초를 옮겨왔지만 춘추관에 보관한 채 관리를 하지 않아 수정하려고 했을 때, 선조는 조존세와 김선여는 사초를 버리고 도망친 자들이라며 수정을 허락하지 않았던 기록만 나온다.

이들은 모두 영의정을 지낸 이산해李山海의 문하門下였다. 김선여는 김첨경金添慶의 아들로 가장 문망文望이 있었으며, 임취정은 임국로任國老의 아들이고, 박정현은 박계현朴啓賢의 종제從弟이고, 조존세는 조사수趙士秀의 손자로서 모두 대대로 벼슬한 명문 집안의 출신이었다. 이렇게 임무를 방기했으니 명문이란 말은 어폐가 있을지 모르지만. 김선여는 그래도 벼슬하는 것을 수치스럽게 여기고 살다가 일찍 죽었지만, 조존세·임취정 등은 광해군 때 귀척貴戚(귀한 인척)이라는 이유로 등용돼 대관大官이 됐다.

또한 조존세는 영창대군이 강화로 유배될 때 호송했던 의금부 당상관이었다. 계축옥사*의 핵심 인물로 지목된 영창대군을 압송했다는 것은 곧 광해군의 신임을 받았다는 의미다. 그는 성균관 대사성까지 지냈다. 성균관은 태학太學으로 나라를 이끌어갈 인재를 키우는 국립대학인데, 사초를 태우고 도망친 그가 국립대학 총장을 맡았으니 그 나머지는 무슨 볼 것이 있겠는가. 임취정은 광해군의 신임을 얻어 승지·대사헌을 지냈고, 당초 이이첨의 세력이었으면서도 형인 임수정任守正의 첩 자식이 후궁으로 들어가 소용昭容이 된 뒤 총애가 날로 높아져 나중에는 이이첨의 견제 세력 노릇도 했다. 박정현은 광해군 8년 강원도 감사까지 지냈다.

• 광해군 5년(1613)에, 대북大北의 정인홍, 이이첨 등이 영창대군(선조의 적자) 및 반대파 세력을 제거하기 위하여 일으킨 옥사.

자료를 더 모으라

광해군 원년(1609) 7월, 춘추관에서는 임진왜란 때문에 사초가 하나도 남은 게 없다고 보고했다. 이게 첫 번째 문제였다. 일단 고故 지사知事 유희춘柳希春, 고 참판 이정형李廷馨이 기록한 일기가 다행히 춘추관에 보관돼 있었다. 유희춘은 《미암일기眉巖日記》로 잘 알려진 학자관료로, 선조 때 삼경三經(시경·서경·주역)을 언해諺解한 분이기도 하다.

그러나 그마저도 소략했다. 실록청에서 행장行狀(선조의 행장으로 추정된다)을 지을 때 그 일기를 확인했는데, 이정형의 일기는 조보朝報(요즘의 관보)에 나온 것 가운데 일부 내용만을 기록한 것으로 15~16년 전에 기록한 것이 단지 1권뿐이었고, 유희춘의 일기는 1년 중 한두 달의 사건만 기록하고 다른 달은 전혀 기록하지 않았으므로 너무나 소략해 1만 분의 1도 고증할 수 없었다는 것이다. 그래서 우선 임진년 이후의 사초를 토대로 편찬하되, 한편으로는 먼저 그 사초를 수정하고 한편으로는 여러모로 자료를 수집하기로 했다.

그래서 고 감사 배삼익裵三益의 집에 보관된 왜란 이전의 연도별 조보, 고 판서 이기李曁, 고 첨지 이수준李壽俊의 집에 보관된 왜란 이전의 조보, 고 참의 유조인柳祖訒의 집에 있던 임진년의 《행조일기行朝日記》(의주로 파천했을 때의 조정의 일기)를 가족에게 연락해 올려 보내라고 했다. 요즘으로 치면 전직 관료들이 가지고 있던 관보든 일기든 다 수집하는 셈이다.

이밖에 여염閭閻에 살고 있는 사대부 집에서 보관하는 일기류가 있는지를 알아보고 가져오게 했다. 사관이나 겸춘추兼春秋를 지낸 사람은 집에 남겨둔 사초가 있을 수도 있기 때문이다. 또 가지고 있으면서도 즉시 내주지 않는 자에게는 사실이 드러나는 대로 벌을 주며, 고증할 만한 긴요한 문서에 대해서는 사대부와 평민을 가리지 않고 스스로 바치는 자에게 특별히 상을 주도록 했다.

굳이 사초에 준하는 기록이 아니더라도 왜란 이전에 벼슬자리에 있던 사람이 각자 듣고 본 것을 평소 사관이 집에 보관하는 사초처럼 기록해 놓은 것이 있을 경우에는 많고 적음을 막론하고 바치게 해 취사 선택할 수 있도록 했다. 사대부의 문집 중에 비명碑銘·소疏·차箚의 내용이 시정時政에 관계돼 고증하고 채택할 만한 것이 있으면 역시 모두 수집했다. 원래 실록을 편찬할 때 제출하게 돼 있는 겸춘추 및 이조의 비초批草(관원 인사 기록 초본)는 당연히 내야 했다.

민간에 소장된 기록도 수집해야 했으니 각 관청 기록은 말할 것도 없었다. 지방 각 아문에 고증할 만한 문서와 여러 도감都監(국가 행사를 주관했던 임시 관청)의 《등록謄錄》과 《승정원일기》 전부 및 《승전단초책承傳單抄冊》과 연도별 소·차 및 관상감의 연도별 《역년기曆年記》 등을 모두 실어 보내도록 했다. 지방은 팔도 감사들에게 급히 지시를 내리고 서울은 각 아문과 한성부漢城府의 오부五部가 책임지도록 했다.

실록 편찬 라인업

광해군 원년 10월 일실된 사료를 모아 실록 편찬을 시작할 당시 총재관總裁官은 백사白沙 이항복李恒福(1556~1618)이었다. 그리고 이정구李廷龜가 광해군 3년 11월에 대제학이 됐고 이정구의 건의로 신흠申欽이 합류했으니 실록 편찬의 진용은 이항복-이정구-신흠이라는 당대 최고의 학자이자 관료로 짜인 것이었다.

이런 인연인지 이정구는 후일 이항복을 "그가 관작에 있기 40년, 누구 한 사람 당색에 물들지 않은 사람이 없을 정도였지만 오직 그만은 초연히 중립을 지켜 공평히 처세하였기 때문에 아무도 그에게서 당색이란 찾아볼 수 없을 것이며, 또한 그의 문장은 이러한 기품에서 이루어졌으니 뛰어나다고 할 수밖에 없지 않겠는가!"라고 평가했다.

그러나 이항복은 광해군 5년 김제남의 옥사와 연루돼 인재 천거를 잘못했다는 이유로 한직인 중추부로 옮겼고, 광해군 9년(1617) 인목대비를 서궁西宮에 유폐하는 데 반대하다가 함경도 북청에 유배되어 그곳에서 세상을 떴다. 이정구와 신흠 역시 영창대군을 옹립하려고 했다는 박응서 등의 역모사건과, 이어진 김제남 옥사에 연루돼 파직되었다. 이후 이정구는 광해군 13년 외교문서를 담당할 전문가가 없자 다시 등용됐고, 신흠 역시 파직돼 광해군 9년 1월에 춘천으로 유배당했다가 인조반정을 맞았다. 이항복-이정구-신흠으로 구성된 실록 편찬 라인을 대체한 것은 이이첨이었다. 그는 김제남 옥사의 와중이었던 광해군 5년 8월 예조판서 겸 대제학을 맡아 실록 편찬을 주도했다.

《선조실록》의 완성

광해군 8년 11월 드디어 실록이 완성됐다. 통상 2~3년 안에 끝나던 편찬이 무려 10년 가까이 걸렸다. 《선조실록》은 실물 책제冊題에, '선종실록'이라고 되어 있다. 우리는 통상 '선조宣祖'라고 하지만, 선조의 묘호는 원래 '선종宣宗'이었다. 그러다가 태조 이성계가 이인임李仁任의 자손이라는 명나라 《대명회전大明會典》의 기록을 바로잡은 종계변무宗系辨誣와 임진왜란의 극복이라는 업적을 기려 '선조'로 바뀐 것이 광해군 8년 5월이었다.

그러니까 실록 명칭도 '선조대왕실록'이어야 하는데 그해 11월에 편찬된 실록에는 '선종대왕실록'으로 돼 있다. 이는 이미 활자로 인쇄했기 때문에 굳이 수정하지 않고 놔둔 듯하다. 다시 찍으려면 비용도 만만치 않기 때문이다.

이렇게 실록이 완성되면 편찬에 사용된 사초 등을 자하문 밖 세검정에서 물에 씻어 비밀을 보호하고 또 재생용지로 쓴다. 동시에 편찬에 수고한 신하들을 위로하는 잔치인 세초연도 열었다. 이와 함께 실록을 춘추관을 비롯한 각처의 지방 사고史庫에 봉안奉安한다. '봉안'은 '받들어 모신다'라는 뜻으로, 실록의 위상을 용어에서도 알 수 있다.

《선조실록》은 참으로 편찬에 오랜 시간을 보낸 뒤 광해군 10년 7월에 지방 4사고에 봉안되었다. 그런데 《선조실록》은 늦어진 것

《선조실록》(좌)과 《선조수정실록》(우)의 표지.

이 문제가 아니었다. 그보다는 실록의 내용, 공정성 시비가 끊이지 않았다. 그것은 《선조실록》을 수정해야 한다는 논의로 이어졌다. 도대체 무엇이 문제였기에 수정 논의가 나온 것일까?

실록의 수정 논의

《선조실록》이 편찬된 뒤 광해군 때는 공정성에 대한 의문이 잠복해 있었을 뿐이고, 드러났다 해도 바로잡을 의지도 경황도 없었다. 《선조실록》에 대한 수정 논의가 본격적으로 진행된 것은 계해반정으로 정권이 바뀐 뒤의 일이다. 이런 이유로 《선조실록》의 수정은 무엇보다 인상이 좋지 않다. 손을 댄 실록이라는 것이다. 더욱이 거시적으로는 조선이 식민지로 귀결됐다는 역사적 현실, 미시적으로는 일제 강점기 이후 광해군에 대한 긍정적 평가와 인조 반정에 대한 부정적 평가가 맞물리면서《선조실록》의 수정은 '선조 이래 격렬한 당쟁의 결과'라는 뻔한 해석에 그쳤다.

하지만 그렇게 넘어갈 사안이 아니다.《선조실록》의 수정 논의는 인조 원년에 처음 제기됐지만 나라 안팎의 사정으로 계속 중단되다가 효종 8년(1657)에 이르러 마무리됐다. 인조 원년 8월 경연 석상에서 특진관 이수광李睟光, 이정구 및 임숙영任叔英 등은《선조실록》이 '역적[賊臣]'의 손에 의해 편찬됐으며, 애초 이항복이 총재관이 돼 제학 신흠 등과 찬수하다가 계축옥사(광해군 5년, 1613) 때 이들이 쫓겨나고는 이이첨 등이 초고를 산삭刪削하고 자신들에게 불리한 사료를 없앴다고 주장했다.

이수광은《지봉유설芝峯類說》을 쓴 그분이다. 원래 당색으로 치면 북인이었으나 광해군의 난정亂政 시기에 낙향해 있다가 반정 후에 조정에 들어온 경우다. 임숙영도 귀양을 갔다가 반정 후에 조정으로 들어왔다. 이정구는《선조실록》편찬관으로 참여했다가 김제남 옥사 전후에 배제됐던 인물로, 앞서 다룬 바 있다.

이정구 등의 발의가 있은 지 이틀 뒤 좌의정 윤방尹昉은 구체적인 선조 지문誌文(선조의 능에 넣을 묘지문)의 실례를 들어《선조실록》을 수정해야 할 이유를 제기했다. 그는 이산해가《선조실록》편찬의 총재관이 돼 임진왜란 이후 선조가 게을러져 세자에게 국정을 전담시켰다고 기록했으며, 선조의 지문에는 자손조차 모두 기록하지 않았다는 점을 들어 수정의 당위성을 역설했다. 이어

《선조실록》이 '사실이 왜곡된 역사[誣史]'라는 공감대가 이뤄지면서 해를 넘겨 수정 논의가 계속됐다.

《선조실록》의 수정은 《광해군일기》의 편찬에 의해 우선순위에서 밀리고 이어 정묘호란, 병자호란으로 적절한 착수 시점을 잡지 못했다. 그러다가 인조 19년(1641) 2월에 올린 이식李植의 상소로 다시 수정 논의가 시작됐다. 이어 선조 병신년(선조 29년, 1596)까지의 기록은 이식의 손에서 개수 작업이 대체로 마무리됐다. 효종이 즉위한 뒤에도 《선조실록》 수정에 대한 논의는 계속됐다. 이때에도 인조대 실록을 먼저 편찬할 것인지 《선조실록》을 수정할 것인지를 놓고 고심하다가 이번에도 《인조실록》을 먼저 편찬하기로 함으로써 《선조실록》 수정은 뒤로 늦추어졌다. 결국 《선조실록》 수정은 《인조실록》이 완성된 효종 4년 이후에야 추진될 수 있었다.

어디를 수정했나

《선조실록》 수정은 기록의 보완과 사론의 수정이라는 두 방향으로 이루어졌다. 먼저 수정을 위한 〈범례〉를 확정했다. 이는 이식의 '간여본刊餘本'(문집을 편찬하고 남은 필사본)에 보인다.

《선조실록》 원본과 수정본의 기사를 비교하다 보면 이러한 일반적인 보완 기사와는 달리 몇몇 사건을 중심으로 보완이 이루어졌음을 발견할 수 있다. 전체 분량으로 보면 수정본이 원본의 5분의 1에 불과하지만, 이는 수정본이 원래의 사초를 이용할 수 없었다는 한계와 '수정'이라는 특수한 목적 때문에 나타난 현상이다.

《선조수정실록》은 선조시대의 중요한 사건에 대해서 필요한 기사를 보완하는 방향으로 편찬하였다.

보완된 기록은 선조대 주요 사건인 동서東西분당·기축옥사己丑獄死·임진왜란에 대한 기사들이다. 동서분당과 기축옥사는 당론과 관련이 있으므로 그렇다 치고, 임진왜란 기사에서는 의병 활동의 비중이 높아졌다. 임진왜란 당시의 기록에도 의병과 조정의 대립은 심심찮게 눈에 띈다. 의병장 곽재우가 도주했던 감사 김수를 처단하려고 한 일부터, 이후 군공을 세운 의병장에 대한 포상의 배제에 이르기까지 여러 군데서 그 갈등을 확인할 수 있다.

그렇다면 의병들의 활동 자료 보완은 당시 수정 담당자들이 임

한산도대첩 해전 상상도. 이순신 장군의 해전을 우리가 소상히 알 수 있는 것은 《선조수정실록》의 기록 때문이다. 임진왜란 당시의 의병 활동 기록도 《선조수정실록》에 많다.

진왜란 극복의 원동력을 어떻게 이해했는가 하는 관점과 관련 있는 것으로 보인다. 이런 기조는 이어져 해전에서의 승리로 임진왜란의 전세를 바꾼 이순신에 대한 기록도 수정본 보완에서 관심을 기울인 기사다. 그러니까 우리가 실록에서 의병 활동, 이순신 장군의 승전을 알 수 있는 것은 주로 《선조수정실록》의 기록 덕분이다.

사론史論의 수정

사론이란 역사적 사실이나 인물에 대한 평가를 말한다. 이런 특성 때문에 수정 편찬자들은 사론에 가장 주의를 기울였으리라고 짐작할 수 있다. 광해군 때 편찬된 《선조실록》에서 왜곡이 가장 심하다고 알려졌던 부분도 이 사론이었다. 사론 중 해당 인물이 죽었을 때 기록하는 졸기卒記 등을 근거로 몇몇 사례를 살펴보면 〈표 1〉과 같다.

필자가 조사해보았더니 《선조실록》의 사론을 《선조수정실록》에서 수정한 인물이 40명이다. 〈표 1〉에서 보듯, 《선조실록》에서는 대북大北 또는 편찬에 참여했던 몇몇 사람을 빼고는 모두 깎아내렸음을 알 수 있었다. 특히 편찬자 본인인 이이첨이 스스로를 "영특하고 기개가 있었으며 간쟁하는 기품이 있었다"라고 평가한 데 이르면 낯간지러운 점도 없지 않다. 기자헌에 대해서는 "과묵했으며 바르고 아부하지 않았다"라고 했으나, 과묵하고 아부하지 않았는지는 모르지만 방납을 하면서 대동법을 무력화했던 인물이고 보면 바르다는 평은 옳지 않은 듯하다.

평가 인물	《선조실록》	《선조수정실록》
1 유성룡 (남인)	왜와 강화를 주장하고, 근친親親 중에 술을 마셨다.	학행과 효우孝友가 있었고 부친의 간병을 극진히 했다.
2 이이첨 (대북. 편찬자 본인)	영특하고 기개가 있었으며 간쟁하는 기품이 있었다.	《선조실록》 편찬 때 자신의 일만 기록했다.
3 한준겸 (북인. 유교7신)	겉은 관대했지만 속은 음험했다. 사류士類를 공격했고 유성룡 다음으로 나라를 망친 죄인이다.	당시에 위인이라 칭송했고 주로 외직 생활을 했으며 실록의 서술은 모함이다.
4 기자헌 (북인. 편찬자 본인)	과묵했으며 바르고 아부하지 않았다.	음험하고 흉악했다. 헛된 명예를 만들어 후세를 속이려 한 것이다.
5 이정구 (서인)	사부詞賦에 재능이 없어 인망에 부족했다.	중국 사신 전담, 문사文詞로 당시에 명망이 있었다. 《선조실록》의 거짓이 심하다.

표 1. 《선조실록》과 《선조수정실록》의 주요 인물평 비교.

또한 인간이라면 서인이나 남인, 소북 중에서도 능력 있고 존경받는 인물이 없을 리 없고, 누구나 장단점이 있는 것이 사람일진대, 원본에서 보여주는 대북 정권 담당자들의 자찬과 배타성은 사실 납득하기 어려운 점이 많다. 이런 점 때문에 결국 실록 수정 논의가 제기되었고, 실록 수정의 명분이 그른 것이 아니었음을 《선조실록》 자체가 보여주고 있다고 생각한다.

2부

어떻게

믿을 수 있는 기억을

전할 것인가

서술의 오류

사실과 허구의 거리

두 가지 주제를 함께 다루어야겠다. 어떤 사상이나 이론을 잘못 이해하는 사례 하나, 그리고 '천만 영화' 《광해》(2012)를 통해 사실과 허구의 간극을 살펴보는 것이다. 앞의 것은 우리의 주제와 일관성이 있지만, 사실과 허구의 문제는 또 다른 영역이다. 앞서 영화 〈300〉을 통해 서구의 눈으로 페르시아 문명을 왜곡하는 오리엔탈리즘을 살펴본 적 있지만 서술의 중심은 헤로도토스의 《역사》에 놓여 있었다. 많은 분들이 〈광해〉가 어디까지 사실이냐고 물었던 기억이 있기에 가이드 삼아 정리하려고 한다.

애도

2012년 10월 1일, 훌륭한 역사학자 한 분을 떠나보냈다. 에릭 홉스봄Eric Hobsbawm. 95세로 타계했으니, 수壽를 누리신 셈이다. 18세기 후반에서 20세기 초반의 시대를 연구한 명저 《혁명의 시대》, 《자본의 시대》, 《제국의 시대》 3부작[1]과, 격변의 '단기 20세기'를 관찰자로서 적은 《극단의 시대》를 비롯한 30여 권의 저서를 남겼다. 앞의 3부작은 2014년, 2015년, 2019년 교직과목이었던 '서양현대사'를 맡았을 때 교재 또는 부교재로 고맙게 사용하였다. 그는 인간들이 편안하게 살 수 있는 공정한 사회를 만들기 위한 이상을 놓지 않았던 학자였다.

2012년 봄학기, 내가 맡았던 역사학개론 강좌의 교재가 홉스봄

2012년 10월 1일 영국 런던
에서 95세를 일기로 세상
을 뜬 에릭 홉스봄.

의 《역사론》[2]이었다. 2학년 학생들에게는 다소 어려웠을지도 모
르는데, 모두 열심히 읽어주었다. 2002년 이 책이 처음 번역되었
을 때도 강의에서 교재로 썼지만, 그때는 10년 뒤인 2012년보다
감동이 크지 않았다. 다 때가 있는 법인 듯하다.

그런 계기였는지 그해 여름 고병권 선생의 지도로 열린 수유너
머R의 '《정치경제학비판 요강》 강독'에 참가하였다. 1857~1858년
에 카를 마르크스가 쓴 초고 《정치경제학비판 요강》(김호균 옮김,
2000)을 읽는 모임이었다.

《요강》은 출간된 책이 아니라 연구노트인데, 역사학자로서의
마르크스를 이해하기 위한 필수적인 저술이다. 이 책이 특히 중요
한 이유는, 필자처럼 조선시대를 공부하는 학자들에게 통찰력을
주는 〈자본주의적 생산에 선행하는 제형태〉라는 장章이 실려 있기
때문이다.

《요강》의 이 장은, 그동안 스탈린을 비롯한 속류 마르크스주의 자들이 주장했던 원시 공산제 → 고대 노예제 → 중세 봉건제 → 근대 자본제 → 사회주의의 역사발전 5단계설이 얼마나 비非마르크스적인지 선명히 알 수 있는 자료이다. 이 장에 대해 홉스봄은 해제를 붙여 영문으로 간행하였는데, 1988년에 한국어 번역본이 나온 바 있다.[3]

사실 위의 역사발전 5단계설은 1859년 간행된 마르크스의 《정치경제학비판을 위하여》〈서언〉[4]에 딱 한 줄 나온다. 아무튼 그의 글에 나오니까 마르크스의 말이 아니라고 할 수는 없다. 그러나 이것만 떼어내어 마르크스의 견해가 이것이라고 주장하는 것은 명백한 견강부회이다.

역사학의 출발

이런 공부를 토대로 그해 9월 22일 인천사연구소 세미나에서 발표했던 〈역사학자 마르크스〉라는 제목의 짧은 글에서 나는 마르크스의 《요강》과 홉스봄의 해제, 그리고 나의 의견을 정리하였다. 홉스봄은 마르크스의 역사학을 이렇게 정의한다.

> 역사학에는 다양한 인간 사회 집단의 분화의 메커니즘과, 한 종류의 사회가 다른 종류의 사회로 변하거나 변하지 못하는 메커니즘을 발견했는지에 대한 근본적인 질문이 내포되어 있다.(《역사론》, 243면)

풀어보자면, 마르크스는 왜 두 사회가 다른지를 사회의 차원 Dimension이 서로 결합하는 방식으로 설명한다. 여기서 상부구조-하부구조(토대)라는 말이 나오는 것이다. 상부구조-토대의 착상은 경제결정론 때문에 나온 게 아니라 다양하게 존재하는 인간 사회를 설명하기 위해 나온 것이다. 두 번째로, A사회는 D사회로 갔는데 왜 B사회는 D사회로 가지 않는지 묻는 이행의 문제가 있다. 이는 해당 사회의 모순 관계Contradictions에 대한 질문이다.

차원과 모순, 이 둘의 조합으로 어떤 사회 체제를 유지하는 요소와 해체하는 요소에 대한 탐구가 동시에 가능해졌다. 이렇게 볼 때 "역사적 유물론은 역사적 설명의 기초basis이지, 역사적 설명 자체가 아니고"(262면) "마르크스는 실제 역사서술에서는 경제환원주의자의 정반대 편에 서 있었다"(264면)라는 것이 홉스봄의 생각이며, 결국 "마르크스는 역사학의 마지막 말을 한 것이 아니라, 첫 번째 말을 한 것이다".(271면)

이렇게 홉스봄을 사숙하던 중에 돌아가셨다. 다행히 당시 출간했던 《광해군, 그 위험한 거울》의 서문에 그 무렵 홉스봄에게 배운 바를 몇 줄이나마 적어놓았던 것으로 위로를 삼아야 할까? 당신에게 배운 바를 나름대로 역사서술에 처음 적용해본 것이 이 책이었는데…. 인연의 끈이 닿은 것이 다행이라고 치자. 나중에 저세상에서 만나면 절이라도 올리기로 하고.

벌거숭이 임금님

홉스봄은 자본주의 체제의 비합리성과도 싸웠지만, 그가 속류 마르크스주의자라고 불렀던 이들과도 평생 싸웠다. 그 결과 교조적 스탈린주의는 서서히 사라져갔지만 홉스봄의 저술은 탄탄한 독자층을 형성해갔다. 이렇게 학문은 자료와 논리를 두 축으로 서서히 진실에 도달하는 과정이다. 그 과정이 지난할 수도, 비교적 수월하게 이루어질 수도 있겠지만, 왕도가 없다는 점에는 변함이 없다.

우리가 어렸을 때 읽은 교과서의 동화 한 편을 떠올려보자. 〈벌거숭이 임금님〉, 또는 〈벌거벗은 임금님〉이라고도 한다. 1837년에 나온 덴마크 동화작가 안데르센의 단편이다. 어느 날 왕에게 두 명의 재봉사가 찾아와 훌륭한 옷을 지어주겠다고 한다. 이들이 지어준 옷은 이른바 '나쁜 사람들의 눈에 보이지 않고, 착한 사람들의 눈에만 보이는 옷'이었다. 임금은 이 옷을 입고 길거리에서 행차했다. 소문을 들은 어떤 사람들은 입이 마르게 그 '아름다운 옷'을 칭찬하였다. 그런데 아이가 '임금님이 벌거벗었다'라고 소리쳤다. 그러자 일부 사람들이 웃기 시작했다.

난 교과서에서 이 글을 본 뒤, 내내 두 가지가 궁금했다. 하나는 그 임금님이 속옷을 입었을까? 아무래도 재봉사가 훌륭한 옷을 지어준다고 했으니, 아마 곤룡포같이 겉에 걸치는 옷일 가능성이 크다. 그러니까 속옷은 입었을 것이다. 내가 기억하는 교과서에는 삽화가 들어 있었는데 거기에도 아마 속옷을 입고 있었던 듯하다.

속옷조차 입지 않았다면? 참으로 가관이었을 것이다.

두 번째 궁금했던 점은, 임금님을 보고 '벌거벗었다'라고 외친 소년과, 그 소년의 말에 맞장구치며 웃었던 사람들은 어떻게 되었을까 하는 것이었다. 무사했을까? 아니면 잡혀가서 죽도록 맞았을까? 심한 경우, 음… 목이 달아날 수도 있었겠다. 바람직한 경우는 그 소년의 말을 계기로 다들 정신 차리는 것인데, 그렇게 되었을까? 그래서 임금은 자신의 허위의식을 반성하고 속은 것을 인정했을까? 사람들은 덩달아 맞장구친 자신들을 부끄러워했을까? 재봉사들은 처벌을 받았을까?

슬픈 저자

그 무렵 영화 〈광해, 왕이 된 남자〉(이하 영화 〈광해〉)가 인기를 끌었는데, 마침 내 책 《광해군, 그 위험한 거울》도 나왔다. 그런데 이 책과 관련하여 벌어졌던 논의에 대해, 그 이견異見, 찬반贊反과 상관없이 저자인 나는 조금 슬펐다. 그리고 내가 글을 좀 못 쓰나보다 하는 생각도 들었다. 왜냐하면 이 책은 광해군이 실제로 백성을 생각하고 나라를 걱정했던 성군은 못 돼도 명군은 된다는 항간의 풍문을 부정하기 위해 쓴 글이 아니었다. 그 비판은 이미 전작인 《조선의 힘》[5]에서 했다.

《광해군, 그 위험한 거울》은 '비판'보다 '그 시대에 대한 이해'에 초점이 있었다. 그 이해를 위해 역사서술에서 두 가지 실험을 했다. 하나는 이야기. 다른 하나는 역사서술의 시각. 이는 프랑스 역사학자 폴 벤느Paul Veyne[6], 그리고 홉스봄 두 분에게 신세를 졌다.

벤느는 "역사는 첫째, 진실의 축적이고, 둘째, 줄거리에 대해 이해할 수 있게 이야기하는 것이다"라고 했다. 《광해군, 그 위험한 거울》은 광해군 전후의 시대사이다. 흔히 역사는 해석의 문제라고 말하는 사람들이 있다. 걸핏하면 보기 나름이라고 말한다. 부분적으로는 그 말도 맞다. 그러나 진정한 역사공부는 거기서 끝나는 것이 아니라 시작한다고 생각한다. 사실史實은 늘 구멍이 뚫려 있고, 사람의 눈은 다르다는 그 지점에서 말이다.

접근방법: 세 가지 요소

그래서 다시 읽었다. 이제는 광해군 담론을 비판하기 위해서가 아니라, 그 시대를 살았던 사람들을 이해하고 위로하기 위해서. 유령을 드러내기 위해 담론이 딛고 있는 현실을 파보았던 셈이다. 역사를 설명하는 세 가지 요소를 염두에 두고 말이다.

인간은 맨땅에서 태어나지 않는다. 타고나며 주어지는 조건이 있다. 인간은 먹고살아야 한다는 생물학적, 경제학적 조건 등으로, 이는 '객관적 조건'이라고 할 수 있다. 그러나 객관적 조건만 생각하면 쉽게 결정론에 빠진다. 반도半島 근성을 내세우는 지리적 결정론, 계급만 내세우는 경제결정론, 원래 민족성이 그렇다는 민족성 결정론 등.

그리고 객관적 조건만 고려하면 그 조건으로 상황을 설명할 수 있을지는 몰라도 거기에 인간의 힘이 비집고 들어갈 틈은 없다.

사람에게 책임을 물을 수도, 사람이 책임을 질 여지도 없다. 그러나 인간은 주어진 대로만 살지 않는다. 생각하고 고민하면서, 때론 생각하지 않고 고민하지 않으면서, 뭔가 비전을 만들고 추구하고 가치를 부여한다. 목적의식을 가진 존재로서의 삶이다. 이것이 객관적 조건의 맞은편에 있는 '의지'이다. 하지만 이것만 강조하면 목적론目的論이 된다. 그 극단에 신神이 있다. 이런 관념론적 목적론은 흥미롭게도 속류 유물론의 목적론과 통한다. 목적의식만 강조하면 도덕적 요청은 할 수 있을지 몰라도 사태를 설명할 때 빈곤해지고 문제를 해결하는 데 취약하다.

마지막으로 '우연'이 있다. "서로 목적이 다른 두 개 이상의 행위(사실)가 만나거나, 서로 목적이 같은 두 개 이상의 행위(사실)가 만나지 못하는 것이다. 종종 왜 벌어졌는지 모르는 일을 당할 때도 우연이라고 말한다." 우리가 역사에서 느끼는 숱한 아쉬움은 모두 이 우연의 엇갈림에서 발생한다. 얼마나 많은 연인이 절묘하게 어긋난 타이밍 때문에 이별하는가.

이상의 문제의식을 가지고 광해군 시대 시스템의 작동(객관적 조건), 사람들의 비전 또는 욕망(의지), 그리고 우연한 사건들의 엇갈림과 부딪힘을 살펴보고 싶었다. 아무래도 이런 나의 시도는 실패한 듯하다. 아직도 사람들은 광해군이 벌거숭이인지 아닌지에 더 관심이 큰 걸 보면.[7]

영화, 사실인가요?

영화 〈광해〉를 본 분들이 자꾸 영화의 어떤 장면을 지적하면서 그게 정말이냐고 묻는 경우가 있었다. 그때의 대답을 한꺼번에 정리해둔다. 복습하는 셈 치고 생각해보자.

우선 영화 〈광해〉 중, 광해, 허균, 대동법, 백성, 명나라, 중전, 상궁, 상참, 이런 이름과 용어, 관직 빼고 모두 허구라고 보면 된다. 영화니까, 하고 이해하면 된다(실은 이러면 안 된다. 관객들이 실제 사실과 혼동하니까).

영화 도입부에서 배경을 광해군 8년, 2월 28일이라고 했다. 이어 15일간의 기록이 실록에서 빠져있다고 했다. 실은 이때 말한 실록이란 《광해군일기》를 가리킨다. 헌데 《광해군일기》는 인조 때 편찬되기 때문에 광해군 8년에는 아직 존재하지도 않았다. 나중에 실록을 편찬하기 위해 사관이 기록해놓은 사초라면 모를까. 아무튼 영화에서는 허균(류승룡 분)이 《승정원일기》 15일분을 빼오라는 말을 하는데, 《승정원일기》와 실록은 다른 기록이다. 그러니까 작가는 둘을 헷갈린 것이다.

게다가 15일간 빠진 기록도 없다. 광해군 대 《승정원일기》는 인조 2년(1624) 이괄의 난 때 불타서 전해지지 않고, 《광해군일기》 2월 28일 이후 15일 동안 기록이 빠진 적이 없다. 난 내가 잘못 기억하고 있나 해서 다시 확인했더니 2월 29일, 3월 1일 기록도 다 있다. 그러니까 도입부터 허구다.

2월 28일 기록에, '숨길 만한 일은 조보朝報에 싣지 말라'라는 말

《광해군일기》 정초본. 영화 〈광해〉를 본 많은 분들이 어디까지가 역사적 사실인지 물어온다. 광해, 허균, 대동법, 백성, 명나라, 중전, 상궁, 상참, 이런 이름과 용어, 관직 빼고 모두 허구라고 보면 된다.

이 실려 있다. 영화에서처럼 역적 모의 때문에 그런 게 아니라, 당시 선조의 왕비였던 인목대비를 폐위시키자는 논의 때문이었다. 광해군 대에는 형인 임해군을 유배 보낸 이후로 명나라 사신에게 은銀을 뇌물로 주어 구슬리는 것이 상례였는데, 폐모 논의마저 사신의 귀에 들어가면 안 된다는 구차한 이유에서 그랬을 뿐이다.

왕이 교지를 읽는다?

광해가 교지敎旨를 읽는 대목이 나오는데, 왕은 말로 하는 전교가 많고 그걸 승정원이 받아 적는다. 교지는 대제학 등이 쓰고 왕이 추인하여 승정원에 내리면 각 관청의 서리들이 와서 베껴간다. 어디 왕이 몸소 읽는단 말인가? 그리고 상참常參은 국무회의, 관계

부처장관회의 등을 섞어놓은 듯한 국정 운영 회의인데, 근정전에서는 하지 않는다. 근정전은 예식을 하는 공간이고, 편전인 사정전(창덕궁은 인정전)에서 정무를 본다.

중전(한효주 분)의 세력이 북인이고, 광해에 반대하는 세력이 서인으로 나오던데, 서인, 남인, 북인 일부는 광해군 5년 무렵에 이미 조정에서 쫓겨났든지 죽었다. 아니면 아예 조정에 나오지 않든지. 이원익은 조정에 나오지 않고, 이항복은 귀양 갔다가 죽는다. 영화의 무대가 되는 광해군 8년은 북인, 그중에서도 이이첨을 중심으로 한 대북大北의 독무대였다. 서인, 남인, 북인 일부가 나중에 인조반정을 일으켰다.

중전의 오빠 유정호가 나오던데, 원래 중전의 오빠는 유희분이다. 그는 북인 인사로, 영화에서처럼 나라를 생각하는 우국지사가 아니라 이이첨만큼이나 권세가였다. 그래서 인조반정 후 처단된다. 광해군이 중전과 사이가 좋지 않았던 것은 사실이다. 광해군은 사료에 김개시金介屎(즉 김개똥)로 나오는 김 상궁에게 빠져서 중전에 대한 모략도 눈감았을 정도라고 한다.

허균은 《홍길동전》의 저자로 알려져 있다. 《홍길동전》이 허균의 작품인지는 다른 견해도 많다. 전래하는 홍길동 이야기의 모티브가 있다는 것이다. 허균은 민생을 위한 개혁과 거리가 있던 인물이었다. 당초 이이첨과 결탁하여 국정을 좌우했는데, 애매한 역모에 걸려 이이첨에게 제거당한 모양새가 되었다. 광해군이 허균을 죽이는 데 주저했지만, 결국 이이첨의 처리에 동의하였다. 허균이 승지를 지낸 적은 있으나 도승지를 한 적은 없다. 그리고 승지는 6명이어서 영화 속의 허균처럼 도승지 혼자 이런저런 일을 꾸미는 건 불가능하다.

이조판서(김명곤 분)가 광해군 때의 권간權奸 이이첨에 가깝다. 이이첨은 정인홍과 함께 오현五賢 종사從祀를 반대하였다. 오현 종사란, 김종직, 김굉필, 정여창, 이언적, 이황의 다섯 훌륭한 학자를 국립대학 성균관에 학생들의 모범으로 추대하여 제사 지내는 일을 말한다. 이 일로 정인홍은 사림 전체를 적으로 돌리고 광해군 정권을 고립시킨다.

주변 인물들

조 내관(장광 분) 같은 인물이 없지 않았다. 광해군이 왜 요즘 살이 찌느냐고 물었을 때, 내관 이봉정李奉貞이란 분은, "선조 때에는 일이 바빠 살이 빠졌는데, 전하께서 즉위하신 뒤 일이 없어서 살이 쪘습니다"라고 대답했다. 종종 내관을 희화화하는 경우가 많은데, 주의해야 할 일이다. 궁궐의 그늘에서 일하는 이들이 없었다면 국왕도 없다. 궁궐의 여성 나인內人들에 대해서도 영화는 이해가 부족했다. 사월이를 비롯한 나인들은 조선의 전문 여성으로 보아야 한다는 견해가 많다.

도 부장(김인권 분)도 재미있는데, 영화 속 인물과 완전히 성격이 다른 인물이 있었다. 광해군 1년, 강화에서 임해군을 죽인 별장別將 이정표李廷彪라는 자이다. 이 자는 광해군 6년 영창대군을 죽일 때도 별장으로 호송했다. 그사이 포도대장(서울시 경찰청장), 충청도 병사兵使(지역 사령관)로 승진을 거듭했다. 강화 유수(강화 특별시장) 까지 승진하는데, 광해군은 그가 강화에 부임할 때 따로 불러 격려했다.

영화에 대동법 얘기가 많이 나왔다. 대동법은 공물인 특산물을 전세로 바꾸는 것이다. 그러므로 농지가 많은 사람은 반대한다. 그럴 수 있다. 누가 안 내던 세금 내라는데 좋아하겠는가? 그러므로 정책을 시행할 때는 절차와 설득이 필요한 것이다. 왕 마음대로 할 수가 없다. 다만, 이 정책은 임진왜란으로 불명확해진 경지 상황을 조사하고, 공물을 조정하는 작업에 필요했다. 영화에서는 산골에 살던 사월이네 집에 바다에서 나는 전복을 내라고 배정했다던데, 그런 일은 없다. 다만 생산되던 특산물이 시간이 지남에 따라 생산되지 않아 사거나 남에게 비용을 주고 부탁하여 내는 방납防納을 했는데, 그 고통이 컸다. 방납의 주체가 왕실, 세력가였기 때문에 개혁이 어려웠던 것이다. 특히 광해군 주변의 왕실과, 좌의정 기자헌 등 핵심 북인 세력이 방납의 주체였기 때문에 대동법 시행이 어려웠다.

사실과 허구의 경계

종종 역사는 관점 차이라고 말하는데, 그건 아니다. 역사는 무엇보다도 사실에 입각한다. 사실을 확인하고, 그 사실을 놓고 그다음에 관점이 개입하는 학문이 역사학이다. 사실을 부정하면 역사학은 성립하지 않는다. 그러므로 어떤 경우든 '역사'라는 말을 붙이려면 사실 확인부터 했으면 한다.

프랑스에서 만들어진 〈마르탱 게르의 귀향〉(1982)이라는 영화가 있다. 할리우드에서도 조디 포스터와 리처드 기어 주연의 〈써머스비Sommersby〉(1993)로 리메이크된 영화이다. 전쟁에 나갔던 남편이 돌아오는데 나중에 그 남편이 가짜로 밝혀진다는 얘기다. 여기서 남편과 아내, 남편과 친구 및 마을 사람들, 재판관의 갈등이 긴박하게 펼쳐진다.

이 영화를 만들 때 자문으로 참여했던 역사학자 내털리 저먼 데이비스는 나중에 같은 제목의 책을 썼다. 그가 책을 다시 쓰기로 한 이유는, 영화로는 역사의 풍부함을 담을 수 없었기 때문이었다.

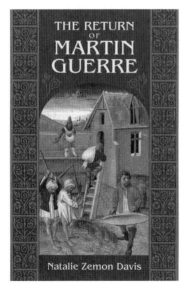

영화 〈마르탱 게르의 귀향〉에 자문으로 참여했던 내털리 저먼 데이비스가 저술한 동명의 역사책.

영화가 허구와 상상력을 통해 역사를 풍부하게 만드는 듯하지만, 두세 시간 상영되는 영화에서 실제 역사의 풍부함을 담아내기란 쉽지 않다. 실로 광해군 시대를 어떻게 두 시간에 담을 수 있겠는가. 광해군 시대만 해도 수십 편의 영화를 만들 소재와 이야기가 있다. 역사공부에 관심이 있는 우리 집 고등학생 작은아이는 영화 〈광해〉를 보고, "조선시대를 조금 아는 사람에게는 불편했을 영화"라고 했다.

'역사 대중화'를 말하는데, 대학의 연구를 널리 공유하자는 취지에는 동감하지만, 그 말 자체가 오만한 표현이라고 생각한다. 누구나 역사를 만들고 있다. 원래 역사는 인간의 존재 조건이자 결과이고, 모든 사람의 것이다. 다만, 역사적 사건을 소재나 주제로 작품 활동을 할 때 '역사'이기 때문에 최소한의 사실 확인이 필요하다고 말하고 싶다. 학계에서 논란이 되는 관점이나 해석의 경우에는 어느 하나를 선택해야 하지만, 광해군이 여자였다는 식으로 사실을 왜곡하면 안 되지 않을까?

나는 영화 〈광해〉에 대해 두 가지는 말할 수 있다. 첫째, 역시 백성을 위하는 임금이 제일이라는 이 영화의 메시지에 공감한다. 둘째, 영화를 보면서, 영화를 만든 감독과 배우들의 고민과 노고가 헛되지 않기 위해서 나 같은 역사학자들이 먼저 더 탄탄한 연구를 내놓지 못한 것이 무엇보다 안타까웠다. 더 좋아하게 된 배우들, 이야기를 만든 작가, 메시지를 고민한 감독에게 미안했다.

8 | 건강한 회의주의를 권함

역사에 대한 탐구는 궁금증에서 시작한다. 역사공부를 하고 있다고 나를 소개하면 사람들은 재미있는 얘기를 해달라고 한다. 한동안 그게 싫었다. 원래 얘기하는 걸 좋아하는 편도 아니고, 무슨 역사학자가 옛날얘기나 하는 사람인 줄 아느냐, 이렇게 생각했다. 지금 생각해보니 재미있는 얘기 해달라는 분들이 맞았다. 역사는 재미있는 이야기이다. 울고 웃고, 기뻐하고 슬퍼하고, 무엇보다 안타까워할 수 있는 이야기, 그런 이야기를 할 수 있는 역사학자가 되고 싶어지기 시작했는데, 자신은 없다. 궁금증은 호기심부터 의심까지 쭉 걸쳐있다. 역사탐구의 큰 동력이다.

호기심

할머니에게 해달라던 이야기나, 역사학자인 나를 보고 해달라는 이야기는 같다. 특히 '재미있는 이야기'라는 공통점, 그것의 근원은 호기심이다. 벤느의 말을 빌리자면, 호기심은 인식하고 서술하는 주체인 역사가의 주관성이라는 문제를 낳을 수도 있다. 자칫종종 욕망과 즐거움으로 나타나는 호기심에 역사서술이 종속된다는 의미로 받아들여지기도 하여 비판의 대상이 되었다.

그런데 호기심이란 인류학적 차원에서 이루어지는 지적인 활동이다. 역사가의 역사 쓰기뿐 아니라 독자들의 역사 읽기 또한 근본적으로 무엇인가를 알고자 하는 호기심에 의해 이루어진다. 벤느의 생각에 이 호기심은, 사회적인 요인들, 예를 들어 역사가의 사회적 위치, 이해관계, 이데올로기, 독자의 계급성 등으로 환원될 수 없는 '무사무욕無私無慾한' 인류학적 차원을 가지고 있다. 그것이 국가든, 전쟁이든, 동성애든, 음악이든, 모든 것이 역사의 대상이 될 수 있는 이유는 이 호기심이라는 인간의 속성에 있다고 보는 것이다.

질문

호기심은 곧 질문으로 이어진다. 궁금하면 묻는 것이다. 이게 중요하다. 세상에는 두 가지 질문이 있다. 답이 나오는 질문과 답이 없거나 많아서 어느 것이 정답이라고 할 수 없는 질문이 그것이다. 수학은 답이 나오는 질문이 대부분이다. 오랫동안 못 푼 문제가 있다고는 하지만 시간이 걸릴 뿐이지 답이 나오게 되어 있다. 그에 비해 인생의 많은 질문은 답이 없거나 여러 가지 답이 얽혀 있어서 어느 것이 답이라고 하기 어려운 경우가 많다. 사랑이 뭔지, 인생이 뭔지, 더 구체적으로 나는 왜 그녀에게 헤어지자는 말을 들었는지, 하루하루가 왜 이리 팍팍한지 등등.

답이 떨어지는 질문은 그것으로 끝난다. 하지만 답이 없거나 여럿인 질문은 질문이 질문을 낳기 때문에 질문 자체가 어쩌면 답이다. 질문하고 있는 그 자체가 중요하다. 마치 스님들이 수행하면서 들고 있는 화두話頭 같다. 아니, 그게 화두일 것이다. 불가에만 화두가 있는 것은 아니다. 선가의 깊은 경지를 감히 짐작할 바는 아니나, 나름대로 정의하자면, 누구나 꾸준히 남아서 해결을 기다리는 문제의식, 풀려고 늘 지니고 다니는 문제의식이 넓은 의미의 화두가 아닐까 한다. 역사를 공부하면서 갖는 질문도 그런 화두와 근본적으로 다를 바 없다고 생각한다.

그러므로 공부란 답을 얻기 위한 행위가 아니라 질문을 잘하기 위한 과정이라는 생각이 드는 것이다. 호기심이 질문을 낳기 마련인데, 우리는 그 호기심을 풀기 위해서라도 질문을 잘 다듬어야 한다. 질문을 잘하는 것, 이게 모든 탐구의 첫 관문이라고 나는 생각한다.

빗나간 통탄

누구든 역사를 탐구하는 과정에서 오류를 범한다. 그러므로 역사학도는 오류를 저지르지 않는 사람이 되기 위해서 노력할 것이 아니라, 오류를 줄이기 위해 노력해야 한다. 그 좋은 방법 중 하나가 의심이다. 나 자신도 의심하고 자료도 의심하는 것이다. 심지어는 이미 제출된 연구논문이나 저서도 의심의 눈으로 바라보는 것이다. 공인된 것처럼 보이는 역사적 진실을 무비판적으로 수용하지 않는 것, 이것이 오류를 줄이는 첫걸음이다.

이를 건강한 회의주의懷疑主義라고 부를 수 있다면 우리는 기꺼이 회의주의자가 되어야 한다. 지금까지 간과되어온 질문을 제기하고, 공인된 답을 새로이 조망하고, 증거를 세심하게 재검토하는 자세는 과거에 대한 이야기를 새롭게 구성할 수 있는 가능성을 열어준다.

어떤 교수가 다음과 같은 말을 했다. "책이 현실을 재단하던 시절! (…) 조선의 사대부들은 제 손으로 책을 고르지 못했고, 주어진 책은 도무지 버리지를 못했다. (…) 주자의 주석에 손을 댔다 하여 사람을 죽이고 귀양을 보내는 야만적 행태가 멀쩡히 자행되어서는 만만 안 되는 일이었다."

조선시대를 두고 했던 통탄이었다. 실제로 나는 이 통탄의 배경이 무엇인지 몰랐다. 내가 과문한 탓인지, 이 일이 언제, 누구의 일을 가리키는지 확인할 수가 없었다. 추론컨대 문맥으로 보아 양란(임진왜란과 병자호란) 이후, 정조 이전인 것으로 보였을 뿐이다. 그건 확실했다. 아마 백호白湖 윤휴尹鑴와 관련된 서술이라고 보는 것이 가장 가까우리라 생각한다. 조선 성리학에 대해 '정통과 이단'의 투쟁이라는 인상을 갖게 했던 미우라 쿠니오三浦國雄의 논문이 나온 이후, 송시열宋時烈과 윤휴의 논쟁을 두고 위와 같은 인식에 바탕을 둔 서술이 많이 보이기 때문이다.

그런 일 없다

사실을 기초로 앞의 인용문을 살펴보자. 이 인용에는, '주자학과 다른 경전 해석을' 했던 윤휴를 '주자학을 신봉하는' 송시열이 '이단'이자 '사문난적'으로 몰아서 귀양 보내고 사약을 내려 죽게 했다는 인식이 담겨 있다. 그리고 이는 한동안 학계의 통념이기도 했다. 이러한 통념에는 주자학(=성리학)과 견해가 다르면 좋은 나라 사람, 같으면 나쁜 나라 사람이라는 식민주의 콤플렉스 이데올로기가 담겨 있다. 내가 쓰는 학술용어로는 '콩쥐-팥쥐론'이다.

성리학과 '다른' 해석을 한 게 중요한 게 아니라, 그 '다른 해석'
이 '왜' 그 사회에 기존 학설들보다 더 기여할 수 있는지를 물어야
한다. 그런데 조선시대 사상사 연구에서는 그게 빠져 있다. 성리
학과 다른 해석이라는 것만으로도 용서가 된다. 희한한 학문 풍조
가 아닐 수 없다. 기실 간단한 몇 가지 사실만으로도 윤휴는 송시
열보다 퇴행적이고 과격하다.[8] 그런데도 주자와 다르다는 이유만
으로 윤휴는 좋은 나라 사람이 되었다. 앞으로 더 논의를 거치더
라도, 그 논의가 진전을 보기 위해서는 적어도 그동안 조선사상사
를 보는 우리의 '태도'만은 고쳐야 한다.[9] 그러기 전에는 학문 같
지 않은 논의를 학문의 탈을 쓰고 계속하는 셈이 될 터이므로.

기막힌 편견들

윤휴는 사약을 받았다. 그러나 윤휴는 주자의 주석과 다른 해석
을 단 책을 저술한 탓에 귀양을 가고 사약을 받은 것이 아니다. 윤
휴의 《중용신주中庸新注》에 대해 사문난적이라는 송시열의 비판은
효종 4년(1653)경에도 있었다. 그런데 숙종이 즉위하고 서인이 실
각한 뒤 남인 정권에서 윤휴가 우참찬右參贊으로 있다가 귀양을 간
것은 다른 이유였다. 후사後嗣가 없던 숙종의 건강이 악화되자 조
정에서는 병권을 둘러싸고 김석주金錫冑 등 외척과 허적許積 등 정
권을 잡고 있던 남인들의 대립이 치열하였다.

윤휴는 체찰부體察府를 다시 설립하여 허적이 당연직으로 도체

찰사를 맡고, 자신이 부체찰사를 맡으려고 했다. 남인 중심으로 병권을 잡으려 했던 것이다. 그러나 이를 안 숙종은 김석주를 부체찰사에 임명하였다. 윤휴는 항의하였지만 받아들여지지 않았고, 후일 이 사건이 사사賜死되는 이유가 된다. 더 정확히 말하자면 숙종의 어머니인 명성왕후를 관리, 단속하라는 말이 위의 행위와 연결되어 숙종의 버림을 받았던 것이다.

거듭 말하거니와, 조선시대에 '주자의 주석에 손을 댔다 하여 사람을 죽이고 귀양을 보내는 야만적 행태'는 없었다! 이런 기초적인 사실조차도 확인하지 않고 쓰는 행태야말로 야만적이다. 아,

송시열의 초상(좌), 그리고 윤휴를 그린 것이라고 전해지는 초상(우). 조선시대에 주자의 주석과 다른 해석을 냈던 윤휴. 조선 사람들은 논쟁했을지언정, '주자의 주석에 손댔다 하여 사람을 죽이고 귀양을 보내는 야만적 행태'는 저지르지 않았다.

이 기가 막히는 역설! 안타깝게도 조선사상계에 대한 식민주의 이데올로기적 접근은 실제 사상계의 현실에 대해서는 눈을 감고 오히려 자신들의 편협한 편견으로 도배했다. 단지 앵무새처럼 '정통과 이단', '사문난적'이라는 스테레오 타입의 반복을 학문의 이름으로 포장하였을 뿐이다. 그래서 남은 것은 사실의 왜곡과 오해, 그리고 답답한 편견뿐이었다.

삐끗하면 빠지는 함정

역사 문헌은 종종 가짜인 경우도 있다. '콘스탄티누스의 기증'이라고 알려진 중세 문서의 진위 논쟁이 대표적이다.[10] 그 문서에 따르면 콘스탄티누스 황제는 교황의 도움으로 나병이 치료되자 그 보답으로 제국의 수도를 로마에서 콘스탄티노플로 옮기고 서유럽의 정치적 지배권을 로마 교황에게 양도하는 내용의 문서를 작성했다고 한다. 이후 오랫동안 그 문서는 유럽에서 교황이 세속 군주들보다 우위에 있다는 것을 증명하는 증거로 이용되었다.

15세기 이탈리아의 로렌초 발라는 그 문서에 의심을 품었다. 콘스탄티누스의 치세에 관해 기록한 사람들 중 왜 아무도 그가 나병에 걸렸다는 사실이나 그 기증을 언급하지 않았을까? 왜 그 문서에 훨씬 후대에 만들어진 용어가 사용된 걸까? 왜 9세기까지 누구도 그 문서를 인용하지 않았을까? 왜 그 문서에는 여러 가지 역사적 오류가 있을까? 발라는 문서의 내용이 실제의 역사적 사건과 무관하고 콘스탄티누스 시대에 작성된 것이 아니라고 추론했다.

그리고 그의 견해는 훗날 공인되었다.

하지만 이런 의심이 언제나 통하는 것은 아니다. 이상한 동양학자 에드먼드 백하우스라는 사람이 있었다. 그가 1944년에 죽은 뒤 30년이 지나 그의 회고록이 발견되었고, 이는 옥스퍼드 대학교 보들리언 도서관에 기증되었다. 그 회고록이 다소 외설적이라는 평이 있어 영국의 역사학자 트레버로퍼에게 분석이 의뢰되었다. 그런데 백하우스는 특별한 재능을 가진 사람이 아니라 위조자라는 사실이 밝혀졌다. 그는 중요 문헌을 정교하게 위조했고, 중국 문헌 자체도 엉터리였다.[11]

트레버로퍼는 백하우스가 왜 이런 짓을 저질렀는지, 왜 회고록까지 꾸며내면서 사기극을 벌였는지 고민했다. 그의 결론은 이러했다. "그에게 역사는 학문도 아니고 세상을 이해하는 수단도 아니었다. 보상심리의 대상이자 세상을 회피하는 수단이었다."

그런데 6년 뒤 트레버로퍼 교수는 논란의 역사기록을 만났다. 1983년 독일 잡지 〈슈테른Stern〉에 새로 발견되었다는 아돌프 히틀러의 일기를 발췌한 기사가 실렸다. 경험이 풍부했던 트레버로퍼는 일기에 대해 다음과 같이 평가했다. "하나의 문헌이든 이런 문헌이든 서명은 쉽게 위조할 수 있다. 그러나 35년에 달하는 기간에 대해 일관성 있는 기록을 조작하기란 무척 어려운 일이다. 비평가들은 틀림없이 공격을 가하겠지만 이런 문헌을 작성한 엄청난 노력은 쉽게 부정될 수 없다. 그 기록물은 사실 개별적으로 검증이 가능한 문서의 집합일 뿐만 아니라 전체로서 일관성을 가진다. 일기는 그 일부분에 불과하다. 이 점이 그 문헌을 신뢰할 수 있는 내적 증거이다."

하지만 결국 이 일기는 위조라는 사실이 밝혀졌다. 트레버로퍼 같은 명성이 높고 이론적으로 무장된 역사학자마저도 사기극에 말려든 것이다. 생각보다 역사를 쓸 때 1차 사료의 진위를 따질 경우는 많지 않다. 그렇지만 회의懷疑의 중요성은 잊지 말자.

오류, 실수에 빠져드는 방식

"오류는 단지 실수 자체가 아니라 실수에 빠져드는 방식이다. 오류는 잘못된 추론을 가리킨다. 참된 사실의 전제에서 잘못된 결론을 도출하는 것이다."**12** 피셔의 말이다. 서문에서도 말했지만 그의 책은 역사탐구에서 등장하는 다양한 오류를 잘 정리하였고, 지금 우리도 그의 구획에 도움을 받아 사안들을 검토하고 있다.

하나의 원인을 찾으려는 데서 생기는 오류를 보자. 운이 좋게 간단한 사건에서 특별한 이유를 찾아낸다면 좋겠지만, 세상일이 그렇듯이 이런 운은 드문 편이다. 복잡하고 까다로운 문제에서 쉽고 단순한 원인을 찾고 싶다는 유혹은 빨리 버릴수록 좋다. 이런 오류는 흔히 한 인물의 계급, 출신 등으로 그 사람의 행위를 설명할 때 자주 발생한다. 타당성이 있을 수도 있지만 그렇지 못한 경우가 태반이다. 역사 사건의 설명을 예로 든다면, 로마제국이 멸망한 원인을 로마인들이 납 수도관의 물을 마셨기 때문이라든가, 미국 남북전쟁에서 남부가 패배한 원인은 로버트 E. 리 장군이 게티

즈버그 전투에서 졌기 때문이라는 해석이 그렇다. 복잡한 힘들의 작용으로 일어난 사건은 복합적으로 분석해야 한다.

이런 오류의 예는 한국사에 대한 해석에서도 찾을 수 있다. 예전 어떤 공영방송 프로그램에서, "인조반정은 조선을 기울게 한 치욕의 역사로 남았다"라고 단정했다. 더 흥미로운 것은 조선을 두 번이나 침략하여 조선 인민의 생활 터전을 유린하고 포로로 잡아간 후금에 대해서는 '대륙에 떠오르는 후금', '중원을 점령한 후금', '여진 1만이 되면 천하가 감당할 수 없다'라는 말로 그 '위세'를 치켜올리며 조선의 패배를 기정사실화했다.

쉽게 말해 인조반정이 조선 패망의 중요한 또는 결정적 원인이라는 설명이다. 조선은 인조반정 이후 약 290년 있다가 망했다. 290년이라…. 보통 중국 한 왕조의 역사 중 200년을 넘는 경우는 거의 없다. 그래서 장난삼아 나는 이런 해석은 어떨까 물어본다. "미국이 베트남전에서 패퇴한 것은 남북전쟁 때문이다", 아니, 아예 "미국이 베트남전에서 패퇴한 것은 1776년 독립전쟁 때문이다." 말이 되는가? 잠시만 생각해도 말이 안 되는 말을 하면서 우리는 그걸 역사공부라고 착각하고 있다.

당연히 한 사건이 선행한다고 해서 그것이 뒤에 벌어진 사건의 원인은 아니다. 이런 오류는 특히 사건들이 밀접하게 연관되어 있지만, 필연적인 원인이 아닌 경우에 나타난다. 1929년 10월 뉴욕 주식시장이 붕괴하고 이후 대공황이 뒤따랐지만, 이것을 두고 주식시장의 붕괴가 대공황을 초래했다고 해석하면 잘못이다. 둘은

200년의 간격을 두고 벌어진 미국의 남북전쟁(위)과 베트남 전쟁(아래). 복합적인 이유로 발생한 역사적 사건을 하나의 원인으로 설명하려는 헛된 시도 사이로 오류가 파고든다.

인과관계가 아니라, 자본주의 위기Crisis의 서로 다른 현상이다.**13**

영어 Crisis는 위기와 공황 두 뜻을 다 가지고 있는데, 공황은 소유와 생산이 개별적으로 이루어지기 때문에 발생하는 데 반해 상품시장은 사회적이기 때문에 발생한다. 개별 기업이 상품을 생산해도 그게 늘 다 팔리지 않기 때문에 어떤 지점이나 시점에서 상품 생산과 판매의 순환이 깨져 수습되지 않는 상황이 공황이다. 공황은 기업의 도산, 노동자의 실업으로 나타나며, 주식시장 붕괴 역시 그 현상 중 하나이다. 그러므로 주식시장의 붕괴가 대공황을 초래했다는 설명은 사실상 동어반복인 셈이다.

비슷하지만, 과도한 단순화의 오류도 주의해야 한다. 이는 내가 많이 지적하는 문제이다. 19세기 역사가들은 역사는 필연적인 진보의 과정이며, 그 결말도 예측할 수 있다고 믿었다. 백인종이 전 세계 유색인종보다 우월하므로 결국 승리한다고 생각했다. 그들은 그것이 더 나은 세계로 가는 진보라고 여겼다. 문명이란 말도 19세기 중반에 문명-야만의 위계질서 속에서 탄생한 것이다.**14**

1855년 런던에서 처음 만국박람회가 열렸다. '자본의 시대'**15**를 맞아 시장에 내놓은 상품을 전시, 광고하기 위한 새로운 기획이었다. 파리코뮌 이후의 경영위기 타개책에서 비롯된 동물원의 원주민 전시가 식민지관의 인종 전시로 형식을 바꾸어 제도화된 것은 프랑스혁명 100주년을 기념하기 위해 열린 1889년의 파리 만국박람회부터였다. 유려하면서 위압적인 에펠탑과 박제화된 식민지관의 수직적 위계는 문명과 야만의 '질서'를 공간화함으로써, 박람

한창 건설 중인 파리의 에펠탑. 에펠탑은 1889년 파리 박람회가 보여준 문명과 야만의 질서를 공간화한 것이다.

회가 제국주의의 권력 장치이자 국민국가의 문화장치임을 여실히 보여주었다.

이런 단순화는 역사가 신의 의지에 따라 움직인다고 본 역사가들도 마찬가지였다. 신이 볼 때 선$善$을 행하면 인간은 번영할 것이고 신의 계율을 어기면 몰락하리라는 주장이 그것이다. 기독교와 함께 어떤 인간이나 사회의 불운조차도 죄가 되었다. 그러나 차분히 살펴보면 역사의 소용돌이와 파도는 그렇게 쉽게 예측할 수 있는 양상을 띠지 않는다.

과거를 알면 미래의 실수를 피할 수 있으리라는 생각도 지나친 단순화에 속한다. 이런 사고는 새로운 요소가 끊임없이 인간 역사로 흘러드는 과정을 과소평가하기 때문이다. 새로운 발명, 사고방식, 발상의 조합은 우리의 예측을 완전히 뒤집어버릴 수 있다. 홉스봄도 지적했듯이, 역사가들은, 특히 현재 역사가들은 역사가 미래와 현재에 대해 무엇을 말할 수 있을지에 대해 대단히 신중해야 한다. 이제는 역사의 필연적인 진보를 누구도 예견하지 않는다.

피셔는 '허수아비'라는 용어와 관련된 오류를 지적한다. 상대가 아직 아무런 입장도 취하지 않았는데, 또는 뚜렷한 증거도 없이 어떤 사건을 적의 탓으로 돌릴 때 허수아비를 내세운다. 송나라 때 간신 한탁주韓侂胄는 명장이자 충신 악비岳飛를 무함할 때, '막수유莫須有'의 논리를 내세웠다.[16] '드러난 것은 없지만 틀림없다'는 해괴한 말이다. 과거 군사정권에서, 아니 그 후로도 얼마나 빈번하게 추정과 가정에 의해 '적'이 만들어졌는가?

대개 이런 허수아비를 세울 때는 감정에 치우치던가 사심이 개

논두렁에 서 있는 허수아비. 허수아비는 논두렁에만 서 있는 것이 아니다. 역사가의 마음에도 허수아비를 세울 수 있다. 거기에 나쁜 감정을 품으면 역사는 한없는 왜곡의 길로 빠져든다.

입되는 경우가 많다. '실학^{實學}'이라는 용어를 내세워 실^實과 허^虛를 대립시킴으로써 성리학을 '허학^{虛學}'으로 규정하는 경우가 허수아비 오류의 가까운 실례일 텐데, 여기에 가학^{家學}을 높이려는 사심이 덧붙여지면 자기 조상은 좋은 사람, 그렇지 않은 학자들은 나쁘거나 흠이 있는 사람으로 묘사되는 것이다.[17]

이런 오류의 바탕에는 논리나 증거로 입증하기보다 어떤 입장이나 주장을 하는 사람을 공격하려는 의도가 깔려 있다. 이 유혹을 직시해야 한다. 서로 대립되는 견해를 공평하게 취급하고 정확하게 기술하며 객관적으로 비판하는 것, 이 점이 중요하다. 그래야 올바른 의미의 공부가 된다. 남을 위한 공부가 아니라, 자신의 성숙을 가져오는 공부, 조선시대의 말로 하면 '위기지학^{爲己之學}'이 되는 것이다.

시류에 영합하고 있는지 되돌아보는 일이 필요하다. 내 용어로는 '벌거숭이 임금님'이 되겠다. 이는 다른 사람들이 동의한다면 그들의 견해가 무조건 옳다고 보는 입장이다. 광해군 시대의 왜곡에 대해 내가 문제제기를 했을 때, 어떤 교수는 100년 동안 축적된 연구를 부정한다고 반박했다. 100년 아니라 1천 년을 축적해도 틀린 건 틀린 것이다. 그게 '벌거숭이 임금님'의 교훈이다. 전문가들의 합의를 무시하는 것은 옳지 않다. 그러나 전문가라고 해서 집단적 편견에서 자유로운 것은 아니다. 시장^{市場}의 우상^{偶像}은 어디서고 성립할 수 있는 것이다.

집단적 편견이 굳어지면 다른 얘기나 증거는 눈에 들어오지 않

1934년 뉘른베르크에서 열린 나치당 전당대회. 히틀러가 군 수뇌부를 이끌고 행진하는 동안 제3제국의 국민들이 그의 이름을 외치고 있다. 인간은 함께 살게 마련이지만, 정신 차리지 않으면 이렇게 천박해진다. 나치에 저항하다 처형된 신학자 디트리히 본회퍼는 선善에 대한 위험은 우매함이라고 했다.

고, 관성이 작동한다. 인간은 무리에서 벗어나길 죽기보다 싫어한다. 화재가 일어나도 주변 사람들이 움직이지 않으면 위험을 무릅쓰고 무리 속에 남으려는 게 인간이며, 뻔한 증거가 나와도 그걸 부정하고 끝까지 우기면서 인지부조화에 이르는 존재가 인간이다. 인간은 소수의 입장에 놓이고 싶어하지 않는다. 심리학 실험은 인간은 무리에서 벗어나느니 차라리 죽음을 선택할 수도 있음을 보여준다.[18]

그러나 다수의 의견을 따르려는 민주적인 욕구가 반드시 역사적 결론에 도달하는 최선의 길은 아니다. "학문은 다수결이 아니다." 훌륭하고 바람직한 역사연구는 역사가들의 합의에 구애되지 않고 증거를 끈질기게 추구하는 사람만이 할 수 있다. 하지만 합의된 사실을 논박할 때는 더욱 충분한 증거가 필요하다는 점 또한 사실이다.

9

역사학의 질문이란 무엇인가

종종 대답을 못 하는 자녀, 학생, 직원을 타박하는 부모, 교수, 관리자들의 모습이 드라마로 그려질 때가 있다. 그럴 때 권력의 우위를 빼고 보면 그 사태의 책임은 답을 못하는 쪽이 아니라 질문한 쪽에 있는 경우가 많다. 즉 질문을 잘못하고 답을 내라고 윽박지르는 꼴이다. '설마'라고? 이번 장을 읽고 난 뒤에도 설마라고 할지 모르겠다. 양심적인 부모, 교수, 관리자라면 돌아보아야 한다. 역사를 배우는 이들 역시 말할 것도 없다. 질문을 잘해야 한다. 여기에 더하여 가정법이나 인과 관계에 대한 집착이 낳은 오류도 같이 살펴보겠다.

전제가 없다?

어떤 역사가가 미리 생각해둔 질문, 가정, 이론, 패러다임, 편견 같은 일반적인 전제의 도움이 없이, 전체적인 진실을 획득할 때까지 도토리를 줍고 딸기를 따듯이 어두운 과거의 숲속을 탐사한다고 생각하는 견해, '전제가 없다'는 오류이다. 뻔히 알면서도 종종 빠지는 오류이다. 이는 역사가가 실행불가능한impracticable 방법으로 불가능한impossible 목표를 추구해야 한다고 요구한다는 점에서 이중적인 결함이 있다.

개별적인 것에서 일반적인 것으로 단순히 귀납할 수 있다고 보는 것, 이것을 실행불가능한 방법이라고 하고 싶다. 과거에는 무한대의 개별 사건이 있기 때문에 개별에서 일반으로 귀납할 수가 없다. 개별 사건의 진리성은 연구자와 독립하여 존재하는 객관적인 실재이다. 허나 그 개별성은 각 연구자의 탐구에 따라 분리되고 정의된다. 아무리 작은 역사 문제에 대해서라도 거기에 해당하는 사건의 수는 무제한이라고 할 수 있다.

다음으로, 불가능한 목표란 전체적인 진리에 대한 요구를 두고 하는 말이다. 이는 통상 세 형식 중 하나의 모습을 띤다. ① 가끔 모든 것에 대해 모든 것을 알려고 시도하는 신神 같은 분들이 있다. ② 때로 모든 것에 대해 어떤 측면을 알고자 하기도 한다. ③ 가장 빈번한 경우는 몇몇 관심 사실에 대한 모든 것을 조사하는 것이다. 안타깝게도 이 세 가지 목적은 어느 것도 실현될 수 없다. 역사가는 '어떤 것에 대한 어떤 부분'을 알 수 있을 뿐이다.

가령 서점의 역사 코너에 가보면 무슨무슨 한국사통사, 한국사개론이라는 이름을 단 책들이 즐비하다. '한국사'라는 것이 어떤 시대와 영역까지 포괄하는지는 모르겠으나, 조선사를 연구하는 내 입장에서는 도대체 이 통사, 개론들이 조선이라는 대지大地에 살았던 사람들의 삶을 어디까지 담아낼 수 있을지 궁금하다.

'어떤 것에 대한 모든 것'을 추구하는 사람들은 마치 피라미드처럼 전공 논문을 언젠가 모으고 쌓다 보면 물리학의 뉴턴 같은 역사가가 나와서 전체 피라미드를 완성할 것이라고 상상한다. 그러나 역사 저술의 역사를 언뜻 살펴보기만 해도 역사 서술이 이렇게 발달해오지 않았음을 알 수 있다. 통상 전문 논문이 먼저 나오고 일반적인 해석이 나중에 나오는 것이 아니다. 그보다 몇몇 건축 대가가 거친 피라미드 그림을 그리고, 무수한 노동자들이 거기에 맞추어 돌을 다듬는다. 그러다가 건축물이 다 완성되기도 전에 갑자기 패션이 바뀐다. 이를테면, 피라미드에서 오벨리스크obelisk로! 또 다른 건축 대가가 모래 위에 스케치를 남기고, 돌 다듬기와 깎기가 시작된다. 피라미드를 쌓으려던 몇몇 돌은 재활용되겠지만, 대부분은 다시 잘라야 할 것이다.

이는 역사연구가 상대주의적일 수밖에 없다는 말이 아니다. 인류의 필요에 시급하고 적절하며 중대하고 핵심적인 진리, 과거를 말해주는 많은 객관적인 진리가 있다. 그러나 귀납이라는 단순한 방법으로 발견되는 그런 전체적인 진리는 없다는 뜻이다. 실제 모든 역사적 설명과 언급은 '어떤 한 사람의' 역사가가 던진 질문에 대한 답변이다. 무슨 대표 선수 역사가의 질문이 있는 것이 아니다. 모든 사실에 대한 질문이 아니라, 어떤 사실 또는 사건에 대한 질문에 대한 그저 하나의 답이라는 말이다.

다시 전제가 없다는 착각, 즉 백지 전제의 오류는 랑케를 떠올리게 되지만, 프랑스의 역사가 퓌스텔 드 쿨랑주Fustel de Coulanges (1830~1889)의 경우가 더 선명하게 말했다. 어느 날 그의 강의를 듣던 학생이 강의에 감동한 나머지 열렬한 반응을 보였다. 그러자 퓌스텔은 "나를 칭찬하지 말게. 자네에게 말한 것은 내가 아니라 내 입을 통해서 나온 역사라네"라고 했다. 겸손한 듯하지만 오만한 말이다. 이 사람은 역사가는 선입관이 없어야 한다고 생각했다. 심지어 질문이나 작업가설에서도 말이다. 그는 오류의 가능성마저도 역사가의 왜곡이 아니라 그가 가진 증거의 차이 때문에 생긴다고 생각했다.

영국의 역사가 조지 피바디 구치George Peabody Gooch는 "퓌스텔은 자신의 연구 결과를 자신과 독립된 것으로 여겼고, 비판을 마치 신성모독인 듯 생각했다"라고 평했다. 퓌스텔은 당시 호전적 민족주의자였던 동료 역사가들과는 달리 자신은 민족주의적인 왜곡을 줄이는 데 기여했다고 생각했다. 하지만 프랑스-프러시아 간의 보불전쟁 이후 그의 주요 저술의 요점은 다른 학자들이 프랑스와 영국 제도의 발달 속에서 발견했던 튜턴인Tueton(게르만족)의 영향이 갖는 중요성을 최소화하는 것이었고, 그럼으로써 스스로 민족주의적 편향을 드러내었다.

퓌스텔에서 이미 몇 세대가 지난 요즘 역사학자들은 물론 그렇게 노골적으로 이런 오류를 저지르는 경우는 거의 없다. 상대주의자들이 그 일의 처리를 맡았는데, 이것이 그들이 했던 가장 건설적인 성과였다. 그러나 이 오래된 오류, 즉 전제 없는 역사가에 대한 환상은 모든 역사가의 가슴속 깊은 곳에 아직 남아 있다. 나 역시 자유롭지 못하다.

최근 역사탐구에서는 역사가의 질문=문제의식이 중요하다는 말을 원칙적으로 받아들이는 경향이 있지만, 실전에서는 그 원칙을 곧잘 잊는다. 역사학에는 질문, 가정, 모형에 대한 태생적인 반감 같은 것이 있다. 나도 꽤 오랫동안 일반성, 이론, 유형 등을 의식적으로 멀리했다. 그 결과 나는 내 논문에서 개념의 빈곤을 느끼곤 했다. 이 개념 사용 능력의 빈곤은 단순히 저자의 역량 문제가 아니다. 이는 연구의 조직화, 가정의 구체화, 의도의 명료화 등에 충분히 주의를 기울이지 않는, 그에 대한 습관적인 혐오의 결과이다.

이제는 이렇게 말할 때가 되었다. "역사학에서 지혜로운 사람이란 가정을 피하는 사람이 아니다. 무엇이 가장 그럴 법한지 주장할 수 있는 사람, 그 가능성의 정도를 어떻게 평가하는지 가장 잘 알고 있는 사람이 지혜로운 사람이다."

뭘 묻는 거야?

다수 질문의 오류. 이 유형의 오류는 다시 몇 가지로 세분할 수 있다. ① 하나의 질문에서 두세 개의 질문을 섞어놓고 하나의 답변만 요구하는 방식, ② 다른 질문을 제기할 수밖에 없는 질문을 제기하는 방식, ③ 잘못된 전제를 만들어내는 질문을 설정하는 방식, ④ 복합적인 질문을 설정하고 '예, 아니오'의 단순 답변을 요구하는 방식이 그것이다.

널리 알려진 사례로 "이제 아내를 때리지 않나?"라는 질문이 있다. 이 질문은 비열할 뿐만 아니라 오해할 수 있는 전제에서 시작된다. 이 질문은 "아내를 때린 적이 있는가?", "지금은 때리는가, 어떤가?"라는 두 질문을 하나의 질문으로 만들어버린 사례이다. "이제 아내를 때리지 않나?"라는 질문 자체가 많은 사람들에게는 잘못된 질문일 수 있다는 말이다. 이와 유사한 사례가 있다.

영국의 찰스 2세는 왕립학회 모임에서, "살아있는 물고기를 넣으면 어항의 무게가 그대로인데, 어째서 죽은 물고기를 넣으면 어항의 무게가 늘어나는가?"라고 물었다고 한다(당연히 두 어항의 무게는 같다). 학자들은 차마 찰스 2세의 엉뚱한 질문이 오류라고 지적하지는 못하고 온갖 어리석은 답변들을 만들어냈다고 한다.[19]

역사가나 역사적으로 사유하려는 사람들도 종종 의도치 않게 이런 오류에 빠진다. 19세기 말 중국 세관에서 근무했던 미국인 저술가 루이스 알링턴Lewis Arlington은 중국의 공개처형 형벌에 대한 질문을 던지고 이렇게 말했다.

> 중국인들은 평상시에는 얌전한 편이지만, 흥분 상태에 이르면 완전히 악마로 돌변한다. 그들은 반쯤 성장한 아이들 같아서, 곤충에 물리기라도 하는 날에는 순수하게 짓궂은 장난으로 곤충의 날개, 다리, 그리고 해부하기 편한 다른 부위를 떼어낸다. (…) 1904년 나는 쑤저우에서 한 모자母子가 근친상간과 남편 살해죄로 체포되는 광경을 목격했다. 그들이 처형장으로 호송되었을 때 중국인 수천 명이 형장에 모여 처형을 기다리고 있었다. 그중에는 아이를 안고 나온 여자들도 많았다. 엄청난 교육 아닌가! 그토록 어릴 때부터 가장 가혹한 혹형을 지켜봐온 중국인들이라면 온갖 고통에 대하여 무신경한 게 당연하지 않은가?[20]

그의 말에서 우리는 바로 "정말 중국인들이 어려서부터 보아온 것이 '세상에서 가장 가혹한' 혹형이었는가?"라는 질문을 할 수밖에 없다. 질문에 대한 답이 질문을 낳은 것이다.

미국 남북전쟁 이후 남부 각 주를 합중국에 통합하던 이른바 재건시대(1865~1877)의 역사서술과 관련하여, 역사학자 돈 E. 페렌배커Don E. Fehrenbacher는 '특히 묻고 대답할 가치가 있는' 질문을 다음과 같이 열거했다고 한다.

① 재건은 가혹했는가, 관대했는가?
② 대통령의 재건 계획은 건전한 것이었는가?
③ 존슨이 실패한 데서 링컨은 성공할 수 있었을까?
④ 존슨은 형편없이 서툰 사람이었는가, 영웅적인 희생물이었는가?
⑤ 급진 공화파의 기본적인 동기는 무엇이었는가?
⑥ 인종 차별이 언제 정교한 양상으로 강화되었는가?

링컨은 1863년 1월 1일 노예해방령을 발동하여 노예제 폐지를 공식화했다. 남북전쟁(1861~1865) 뒤 남부 흑인들에게 투표권을 주고 무상 공교육을 도입했다. 헌법 수정조항 13조는 노예제를 불법화했다. "노예제도 또는 강제 노역제도는 당사자가 정당하게 유죄판결을 받은 범죄에 대한 처벌이 아니면 미국 또는 그 관할 아래에 속하는 어느 장소에서도 존재할 수 없다." 또 14조에서 "미국

에이브러햄 링컨 대통령(좌)과 앤드루 존슨 대통령(우). 노예를 해방시켰다는 명예를 얻은 링컨이었지만, 그는 노예폐지론자도 아니었고, 가혹한 탈주노예법에 대한 공식적 비판을 거부하기도 했다. 존슨은 아예 흑인단속법을 만들어 해방 노예를 대농장 농노로 만들어버렸다.

에서 출생하거나 귀화한 사람"은 모두 미국 시민이라고 선언함으로써 인종 평등 정책을 천명하였다. 이런 배경에서 남부 아칸소주, 노스캐롤라이나주, 사우스캐롤라이나주, 조지아주, 앨라배마주, 그리고 플로리다주 등을 다시 연방에 편입시키는 과정이 재건이었다.[21]

①의 질문에서, 재건 과정이 평범할 수도 합리적일 수도 있었음에도 불구하고, 페렌배커는 둘 중 하나를 선택하라고 말하며 다른 평가는 배제하였다. ②의 질문은 존슨 대통령의 재건 계획이 마치 하나인 듯 묻고 있다. 우선 복귀한 남부 주에서 링컨의 후임 대통령인 존슨이 재임 기간에 흑인단속법Black Codes을 실시했는데, 이

는 상원 및 하원의원들이 자유 흑인의 평등권과 투표권을 지지했던 정책과 대립했다. 결국 존슨은 70만 흑인 표를 얻은 율리시스 그랜트에게 30만 표 차이로 패배했다. 페렌배커의 질문에는 이런 변화를 포함한 크고 작은 정책 변화를 고려할 가능성이 배제되어 있다. ③은 '허구 질문의 오류'이다(뒤에서 다시 논의한다). 앤드루 존슨은 부통령이었다가 링컨이 암살당한 뒤 대통령이 되었기 때문에 질문 자체가 역사적으로는 성립할 수 없는 허구다.

④의 질문은 ①과 같은 오류에 빠졌다. ⑤의 질문은 링컨을 당선시켰던 신생 공화파에 무슨 명백한 '기본적인 동기'가 있던 것으로 가정하고 있고, 그럼으로써 역사서술에 보통 등장하는 동기의 일원론monism을 부추기고 있다. ⑥의 질문은 인종 차별, 또는 인종 분리가 정책으로든 실제로든 흑인들의 저항 운동과의 역관계 속에서 끊임없이 변화했다는 사실을 무시하고 있다. 페렌배커는 어쩌면 이렇게 우리의 역사공부에 도움이 될 질문들만 남겨주었을까.

콩쥐-팥쥐론

잘못된 이분법적 질문의 오류. 이는 극히 위험한 개념 장치의 남용에서 출발한다. 내가 평소 쓰는 학술용어로 '콩쥐-팥쥐론'이다. 이분법이란 하나를 두 부분으로 나누는 것이다. 두 부분은 서로 배타적이고 겹치는 데가 없다. 물론 중간지대도 없고, 양쪽 어디에도 남기거나 빠트리는 것이 없다.

경험에 기반한 탐구에서 이러한 요건을 만족시키기란 매우 어렵다. 어떤 두 역사 용어가 이런 식으로 결합하는 경우는 드물기 때문이다. 형식논리에서야 참과 거짓 사이에 중간이 없겠지만, 역사에서는 그 적용에서 얽히고설킨 경우가 대부분이다. 이분법은 원래 배타적이지 않은 두 답변 사이에서 하나의 선택을 요구할 때 부정확하게 사용된다. 그러나 역사학자들은 종종 이와 같은 부적절한 방식으로 이분법을 사용한다. 예를 들어보자.

① 역사란 무엇인가, 사실인가 환상인가?
② 나폴레옹 3세, 계몽 정치가인가 독재자의 선구인가?
③ 이승만, 건국의 아버지인가 왕정적 독재자인가?
④ 조광조, 개혁가인가 혁명가인가?
⑤ 산업혁명, 노동자에 대한 축복인가 저주인가?
⑥ 조선 외교, 사대의 길인가 자존의 길인가?

이런 질문은 당장 몇 가지 방식에서 불만족스럽다. 공통적인 것은 매우 피상적인 질문이라는 점이다. 특히 구조적으로 서로 배타적이지 않고, 집합적으로 보아도 다 망라되지 않는 두 용어 사이의 잘못된 이분법을 제시하고 있다. 이런 질문은 부정확하다. 질문에 내재한 애매모호함 때문에 독자들은 질문을 통해 무엇을 얻어야 할지 모르거나, 휩쓸려 간다.

위의 질문으로 구성된 논문이나 팸플릿에 나타난 문제점은 단지 그릇된 교육의 결과만이 아니다. 대부분의 이러한 타이틀은 우리가 다루고 있는 역사학 문헌에 깊이 묻혀 있다. 이는 많은 역사학자들이 가르치는 방식뿐 아니라, 역사가들이 자신의 연구를 개념화하는 방식을 보여주는 삽화에 불과하다.

이런 잘못된 이분법에 직면하여 과연 우리는 무엇을 할 수 있을까? 아마 몇 가지 전략이 있을 것이다. 첫째, 우리는 이분법적 용어가 동시에 존재할 수 있음을 보여주려고 노력할지도 모른다. 둘째, 제3의 가능성이 있음을 증명할지도 모르겠다. 셋째, 둘 중 하나, 또는 둘 다 거부할 수도 있다. 어떤 경우든 우리들이 잘못된 개념화에 답변하도록 족쇄를 채우는 결과를 가져온다. 가장 만족스러운 반응은 이러한 질문 설정의 구조적 결함을 지적하는 것이다. 분석을 진행하고 탄력적으로 적용할 수 있는 더 정확하고 더 열린 질문을 통해서 탐구가 이루어지도록 앞의 질문을 수정하는 일이다. 분석이란, 결국 자료를 분해하여 그 내용을 구성하는 각 부분들의 연결 관계와 상호 작용을 조사하고 내용의 배열 및 조직적 구조를 찾아내는 활동인 것이다.[22]

뜬구름 잡는 질문

형이상학적 질문의 오류. 이 오류는 경험될 수 없는 문제를 경험할 수 있는 수단으로 용해, 환원하려는 노력의 소산이다. 예를 들어, '사물의 본성은 무엇인가', '현실계의 내적 비밀은 무엇인가?' 같은 형이상학의 중심 문제를, 즉 연구자가 풀기 전에는 해결할 수 없는 문제를 질문으로 짜 맞추는 것이다.

앞서 미국 남북전쟁Civil War 얘기를 했으니, 여기서도 이 주제를 다루어보겠다. "남북전쟁은 불가피했는가?"라는 질문이다. 이 질문은 미국 역사학계에서 매우 중요한 질문 중의 하나였다. 마치 "1950년 한국전쟁이 불가피했는가"라는 질문과 유사하다(한국전쟁도 남북전쟁과 마찬가지로 '내전內戰, civil war'이라고 부른다).

역사 문서 더미 속으로 이 질문을 옮겨온 역사학자는 역사적 사건에 대한 참고자료를 통하여 질문에 대해 답변을 내야 한다. 사

미국 남북전쟁 당시 교수형 장면. '전쟁을 피할 수 없었는가?' 이 질문은 비극이 반복되지 않기를 바라는 사람들의 안타까운 염원의 다른 표현이다. 그럼에도 역사학에서 볼 때는 잘못된 질문이다.

실로 확인된 증거를 가지고 자신의 형이상학적인 질문을 설득력 있게 설명해야 한다. 하지만 그는 계량화 방법에 의해 결정하는 것 이상으로는 경험적 연구를 통해 전쟁의 불가피성이라는 주제를 해결할 길이 없을 것이다.

케네스 스탬프Kenneth Stampp 같은 몇몇 역사학자들은 이러한 질문을 거부했다. 그들은 "남북전쟁이 불가피했는지를 증명하는 것은 결실도 없고 불가능한 과제"이며 이 과제로부터 빠져나와야 한다고 했다. 남북전쟁의 불가피성이라는 주제는 본질상 남북전쟁의 '역사적 의미'가 결여된 질문이다. 안타까운 희망사항이나 역사적 낭만주의일지는 몰라도 말이다.

E. H. 카는 "역사가로서 나는 '필연적인inevitable', '불가피한unavoidable', '피치 못할inescapable' 등의 말이라든가 심지어 '어쩔 수 없는ineluctable'이라는 말조차 쓰지 않고서도 살아갈 준비가 되어 있다. 인생은 더 단조롭게 되겠지만 말이다. 그러나 그런 말들은 시인이나 형이상학자들에게 남겨놓도록 하자"라고 했다.[23] 역사가는 결정론決定論이나 자의론恣意論의 대립, 집단주의와 개인주의, 관념론과 유물론 등 모든 형식의 일원론이나 이원론에서 생겨나는 형이상학적 문제로부터 등을 돌려야 한다. 마치 무관심한 것처럼. 카는 이를 "역사가는 무엇이 일어났고 왜 일어났는지를 단순히 설명하도록 연구해야 한다"라고 표현했다.

한편, 피셔는 '왜why'라는 말을 거부하였다. 부정확한 질문이라는 것이다. '왜'라는 말은 원인일 때도 있고, 동기, 이유일 수도 있으며, 때로는 묘사, 때로는 과정, 때로는 목적, 때로는 정당화일 수도 있기 때문이다. '왜'는 방향과 명징성을 결여하고 있고, 이는 역사가의 에너지와 관심을 분산시킨다. 그래서 누가why, 언제when, 어디서where, 무엇을what, 어떻게how가 중요하다. 훨씬 구체적이고 만족스러운 답을 얻을 수 있기 때문이다. 이런 질문은 경험적으로 해결될 수 있다. 이를 통해 역사학자는 '왜'라는 질문에서 시작할 때 빠지기 쉬운 형이상학적 딜레마를 피하면서 더 정확한 탐구를 수행할 수 있다.

그러나 '왜'라는 질문이 역사가들 사이에서 사라질 가능성은 없어 보인다. '왜'라는 질문은 문헌 곳곳에 뿌리를 내리고 있고, 대학원 과정에서 제도화되어 있기 때문이다. 또 우리 동료들 대부분에게 그 질문이 없는 역사학 훈련은 한글 없는 국어학처럼 낯설게 느껴지기 때문이다. 인과에 대한 집착이다. 그러나 역사가는 내적 비밀을 발견할 수 있으리라 기대해서는 안 된다. 왜냐하면 그런 것은 없기 때문이다.

했더라면…

유사한 것이 앞서 잠깐 설명을 미뤄두었던 허구 질문의 오류이다. 이것은 좀 오래된 오류에 속하며, 그래서 아주 낯익은 질문 형식이기도 하다. 허구 질문의 오류는 역사에서 일어날 수도 있었을 일을 경험적 방법으로 보여주려는 시도에서 생겨난다. 가정假定, if이나, '역사를 다시 쓸 수 있다면History Rewritten'이라는 식의 말투가 이 경우이다. "나폴레옹이 미국으로 도망쳤다면", "임진왜란 때 조선이 망했다면", "클레오파트라의 코가 조금만 낮았다면" 등이 그 사례이다.

허구적 구성에서는 당연히 잘못이라고 할 만한 것이 있을 수 없다. 그것이 허구 자체라는 것을 또는 경험의 문제가 아니라는 것을 우리가 뻔히 알 수 있는 한 그러하다. 모든 소설은 '일어날 수도 있었던 일'로 짜인다. 그리고 매우 중요한 진리가 이런 외피를 쓰고 세상 사람들에게 교훈을 준다.

은유나 비유 같은 방식이 아이디어나 추론을 불러일으키기 때문에, 어느 정도 허구적 질문은 발견학습이라는 점에서 역사학자에게도 도움이 된다. 또한 해당 사건에 대한 성찰이 될 수도 있다. 그러나 그 가정은 아무것도 증명하지 못하고, 경험적 방식으로 증명될 수도 없다.

경제사가들이 '만일……, 그렇다면……'의 용법을 쓰는 것은 이해할 수 있다. 경제학 이론은 성격상 패러다임이기 때문이다. 몇몇 학자들은 '가정하여,' '조건적으로,' '만일' 등의 표현을 가지고 경험의 계량화 기법과 연계시키려고 시도했다. 그러나 결과는 둥근 원에 사각형을 끼워 맞춘 듯이 오류이거나 터무니없었다. 한 문장 안에 반反사실적인 것과 사실적인 것이 동시에 존재할 수는 없기 때문이다.

피셔에 따르면, 《철도와 경제 성장Railroads and Economic Growth》이라는 책을 쓴 로버트 W. 포겔은 철도 운임 비용 같은 운송 체계

의 '1차 영향요소'를 측정하고, 이를 19세기 유료 고속도로turnpike
나 운하 운임과 비교했다고 한다. 그는 또 공간 배분, 매뉴팩처(공
장제수공업)에 대한 수요 세대의 변화 등을 '2차 영향요소'로 측정
했다. 이러한 지표를 통해 그는 철도 이용에서 나오는 '사회적 저
축'은 국민총생산GNP의 비율에서 볼 때 상대적으로 작다고 계산
했다. 그리고 철도가 실제로 19세기 미국 경제발전에 없어도 되었
다고 결론 내렸다.

그러나 역사는 하나 이상의 여러 레일을 달린다. 아무튼 망가진
레일에서도 건질 것은 많다. 역사적 과제의 계량화, 명백한 질문
과 가정을 세우는 결단력, 인상적인 개념적 정교성 등. 하지만 포

1925년 미국 볼드윈 기관차 공장에서 제조되어 현재까지 운행 중인 증기기관차. 철도에는
흔들리지 않는 근대성이 담겨 있다. 그러나 '철도가 없었다면?'이라는 질문은 역사학의 질문
이 아니다. 경험적으로 증명될 수 없기 때문이다.

겔의 연구에는 세 가지 결함이 있었다. 첫째, 철도가 '없었다면' 작동할 수 있었을 거라던 운송망에 대한 그의 증거는 당연히 철도가 '존재하던' 세계에서 뽑아낸 것이었다. 그중 운하의 선송船送 비용은 평가할 수 없는 많은 비용 중의 하나일 뿐이었고, 포겔은 운하와 철도가 동시에 존재하는 상황에 기초하여 이를 평가했다.

그러나 운하와 철도 사이의 경쟁은 운하 여행의 비율을 어느 정도 낮추었을 것이다. 역으로 운하가 운송 체계의 중심이었다면 운하가 더 효율적이었을 것이고, 이를 따라잡기 위해 철도의 기술 혁신을 자극했으리라고도 볼 수 있다. 그 결과 철도 기술 혁신이 다시 운하 이용 비율을 낮추었을 터이고. 누가 알겠는가? 내가 보아도 이런 질문은 포겔의 논문에 치명적이다. 더욱이 운하가 산업, 이민, 국민 정서, 국내 정치, 더러 남북전쟁 같은 사건에 미칠 수 있는 제2, 제3의 영향은 고려조차 되지 않았고, 경험적 조사로 증명조차 되지 않았다.

둘째, 포겔의 논리에는 더 심각한 결점이 있었다. 그는 "철도가 실제로 경제 성장 과정을 변화시킨다는 전제를 세우려면, 우리는 철도 서비스에 대한 정보를 제공하는 것 이상을 해야 한다. 철도의 대체물이 근본적으로 같은 역할을 수행할 수 없어야 한다는 것이 증명되어야 한다"라고 믿었다. 그러나 이는 두 가지의 분리된 질문을 혼동한 것이다. "철도가 미국 경제 성장 과정을 변화시켰는가?"라는 질문 하나, 그리고 "철도가 오직 철도만이 할 수 있는 방식으로 미국 경제 성장 과정을 변화시켰는가?"라는 질문 또 하나.

첫 번째 질문은 경험적으로 검증할 수 있다. 그러나 두 번째 질문은 검증이 불가능하다. 예를 들어 임진왜란 중에 이순신 장군이 한산대첩, 노량대첩을 통해 왜군을 물리침으로써 그 패퇴에 결정적인 공헌을 했다는 사실은 증명할 수 있다. 그러나 이순신 장군이 그런 결과에 '필수불가결한' 인물이었는지는 누구도 알 수 없으며, 이순신 장군이 그 일을 했다는 사실이 당연히 '이순신 장군이 필수불가결한 인물'이었음을 의미하는 것도 아니다. 추앙하는 마음에서 심정적으로 그렇게 주장할 수 있어도, 그것이 경험적으로(역사적으로) 증명되는 일은 아니다.

셋째, 철도의 필수불가결성에 대한 질문은 남북전쟁의 '불가피성'이라는 문제에 필적한다. 결국 계량화로 돌아가는 것이고, 그 계량화는 너무도 낡은 방식이다.

광화문 광장의 이순신 동상. 이순신 장군이 한산대첩, 노량대첩을 통해 왜군을 물리침으로써 그 패퇴에 결정적인 공헌을 했다는 사실은 증명할 수 있다. 그러나 그가 그런 결과에 '필수불가결한' 인물이었는지는 누구도 알 수 없다. 추앙과 역사서술이 갈리는 지점이다.

역사학도인 나 역시 사실史實의 인과 관계를 밝히지 못한 역사 논문을 많이 제출하였다. 사실은 결정론만으로도 인간의 의지만으로도 설명되지 않으며, (내 능력이 부족하기도 하지만) 원인-결과는 쉽게 모습을 드러내지 않기 때문이다. 우리에게 필요한 건 우리가 다룰 수 있는 범위로 논의를 정리하는 일이다. 비역사적 질문을 막지는 않겠다. 다만 나는 역사와 씨름하는 것만으로도 버겁다.

10

최강희 감독 없는
전북현대FC?

최강희 감독은 잊었겠지만 나는 그에게 라면을 얻어먹은 적이 있다. 우신고 축구부실에서. 최 감독은 나와 동급생이었고 나는 당시 주장이던 칠근이와 친했다. 어느 날 매스컴을 통해 어디서 본 듯한 사람이 훌륭한 감독으로 등장했다. 나는 그를 통해 오늘 역사탐구에서 나타나는 '가정의 오류'를 살펴보려는 것이다. 아쉬움, 안타까움을 동반하는 오류라서 그만큼 빈번하기에 9장에 이어서 검토하는 것이다. 축구 얘기하면서까지 역사공부하느냐고 생각하지 마시고 가보자.

복습

남자들은 모이면 군대 얘기하고, 군대 얘기하면 꼭 축구 얘기를 한다는 유머가 있다. 그 핀잔을 들을까 걱정되지만, 아무튼 필자도 축구를 좋아한다. 하는 것, 보는 것, 모두 좋아한다. 실제로 한국 선수들이 해외로 진출하면서 활약도 두드러지고 하니까 많은 분들이 관심을 보이나 보다. 나 역시 그래서 EPL(잉글랜드 프리미어리그)이니, 프리메라리그니, 하는 말을 듣게 되는 것이리라.

이번엔 유럽 리그 말고 K리그를 살펴보자. 내가 살고있는 전주시(전북)에는 K리그 최다 우승팀인 '전북현대FC'가 있다. 가끔 우리 학교(전주대) 운동장에 와서 연습경기도 하는 듯하고, 전북FC를 후원한다는 음식점도 꽤 있다.

질문 하나 해보겠다. 최강희 감독(2024년 현재는 산둥 타이산 소속)이 없었다면 전북현대가 K리그에서 명문 구단으로 우뚝 설 수 있었을까? 또 이동국 선수가 없었다면? 송범근 골키퍼가 없었다면? 최철순, 에닝요, 김상식 선수 등에 대해서도 마찬가지 질문을 할 수 있다.

이 질문에 답할 수 있는 사람은 누구도 없다. 뛰어난 감독과 선수들이기 때문에, 우리는 "최 감독이나 이동국 선수 같은 멤버가 없었으면 우승하기 어려웠겠지!"라고 추측할 수 있을 뿐이다. 이동국 선수는 10년 이상 전북현대에서 뛰면서 164득점을 올렸으니 말이다. 나는 그가 2006년 월드컵 예선인가에서 발이 접질리는 장면을 지금도 기억하고 있다. 이후 그가 회복하여 활약을 보여준 데 대해 팬으로서 고맙게 생각한다.

그렇더라도 내가 했던 질문, "이동국 선수가 없었으면 현대가 우승할 수 있었을까?" 같은 질문은 역사학의 질문이 될 수 없다. 왜? 일어나지 않은 가정이기 때문이다. 만일 누군가가 이동국 선수가 올린 164득점이 아니었으면 전북현대는 K리그 12개 팀 중 8~9위에 그쳤을 거라고 우긴다면? '다른 선수들은 놀고 있었겠느냐', '이동국 선수가 없다고 현대가 10명이 뛰었겠느냐'라고 답변하면 된다.

이동국이 '없었다면' 나타날 수 있는 현상은, 우습게도 이동국이 경기장에서 '실제로 뛰는 조건'에서 뽑아낸 것이었다. 이동국이 없었을 때 나타날 수 있는 상황을 이동국이 '뛰는' 상황에서 산

출해낸 결과이니까, 즉 당초 조건이 다르기 때문에 증명이 성립할 수 없는 근거를 가지고 추론을 한 셈이다. 축구를 조금 아는 독자라면 정확하게 이해하겠지만, 이동국을 대체할 선수가 할 수 있는 역할이 완전히 무시된 가정이라는 것이 더 심각한 결점이다. 실제로 전북현대FC는 최강희 감독, 이동국 선수 없이도 2022년에 우승했다.

축구를 비롯해서 스포츠를 하는 것도 보는 것도 좋아하는 팬으로서 가장 바람직한 모습은, 그냥 선수들이 부상 없이 가진 기량을 충분히 발휘해서 그림 같은 장면들을 보여주는 것이다. 우리는 그 멋진 장면을 보면서 때론 손에 땀을 쥐고 때론 환성을 질러가며 놀면 되는 것이다.

정리하자면 '최강희 감독이나 이동국 같은 선수가 없었으면' 하는 출발은 곧 '허구 질문의 오류'에 속한다. '역사를 다시 쓸 수 있다면History Rewritten'이라고 말하는 사례이다. "나폴레옹이 미국으로 도망쳤다면", "임진왜란 때 이순신 장군이 없었다면" 등과 같은 질문이라고 말한 적이 있다.

기말고사

이런 질문을 의도적으로 감행할 수도 있다. 전공수업 기말고사에 다음과 같은 문제를 낸 적이 있다.

"나에게 전주대학교 역사문화콘텐츠학과는 기념비가 될까, 트라우마가 될까?"

트라우마trauma, 정신적 외상外傷이라고 하는 이 현상은, 사고로 인한 외상이나 정신적 충격 때문에 그와 비슷한 상황에 놓였을 때 마찬가지로 불안해지는 것을 말한다. 그런데 이 트라우마는 심리적 현상이 아닌 신체에 각인된 기억의 하나다. 인간의 몸에서 제거할 수 없는 일부이지만, 그렇다고 나의 정체성에 동화될 수도 없는 어떤 것이다. 우리가 베트남전 같은 전쟁을 다룬 영화를 볼 때 제대 군인들이 종종 현실 적응에 실패하고 방황하는 모습이 그려지는데, 많은 경우 이 트라우마 때문이다. 트라우마에 대해서는 역사기록 또는 기억의 왜곡과 관련하여 다시 다룰 기회가 있으므로 여기서는 이 정도로 하고 다시 본론으로 돌아가겠다.

내가 기말고사에 낸 문제는 고약할 수도 있다. 왜냐하면 이른바 '지방사립대'에 다니는 학생들에게, '수능 점수가 낮아 가고 싶은 대학에 못 가고, 밀려서 할 수 없이 이 학교에 다닌다고 생각할지 모르는 자기의식'을 마주하게 만들었기 때문이다.

나는 젊은 학생들에 대한 존중을 잊지 않으려 애쓰고 있다. 나의 인식에도 불구하고, 아니 믿음에 기초하여 1학년 전공수업을 활용하여 가장 아플지도 모르는 테스트를 감행하였다. 그 테스트는 답안을 제출하는 것으로 끝나는 것이 아니라, 학생은 물론, 나 자신에게, 그리고 우리 사회에 던지는 질문이다.

논의를 따라온 독자라면 짐작했듯이, 또 수업을 착실하게 들었던 몇몇 학생들이 정확히 지적했듯이, 이번 문제는 '역사학적인 질문'은 아니다. 왜냐하면 아직 발생하지 않은 '허구적 질문'이므로 경험적으로 검증할 수 없기 때문이다. 아직 졸업도 하지 않았으므로. 그러나 역사공부가 미래를 예견할 수는 없지만, 미래에 작은 등불이 될 수 있다. 역사학자가 꼭 역사학적인 질문만 하는 것은 아니다. 그러나 역사학자가 역사학적인 질문이 아닌 질문을 놓고 논쟁할 수는 없다.

처치하라

한국고전번역원에서 〈고전의 향연〉이라는 프로그램을 운영하여 시민들에게 역사와 고전에 대한 수준 높은 강좌를 제공한 일이 있었다. 나는 조선시대에 대해 네 차례에 걸쳐 특강을 했고, 그중 한 꼭지를 조선의 문치주의文治主義에 할당하였다. 임금을 가르치고 국정을 논의하는 홍문관의 경연經筵, 정책과 관원을 비판하는 사간원·사헌부의 언론言論, 이 모두를 기록으로 남기는 예문관의 사관史官을 나는 문치주의의 트로이카(말 세 마리가 끄는 마차)라고 부른다. 조선의 활발한 언론 활동을 소개하던 자료 중에 다음과 같은 내용이 있었다.

사헌부와 사간원에서 공주의 집을 짓는 일에 대해서 끊임없이 쟁론하였으나 상이 허락하지 않을뿐더러 내관을 시켜 집 짓는 일을 계속 감독하게 하였다. 정언正言(사간원 정6품) 이훤

李薱이 상소하기를,

"신은 정성이 전하의 마음을 감동시키지 못하고 말을 해도 신임을 받지 못하니, 관직을 욕되게 하고 있습니다. 길 가는 사람들이 서로 말하기를 '오늘날 대간의 관원은 있으나 마나 한 인물들이다'라고 합니다. 신이 있으나 마나 한 대각臺閣의 인물로 나라 사람의 비판을 심하게 받고 있으니 파직시켜주십시오."

하자, 상이 관직을 바꾸라고 하였다. 이에 집의執義(사헌부 종3품) 신명규 등이 모두 이휜의 상소 내용을 끌어대어 피혐避嫌하였는데, 홍문관이 처치處置하여 모두 출사하게 할 것을 청하니, 상이 따랐다.[24]

사안은 이렇다. 현종은 효종의 딸, 즉 자신의 여동생들인 숙안공주와 숙명공주의 저택을 조금 늘려주려고 했다. 그런데 지금 있는 저택으로 충분하다며 사헌부와 사간원이 들고 일어난 것이다. 이 두 관청은 각각 감찰과 언론을 담당했는데, 합쳐서 양사兩司라고 불렀다. 나라 정책이나 행정에 비판할 일이 생기면 두 관청이 함께 의견을 모아 비판에 나서는 경우가 많았다.

원래 《경국대전》 〈공전工典〉 조항에 보면, 공주의 집은 50칸으로 제한하고 있었다. 그런데 숙안공주와 숙명공주의 집은 각각 27칸, 33칸으로 그리 크지 않았다. 아마 현종은 그것 때문에 조금 집을 늘려주려고 했는데, 신하들이 반대하고 나선 것이다. 이렇게 왕실에 대한 견제가 심하다 싶은 경우가 조선 조정에서는 왕왕 있었다.

이 와중에서 확실히 반대의견을 관철시키지 못하는 양사 관원들에 대한 여론의 비판이 쏟아졌다. 그렇게 되자 양사 관원들은 관직을 내놓고 '피혐'이란 것을 하였다. 피혐이란, '혐의를 피한다', 즉 역할을 수행하지 못하는 상황에서 관직을 내놓는 일을 말한다. 그러자 홍문관에서 '처치'를 했다. 이 용어에 유의하자.

〈고전의 향연〉에서 함께 강의를 끌어주시던 김용옥 선생께서, '처치? 처치가 뭐지?'라고 물었다. 이만한 일로 '처치한다'라고 표현하는 것이 당치 않다는 표정으로 말이다. 처치는 '없애는 것'이 아니라 '조치한다', '조정한다'라는 뜻이지, 요즘 조폭 영화에서 가끔 나오듯이 살벌한 뜻을 담은 용어가 아니었다. 의미론적semantic 차이다.

왕정의 전제성

우리는 서양의 절대주의 시대, 즉 봉건국가 말기와 근대국가의 초기에 나타나는 국군國軍과 같은 상비군과 관료제를 기반으로 한 중앙집권적 왕권의 시대를 '절대왕정Absolute Monarchism'이라고 부른다. 봉건 귀족의 보수적 지지와 특권적 모험상인의 계급적 이해 위에서 성립한 체제였다. 모험상인은 당시 미숙했던 부르주아지인데, 서양에서는 자신의 제국주의의 선조들을 이렇게 부른다.

나의 관찰과 기억으로는, 서양의 어떤 왕정도 '전제적專制的,

despotic'이라고 표현하지 않는다. 가장 '전제적'이었을 때조차도, 그들은 '봉건적封建的, feudal'이라거나 '절대적'이라고 학술용어로 점잖게 부른다.

이와는 달리, '전제적'이란 말은 '동양'과 관련되지 않고서는 의미를 얻지 못한다. '전제주의Despotism'라는 말은 동양 사회의 정치적 특성, 아니 단지 정치 영역에 국한되는 것이 아니라, 동양 사회의 일반적 특성을 설명하는 가운데 나온 예견된 개념이기 때문이다.

이런 질문을 해보자. '조선 왕정은 전제적인가, 아닌가?' 사실 '조선 왕권의 전제성'이 종종 검증도 없이 '전제적인 왕조 정부 운운' 하며 서술되는 경우가 있기 때문에, 이런 질문 자체가 무색할지 모른다. 그러나 이조차도 정확한 질문은 아니다.

이 질문은 곧장 우리에게 '전제적'이란 무슨 뜻인가, 하는 의문을 불러일으킨다. 전제 정치는 표준국어대사전에, "국가 권력을 개인이 장악하여 민의나 법률에 제약을 받지 않고 실시하는 정치"라고 정의되어 있다. 아직 조선 왕정에 대해 이 이상의 개념 규정을 가지고 논의가 진행되지 않았다고 생각한다.

종종 이러한 질문은 "조선시대 정치구조는 어떠하였는가?"에 관심이 있다기보다, "조선시대 정치를 뭐라고 이름 붙일까?"에 대한 관심에서 출발하였다. 그러므로 조선시대 왕정의 전제성에 대한 논의는 제대로 이루어진 적도 없지만, 이루어진다 해도 "이 얼룩말이 검은 줄을 친 흰 동물이냐, 흰 줄을 친 검은 동물이냐?" 이

서초구 내곡동에 있는 태종과 원경왕후의 헌릉獻陵. 태종은 과연 전제정치를 펼쳤을까? 이 질문에 답하려면 '전제정치'가 무엇이냐는 논란부터 종식되어야 한다.

상의 생산성이 있을 것으로 보이지 않는다.

모든 역사적 질문은 기본적으로 어느 정도는 의미론적 맥락에서 제기된다. 우리가 사용하는 언어나 기호와, 우리가 확보한 과거의 증거 사이에서 어떤 이해할 수 있는 연관성을 확보할 것인가가 역사학의 과제이기 때문이다. 개념사가 풍부하게 보여주었던 것처럼 어떤 용어가 의미했을 것으로 생각되는 과거의 사건에 대해서가 아니라, 어떤 용어로 과거의 사실을 규정하는 식으로 이루어지는 불임不姙의 논법을 경계하자는 뜻이다.

"너는 잘했냐?"

얼마 전 나는 원치 않게 논쟁에 휘말린 적이 있었다. 내가《광해

군, 그 위험한 거울》을 출판했던 시기가 하필이면 영화 〈광해〉의
개봉 시기와 겹쳤기 때문인데, 나는 기존 학계의 통설과 다른 해석
을 내놓았던 터이므로 세인들의 궁금증과 관심을 자아낸 것이다.
나에 대한 반론도 있었는데, 그중 이런 것이 있었다.

> 광해군을 쫓아낸 이들이 내세운 명분은 지켜졌는가. 그 명분
> 은 잘 지켜지지 않은 것 같다. 광해군 시기에 벌어진 부정을
> 바로잡겠다던 이들은 광해군 때 권신들이 했던 나쁜 관행을
> 답습했다. 예컨대 광해군 때 권신들이 백성 등에게서 뺏은
> 토지는 광해군을 몰아낸 세력의 손에 넘어갔고, 이를 비난하
> 는 상시가傷時歌라는 노래가 시중에서 불리었으며 익명서도
> 나돌았다.[25]

 광해군 대의 어지러운 정치로 반정을 했다고 하지만, 반정 이
후에도 별로 나아진 것이 없다는 논리이다. 말하자면 '그놈이 그
놈이다', '갈아봤자 별수 없다'라는 선거 구호를 조선 버전으로 바
꾼 셈이다. 실제로 광해군 대 세력가들이나 반정 이후 공신들이나
마찬가지라는 사료도 있다. 하지만 위의 '상시가'는 반정 이후 광
해군 대 잔여 세력이 반란을 일으켰을 때, 그 반란을 변명하는 공
초供招(죄인들의 진술)가 실록에 실린 것이다.[26]
 차츰 공신들의 특권 세력화가 공론에 의해 끊임없이 견제되었
던 것이 인조 시대 정치사였다. 즉 곪아서 병이 되는 것이 아니라,

1956년 대통령선거 당시 포스터. 야당인 민주당이 '못살겠다 갈아보자'라고 했더니, 자유당에서 '갈아봤자 더 못산다'라고 했다. 물론 이런 반론은 법정에서는 물론, 역사공부에도 도움이 되지 않는다.

드러나서 딱지가 앉는 과정이었다고 할 것이다. 더욱이 인조 초반의 재정이나 민생 등 경제적 어려움은 광해군의 실정에서 비롯되었다. 하지만 문제는 여기에 있지 않다.

나는 '그놈이 그놈이었다'라는 반론을 '물타기'라고 불렀다. 물타기는 그 자체로 역시 탈정치화의 위험성을 내포하고 있다. 그러나 4·19혁명 이후 장면 정권이 무능했다고 해서 이승만 독재와 부패가 정당화되는 것은 아니다. 더 나아가 타자에 기대어 자신의 불의를 합리화하는 데 이르면, 물타기 논리는 곧 비열한 타락의 논리가 된다. 부부싸움에서 이런 어법이 지속하면 파탄이 멀지 않다.

위와 같은 반대질문counter-question은 법정에서 유효할지 모르지만 역사공부 세미나에서는 의미 없다. 법정은 목표가 정의正義를 얻는 것이지만, 세미나룸의 목적은 먼저 역사의 진실을 좀 더 정밀하게 만들어가는 과정이기 때문이다. A냐, B냐를 둘러싼 싸움은, 사실 C가 진실일지 어떨지를 판단하는 데 아무런 도움을 주지 못한다.

다시 살펴보자. 앞서 광해군에 대한 나의 서술을 비판하기 위해 인조 대 공신들의 '난정亂政'을 들고나온 물타기 논리를 소개했다. 일단, 정말 인조 시대 정치가 난정이었더라도 위의 비판은 나의 광해군 시대 서술에 대한 비판이 되지 못한다. 난 인조 시대가 아니라 광해군 시대를 서술하고 있기 때문이다.

반대 질문의 결점은 더 심각한 데 있다. 비판을 받는 원래 문제의식, 즉 나의 광해군 시대 서술이 잘못되었다면, 나의 문제의식이 딛고 있는 기초 전제가 아마 오류일 것이다. 그러나 반대 질문은 본래 질문의 전제나 오류를 반사적으로 반복하는 경향이 있다. 즉, '갈아봤자 별수 없다'라는 말은 '갈기 전의 상태가 엉망이다'라는 본래의 문제의식을 전제로 한 반론이라는 것이다. 결국 반대 질문은 본래 진술의 결론을 부정하는 것이 아니라, 본래 진술의 전제를 반복하는 셈이다. 결과만 수정하는 것은 그것이 수정이기 때문에 받아들이기 힘든 게 아니라, 그 수정이 불완전하고 피상적이기 때문에 받아들이기 힘든 것이다.

하나 더. 이런 반대 질문은 결과만을 부정하기 때문에 그 전제나 증명 과정에 관심이 없다. 따라서 결론의 변경 이외에 어떤 책임도 지려고 하지 않는다. 반대 질문의 오류가 종종 음모론conspiracy theory으로 귀결되는 이유도 여기에 있다. 물론 음모론은 반대 질문의 오류에서 생기기보다는 정부를 포함한 특정 집단의 정보 독점과 설득 부재 때문에 생긴다. 즉 전제나 증명이 불가능해서 나타나는 사회 병리 현상인 경우가 많다.

동어반복

한편 정의상 자기-모순 없이는 경험적으로 모순될 수 없는 질문 설정 방식을 동어반복의 오류라고 부른다. 실은 동어반복적 질문은 질문이라기보다 하나의 선언이다. 이는 아무것도 묻지 않는다는 점에서, 또한 같은 사안을 두 번 주장한다는 점에서 선언적이다.

먼저 이러한 오류의 가장 일반적인 형태는 'A인 것은 A이다'라는 주장이다. "사람들이 일터에서 내몰렸을 때, 비고용 상태가 된다." 우리가 평소 하는 말로 하면, '하나 마나 한 말'이 그것이다. 오래된 기억 하나.

중학교 때 적십자 응급처치 훈련을 받은 적이 있다. 삐었을 때 부목을 대는 훈련, 인공호흡 훈련을 했다. 별안간 발을 삐면 왜 붓는지 궁금했다. 그래서 물었다. "선생님, 발이 삐면 왜 부어요?" 그랬더니, 그분은 이상하다는 듯이 나를 쳐다보면서, "삐었으니까 붓지, 왜 붓겠어?"라고 대답하면서 아이들을 둘러보았다. 아이들도 그 말에 동조하듯, 또 나의 질문을 조롱하듯 소리 내어 웃었다.

아마 그들은 내 질문을 동어반복의 질문으로 받아들였을 것이다. 하지만 내 질문의 뜻은 '뼈었다는 물리적 충격이 어떤 생리적 작용 때문에 살이 붓는 결과로 나타나는가'라는 질문이었다. 지금도 난 그 이유를 의학적으로 설명할 수 없지만, 가만 생각해보면 내 질문에는 남들이 웃을 만한, 그러니까 동어반복의 오류라고 부를 만한 점이 분명 있었다. 뼈면 붓는 게 당연하니까!

이런 동어반복의 반대편에 모순되는 진술이 있다. 1950년 한국전쟁을 놓고, "전혀 있을 수 없는 일이 불가항력에 의해 일어났다"라고 서술을 시작한다면, 우리는 '있을 수 없는 일'과 '불가항력' 사이의 모순을 발견한다. 이런 정도는 애교에 속하는 수사학이라고 할 수 있고, 또 역설이 주는 감동도 있다.

자칫 빠지기 쉬운 동어반복의 유형은 'A이고 B인 것은 A이다'라는 것이다. 쉬운 예시를 들면 "검은 차는 검다," "모든 아기는 어리다" 등이 있다. 내가 좋아했던 정치학자 배링턴 무어 주니어Barrington Moore Jr.는 급진적 혁명은 폭력이라는 핵심적 성격과 함께 시작한다고 말했다. 그런데 그는 미국 남북전쟁이라는 사례를 끄집어내 근거로 제시했고, 훨씬 덜 폭력적이고 심지어 비폭력적인 변동이면서 그 결과에서 보면 심대했던 다른 혁명, 예를 들어 프랑스 혁명, 신해혁명, 러시아 혁명 등은 무시했다. 결국 그는 "폭력적이고 급진적인 혁명적 변화는 폭력적이다"라는 말을 한 것이다.[27]

〈니콜로 마키아벨리의 초상〉(16세기). 마키아벨리는 "모든 나라는 공화정이거나 왕정이다"라고 했고, 한편으로 공화정을 "왕정이 아닌 것"이라고 정의했다. 명백한 이분법이자 동어반복이다.

    마지막으로 슬픈 사례 하나 더. 동어반복의 또 다른 사례는 "어떤 것은 A 아니면 비非A이다"라는 진술이다. 이분법에 익숙한 학자들이 잘 쓰는 방식이다. 나는 이를 '콩쥐-팥쥐론'이라고 부른다고 했다. 마키아벨리는, "모든 나라는 공화정이거나 왕정이다"라고 했다. 그러나 그는 공화정을 '왕정이 아닌 것'이라고 정의했다. 이런 류의 동어반복이 슬픈 이유는 현실에서 이런 사례가 너무도 쉽게 발견되기 때문이다.

질문하는 법
    지금까지 우리가 역사공부를 할 때 설정하는 질문, 문제의식에서 나타날 수 있는 오류를 쭉 훑어보았다. 그것은 다음 몇 가지로 요약할 수 있다.

첫째, 제대로 된 역사(학)적 질문은 경험적인 용어로 인수분해할 수 있게끔 '쓸모가 있어야operational' 한다.

둘째, 질문은 끝이 '열려 있어야open-ended' 한다. 그 질문은 문제를 해결하는 데 기여할 수 있는 사실들을 불러올 수 있어야 한다.

셋째, 질문은 탄력적이어야 한다. 역사가는 자신의 문제의식과 가정이 근사치, 즉 앞으로 끊임없이 재정리될 수밖에 없는 근사치라는 점을 염두에 두어야 한다. 거듭 말하거니와, 역사가는 '모든 것'에서 출발하는 것이 아니라, 언제나 '어떤 것'에서 출발하기 때문이다.

넷째, 질문은 분석할 수 있어야 한다. 그의 문제의식을 각각의 구성 부분으로 쪼개어 하나하나 탐구해나갈 수 있어야 한다.

다섯째, 질문은 명료하고 정확해야 한다. 독자를 위해서라기보다 연구자 자신을 위해 가능한 한 상세히 진술할 수 있어야 한다. 개방성을 부정확과, 탄력성을 혼란과, 지혜를 모호함과 혼동하는 역사가만큼 어리석은 사람은 없다.

여섯째, 질문은 테스트할 수 있어야 한다. 역사학의 질문은 그것이 검증될 수 있는 딱 그만큼만 '경험적으로 증명할 수 있다'라고 말한다.

11 | 정조는 1776년에 즉위하지 않았다

누구나 그렇겠지만 나도 내가 하는 일이 사회에 기여하기를 바란다. 사회의 부조리나 불합리를 고치는 데 도움이 되기를 바라고, 사람들에게 위로나 희망이 되었으면 한다. 역사라는 건 이미 실제로 일어났던 경험이므로 그 경험에 대한 이해는 곧 지금의 나나 우리 사회를 이해하는 유력한 방법이다. 이 책은 그 이해 과정에서 있을 수 있는 오염이나 오해를 살펴보는 것이다. 진실을 잘 드러내기 위해, 오염을 줄이기 위해서다.

댓글의 추억

고백하거니와, 막상 역사의 진실과 왜곡을 신중하게 생각하기 시작한 뒤로, '아, 그동안 참 별로 고민 없이 역사를 연구하고 글을 썼구나', 하는 자괴감이 들었다. 심지어 '내가 역사학자가 맞나', 하는 슬픈 생각까지도 들었다. 나뿐 아니라, 우리 사회에서 이른바 '역사적 사고思考'가 취약하다는 것도 발견하였다.

이 책 9장의 글이 포털사이트 다음(DAUM)에 실린 적이 있었다. '이순신 장군이 없었다면? 질문 자체가 허구다'가 포털 대문에 뜬 것이다. 좀체 없는 일이지만, 어찌 반갑지 않으랴. 아래 같은 댓글은 고민이었다.

① '이순신이 없었다면'이 왜 질문이 안 되나?

② 이 글의 요지는 '박정희가 없었다면', 이런 질문은 말이 안 된다고 하면서, 박정희의 경제발전을 정당화하려는 논리인가?

③ 왜 이순신이야? '이승만이 없었다면', '전두환이 없었다면', 이런 질문을 해야지.

역사의 가정법과 관련하여 내가 9장에서 했던 얘기는 이렇다. 역사학에서는 이순신 장군이 그 일을 했다는 사실만, 즉 결정적인 공헌을 했다는 사실만 얘기할 수 있을 뿐이다. '이순신 장군이 없었다면' 해전에서 승리했을지 없을지 역사학에서 논의할 수가 없다. 영국의 역사학자 니얼 퍼거슨Niall Ferguson 등의 가정법, 즉 '반사실Counterfactuals'에 입각한 저서는 재미도 영감도 줄 수 있다.[28] 이는 역사를 가지고 노는 방법, 즉 '역사 놀이' 중 하나이다. 논란을 벌일 수도 이견을 내놓을 수도 있다. 그러나 논쟁을 할 수도 입론을 세울 수도 없다. 왜? 일어난 일이 아니니까! 일어나지 않았으니 사료가 없다. 그러니까 역사학적으로 논의할 수 없다는 거다.

물론 알다시피 역사적 가정을 기초로 영화나 소설은 만들 수 있다. 미래를 생각하는 성찰의 방향이 될 수도 있다. 《역사학 선언》을 쓴 조 굴디Jo Guldi 등은 이런 가정법을 '반사실적 사고'라고 부르며, '인과 관계에 대한, 따라서 책임 소재를 가리고자 하는 모든 역사적 사고에 도움이 된다'라고 말했다.[29] '역사적 사고에 도움이 된다'는 데까지는 어떻게든 이해해보겠는데, '역사적 논리의 한 형태'라는 주장은 동의하기 어렵다. 없는 역사를 가지고 역사를 쓸 수는 없다. 그럼 이미 역사(학)가 아니다.

위 댓글에서 '허구 질문의 오류'를 이해하는 것이 역사탐구의 기초라는 사실을 다시 한번 확인하고자 한다. ①은 허구 질문의 오류, ②는 의도 확대의 오류이다. 나의 의도를 넘겨짚는 데서 발생하는 오류이다. ③은 비일관성의 오류이다. 이순신에 대해서는 그런 가정을 하면 안 되고, 이승만, 전두환에 대해서는 그런 가정을 해도 된다는 이중 잣대의 오류이다.

사실 증명의 중요성

과거를 증명하기란 쉬운 일이 아니다. 역사의 진실은 결코 단순하지 않고 순수하게 드러나지도 않는다. 더욱이 역사학자가 역사적 진실을 이야기하는 과정은 그가 말하는 사실 자체보다 훨씬 더 얽히고설켜 있다. 나아가 역사학자는 진실을 말해야 할 뿐 아니라, 그 진실성도 마찬가지로 보여주어야 한다. 말하자면 역사학자는 성실성에 의해서 평가될 뿐 아니라, 증명하는 능력에 의해서도 평가받는다.

지금 우리는 역사탐구 과정의 오류를 살펴보는 중이다. 크게 '남기기와 탐구'―'전하기와 서술'―'이야기하기와 논쟁'이라는 거친 세 범주에서 나타나는 오류를 살펴보고 있다. 역사-인간Homo historicus의 역사-하기[30] 과정은 질문하고, 사실을 검증하고, 사실의 의미를 따지는 작업으로 이루어진다. 선명하게 구분되지 않을 때도 있지만 세 단계마다 나타나는 오류로 나누어 살펴보는 중이다.

역사학 훈련 과정에서 이러한 오류에 대한 책임성 문제는 그리 주목받지 못한다. 그 이유는, 첫째, 사실 증명을 너무도 당연한 것으로 여기기 때문일 것이다. 실제로 교과과정에서 어떤 진실을 발견하고 그 진실성을 어떻게 보여줄 것인가 하는 문제를 진지하게 다루어본 기억도 없다. 전문 연구과정이 그러니 일반 독자들이 그런 훈련에 익숙할 리 만무하다. 다음 카의 진술을 보자.

> 그 큰 전투(1066년 헤이스팅스 전투)가 1065년이나 1067년이 아니라 1066년에 벌어졌다는 것, 그리고 이스트본이나 브라이턴이 아니라 헤이스팅스에서 벌어졌다는 것을 아는 것은 분명히 중요하다. 역사가는 이런 것들에서 틀려서는 안 된다. 하지만 나는 이런 종류의 문제들이 제기될 때 '정확성은 의무이지 미덕은 아니다'라는 하우스먼(1859~1939)의 말을 떠올리게 된다. 어떤 역사가를 정확하다는 이유로 칭찬하는 것은 어떤 건축가를 잘 말린 목재나 적절하게 혼합된 콘크리트를 사용하여 집을 짓는다는 이유로 칭찬하는 것과 같다. 그것은 그의 작업의 필요조건이지만 그의 본질적인 기능은 아니다. 바로 그러한 종류의 일들을 위해서라면 역사가는 역사학의 '보조학문'—고고학, 금석학金石學, 고전학古錢學, 연대측정학 등과 같은—이라고 불리는 것들에 의지할 자격이 있다.[31]

이 대목은 역사를 공부한 사람이라면 익숙할 것이다. 특히 '정확성은 의무이지 미덕은 아니다'라는 경구는 마치 역사학도가 되었음을 자부하듯 상투적으로 듣고 말했던 표현이기도 하다. 그런데 카의 말에 대해 D. H. 피셔는 '오만한 태도'이며, '불행한 습관'이라고 지적했다. 왜 그럴까?

역사가들은 종종 특정 진술이 정확할 것이고, 누군가가 그 정확성에 책임을 질 것이라고 짐작한다는 명백한 사실이야말로, 왜 그토록 많은 역사적 진술이 실제로는 부정확한가를 설명해준다고 피셔는 지적한다. 역사학자가 자신의 사실 증명을 위해 편하게 동원할 수 있는 보조학문은 없으며, 자신의 책임을 면제해줄 사람도 없다. 카의 견해는, 역사탐구와 뗄 수 없는 복잡한 과정을 단순화한 데서 나왔다.

상대주의의 오류

사실의 검증 과정에 대해 역사학계가 소홀하게 된 두 번째 이유로는 상대주의의 만연을 들 수 있다. 이 '어리석고도 유해한' 교리는 1930년대부터 대중적으로 유행하였다. 흔히 '보기 나름'이라는 양해 내지 배려가 끼친 영향은 냉소부터 무력감에 이르기까지 대부분 부정적인 결과를 낳았다. 역사학자는 마치 실제 일어난 일보다 그가 믿고 있는 바를 다루는 사람들로 여겨졌고, 심지어 역사무용론, 역사 경멸론으로까지 이어졌다. 그러나 차츰 상대주의에 대한 비판이 축적되었는데, 그 비판은 다음 몇 가지로 정리할 수 있다.

첫째, 상대주의자들은 지식을 갖게 되는 과정과 지식의 명징성의 차이를 혼동한다. '어떤 한국 역사학자들이 민족주의적 관점에서' 1910년에 일본이 조선을 점령했다고 주장할 수 있다. '진술의 의도가 무엇이든 간에' 이 진술은 사실이다. 한편 일본 역사학자들도 '무언가 의도를 가지고' 1910년에 일본이 조선에 강점되었다고 주장할 수 있다. 그러나 이 진술은 거짓이고, 앞으로도 거짓일 것이다.

관동대지진 때 학살된 조선인으로 추정되는 사진. 한국의 어떤 정치가가 '무언가 의도를 가지고' "1923년 관동대지진 때 일본 자경단이 '조선인들이 우물에 독약을 풀었다'라는 말로 선동하여 재일 조선인을 학살했다"라고 말했더라도, 의도와 상관없이 이 진술은 참이다. 일본 역사 교과서 담당자들이 '무언가 의도를 가지고' "관동대지진 때 재일 조선인 학살은 없었다"라고 말한다면, 의도와 상관없이 이 진술은 거짓이다.

이처럼 어떤 지식(사실)의 의도 또는 배경에 대한 불확실성이나 의심을 사실 자체의 불확실성과 혼동하는 사례가 많다. 이를 논리학에서는 '의도 확대의 오류'라고 부른다. 물론 상대주의의 이런 혼동은 '인신공격의 오류' 등 대개 다른 오류와 복합적으로 나타난다.

둘째, 상대주의는, '불완전하다는 의미에서 볼 때' 모든 역사 설명은 전체의 한 부분일 수밖에 없기 때문에, 마찬가지로 역사의 설명은 '오류라는 의미에서 볼 때도' 부분적으로만 오류라고 잘못된 논의를 편다. 또 어떤 불완전한 설명이 있다고 치자. 이것이 참인 설명일 수 있지만, 그것이 전체 진실일 수는 없다, 즉 부분만 진실이라는 것이다. 이런 점에서 상대주의자들은 '전체 진실'을 말해야 한다는 관념을 끊임없이 끌어들이고 있다. 전체가 참이 아니면 인정할 수 없다는 억지가 상대주의자들의 강력한 무기이다.

셋째, 상대주의는 역사와 과학의 차이를 잘못 설정하고 있다. 역사학은 과학과 달리 실증을 통하여 일반성, 법칙성을 도출할 수 없다. 다시 말해 역사에 대한 지식은 선입견, 편견, 신념, 신앙 등에 따라 역사가마다 다를 수밖에 없기 때문에 객관적이고 불편부당한 역사서술이 불가능하다. 안된 말이지만 이 점은 과학자도 마찬가지이다. 내가 아는 컴퓨터 과학자는 자신의 교회에서 주장하는 창조론을 옹호하기 위해 〈타임〉지 기사를 조작하기까지 했다.

넷째, 상대주의자들은 그들이나 그들의 친구들은 상대주의로부터 어느 정도 예외라는 생각을 품고 있는 듯하다. 안타깝게도 카를 만하임Karl Mannheim이 인텔리를 진리의 담지자로 상정하듯이 말이다.[32] 하지만 이는 일관성이 결여된 견해이다. 왜 누구는 상대적인 진실(또는 거짓)의 보유자로 남아 있고, 인텔리는 사회진단과 종합화의 전범典範이 되는가? 이런 점에서 일관된 상대주의자가 되려면 스스로 상대주의를 포기해야만 한다.

다섯째, 상대주의자들이 사용하는 주관성이란 관념은 문자상 난센스다. '주관적'이란, 그 반대어가 의미 없으면 의미 없게 되는 연관 용어이다. '모든 지식은 상대적이다'라고 말하는 것은 '모든 것은 짧다'라는 주장과 같다. 뭔가가 길지 않으면 짧은 것은 있을 수 없듯이, 어떤 지식이 객관적이지 않다면 주관적 지식이란 있을 수 없다. 어떤 역사학자도 실제로 일어났던 '역사 전체'를 알 수 없다. 그렇다고 해서 객관적인 역사 지식이 불가능하다고 주장하는 것은 오류이다.

사이비 증거

사이비似而非, 《맹자》에 나오는 말로, '비슷하지만 아니다'라는 뜻이다.[33] 증명에도 그런 증명이 있다. 사건에 맞는 증거를 찾아 서술하다 보면, 첫눈에는 정확하고 실제에 딱 들어맞는 것처럼 보였던 증거가 의미 없는 것으로 판정 날 수도 있다. 또 질문에 대해 엉뚱한 답변을 내놓는 동문서답형 증거도 있다. 그중 잘 빠지는 오류가 '부정 증거negative proof의 오류'이다.

부정 증거란 사실 명제를 부정 증거로 떠받치려는 시도이다. 예를 들면, 이런 경우이다. 역사학자가 "X가 일어났다는 아무런 증거가 없다"라고 주장한 뒤, 이를 근거로 "그러므로 비非X가 사실이다"라고 결론을 내리는 일이다. 〈인디아나 존스〉의 해리슨 포드가 친구들과 평생 성배聖杯를 찾다가 실패했다고 치자. 온갖 고생을 다 하고, 박물관부터 수도원의 보존소까지 찾아볼 만한 곳은 다 찾아보았지만 아무런 소득이 없었다. 이때 해리슨 포드가 '성배는 없다'라고 결론 내릴 수 있는가?

그럴 수 없다. 물론 지구상에 성배가 없다는 생각이 들 수도 있다. 그러나 그들이 내릴 수 있는 결론은 단지 "성배가 있다는 증거가 없다"라는 것뿐이다. '성배가 없다'라고 결론 내리려면, 경험적으로(즉 역사학적으로) 올바른 과정은 '성배가 없다'라는 것을 증명해줄 '긍정 증거affirmative proof'를 찾는 일이다. 이것은 어렵기는

레오나르도 다빈치의 〈최후의 만찬〉(1495~1497). 성배는 예수가 죽기 전날 밤 최후의 만찬 때 제자들에게 술을 나눠 주며 사용한 잔으로 알려져 있다. 오늘날 성배는 전해지지 않는다. 그러나 전해지지 않는다는 사실이 '없다'는 증거는 아니다.

하지만, 그렇다고 불가능한 일은 아니다. 찾아보면 나오는 경우가 많다. 우스갯소리로 말하면, 역사학자들이 "X 주제는 깊게(또는 넓게) 연구되지 않았다"라고 말하면 그것은 대개 "나는 X 주제에 대해 거의 공부하지 않았다"라는 고백이다.

'가능한 증거possible proof의 오류'도 이런 부류에 속한다. 이는 참 또는 거짓의 가능성을 제기함으로써 진술이 참인지 거짓인지 보여주려는 데서 생기는 오류다. 심각한 '증거의 오류' 중 하나는 명백한 증거를 찾을 수 없을 때 '가능성'을 증거로 들이대는 일이다. 이 중에 실제로 현실이 될 가능성이 개연성蓋然性이다. 누군가가 평생에 서너 번 벼락에 맞을 가능성은 있지만, 그럴 개연성은 거의 없다.

더구나 그냥 개연성이 아니라, 해당 사실을 지지하거나 부정하는 개연성의 균형도 따져야 한다. 역사가가 법률가처럼 합리적인 의심이라는 교리를 존중한다면, 마찬가지로 비합리적인 의심도 인식할 수 있어야 한다.

됐다고 치고

'순환 논증의 오류'는 대개 독자들이 알고 있는 오류일 것이다. 전제前提를 '증명했다고 치고' 결론을 내리는 방식으로 논의를 진행하면서 생기는 오류이다. 이 오류와 형제쯤 되는 것이 '가정 증명presumptive proof의 오류'로, 명제의 증명 책임을 다른 사람에게 미루고 논의를 진행하는 것이다.

이들 오류와 사촌쯤 되는 오류가 '다 알다시피 증명prevalent proof의 오류'이다. 이 오류는 증명 방법으로 다수의 의견을 끌어온다. 아래 사례를 보면 아마 '아, 그런 거' 하시는 분이 꽤 있을 것이다.

한때 조선시대 논문에서는, 서론에 "조선 후기에는 상품화폐경제가 발달하고 신분제가 동요하면서…"라고 시작하는 것이 유행이었다. 조선 후기만 해도 300년이다. 대한민국이 건국된 지 겨우 1세기가 되었음을 생각하면, 300년이란 시간을 너무 쉽게 한마디로 정리해버린 것이다. 문제는 조선 사회는 '상품화폐경제'에 우호적이지 않았다. 특히 자본주의 방식의 그것과는 거리가 멀었다. 노비를 평민으로 만들려는 사상과 정책으로 인해 신분제의 변화가 일어나고 있었지만, 그것이 '300년의 동요'라는 증거는 빈곤하다. 그런데 '다 안다고 치고' 논의를 시작하였다. 지금 생각하면 무지막지하기 그지없는 서술이지만, 그땐 그랬다.

전에 율곡栗谷 이이李珥의 십만양병설을 놓고 어떤 작가와 논쟁 같지 않은 논쟁을 한 적이 있었다. 그 작가가 하도 어처구니없는 근거로 십만양병설을 부정하기에, 나는 '율곡이 십만양병설을 주창했다'는 증거는 있다, 그러나 그것을 '부정할 증거는 없다', '율곡의 십만양병설을 부정할 증거를 제시해달라'라고 말했다.

그는 '십만양병설을 주장한 것은 율곡의 제자들인 서인西人이다', '서인은 나쁘다', '고로 십만양병설은 믿을 수 없다'라는 주장을 반복했다. 서인이 그렇게 나쁜지는 모르겠으나, 논리학에서 이런 논증을 '인신공격의 오류'라고 부른다. '서인은 나쁘다'라고 치고, 또 '나쁜 사람들이 한 말이니 거짓'이라고 치는 오류이다. 공자께서는 이런 사태를 예방하기 위해 진작에 '그 사람이 형편없다고 해서 그 사람이 하는 말까지 막아버려서는 안 된다[不以人廢言]'라고 점잖게 타일렀다.[34]

　나는 율곡의 십만양병설에 대해 당시의 시장諡狀(시호를 내리면 함께 주는 글), 묘비, 목격담 등 1차 사료 외에, "선조 7년(1574) 이이가 황해감사로 부임해 황해도의 군적軍籍(군사 명단)을 전국에서 가장 잘 정비했다는 평을 받았다"라는 《선조수정실록》의 기록을 인용

율곡 이이(좌)와 오리 이원익(우)의 초상. 이이는 퇴계 이황을 이어 조선의 미래를 연 인물이다. 그의 십만양병설을 뒷받침하는 1차 사료는 많다. 그는 황해감사로 있으면서 이원익에게 실무를 맡겨 군적을 깔끔히 정리했다. 군사의 수를 정리하는 데 관심이 있었다면 군사 양성에 관심이 있었다고 해석하는 게 타당할까, 없었다고 해석하는 게 타당할까?

한 뒤, "이런 이이가 선조 16년 병조판서로 있으면서 '십만양병'을 주장하는 것이 상식적으로 어색한 일일까요?"라고 반문했다.

그랬더니, 이분은 율곡의 십만양병설을 부정하는 사료로 자신이 쓴 책을 내밀었다. 그때의 황당함이란…. 그러면서 "황해도의 군적을 잘 정비한 것과 십만양병 주장이 서로 연결되지 못한다는 것은 누구나 알 수 있는 일이다"라고 단정했다. 군적 정비가 군대에 동원할 병력을 파악하는 일인데, 이런 분야를 정비했다면 군사 십만 명을 양성해야 한다고 주장했을 개연성이 높을까, 그 반대의 가능성이 높을까?

많은 역사가들이 어떤 사건이 존재했다는 사실을 모를 수 있다. 그러나 어떤 사건이 존재했다는 사실을 모른다는 것과, 그 사건이 존재하지 않았다는 것을 아는 것은 전혀 차원이 다르다. 어떤 사건이 존재했다는 것을 내가 알지 못한다는 것이 결코 그 사건이 존재하지 않았다는 증거는 되지 못한다. 마찬가지로 어떤 사건이 존재했다는 증거를 무시한다고 해서 그 사건이 존재하지 않은 게 되지 않음은 말할 필요가 없다.

증명의 정리

역사를 전하고 설명할 때 빠질 수 있는 오류를 통해 우리는 다음과 같은 가르침을 얻을 수 있다.

첫째, 건전한 증거는 증명해야 할 사실factum probandum과 증거factum probans 사이에 만족할 만한 관계가 설정되어야 한다. 너무 뻔한 말로 들릴지 모른다. 하지만 많은 역사학도가 '만족할 만한 증거에 대한 기준이 증명해야 할 사실의 성격에 의해 규정된다'라는 점을 그렇게 분명히 알고 있지는 못한 듯하다. 역사학에서 모든 사실은 질문에 대한 답변임에 틀림없다. 하지만 질문 B에 대해 쓸모 있고 참이며 충분한 증거가 질문 A에 대한 답변으로는 쓸모없고 잘못된 답변일 수 있다. 역사학도는 사실을 올바로 확보해야 할 뿐 아니라, '올바른' 사실을 '제대로' 확보해야 한다. 이로부터 '정합성의 규칙'이 나온다. 역사 증거는 다른 질문이 아닌 해당 질문에 대한 직접 답변이어야 한다.

둘째, 역사학도는 '그런대로 납득할 만한good' 상응 증거를 제시해야 할 뿐 아니라, '가장 합당한best' 증거를 제시해야 한다. 모든 일이 그렇지만 가장 합당한 증거란 그 사건에 가장 직접적인 증거를 말한다. 물론 최선의 증거는 사건 그 자체일 것이다. 그리고 그 사건의 신뢰할 만한 흔적, 직접 관찰 등이 있을 수 있다. 우리는 이를 '직접성의 규칙'이라고 부를 수 있을 것이다.

셋째, 증거는 항상 긍정 증거라야 한다. 부정 증거란 용어상 모순이다. 부정 증거는 전혀 증거가 아니다. 어떤 대상의 비非존재는 그 대상이 존재하지 않았거나 존재할 수 없었다는 사실을 보여주는 긍정 증거에 의해서 확인되는 것이다.

예를 들어 어떤 언론사의 A기자가 대통령과 통화한 사실이 없음에도 불구하고 통화했다고 보도했다고 치자. 이때 둘이 통화한 사실이 없음을 반박하려면 A기자나 대통령의 입에서 긍정 증거가 나와야 한다. 아니면, A기자가 대통령과 통화했다고 주장하는 시점에 그가 다른 일을 하고 있었다든가, 대통령이 다른 일정을 소화하고 있었다든가 하는 증거가 있어야 한다. 이런 증거가 확보되지 않는다면 A기자의 보도를 반박할 수 없고, 의심이 가더라도 역사학도는 반박이 불확실함을 솔직히 인정해야 한다. 이를 '긍정 증거의 규칙'이라고 부르자.

넷째, 어떤 역사적 견해에 대한 증명의 책임은 항상 저자에게 있다. 역사 비평가도, 그의 독자도, 그의 학생도, 나아가 다음 세대도 저자 대신 책임을 질 수 없다. 이를 '책임성의 규칙'이라고 부르자.

다섯째, 경험 증거에서 나온 모든 추론은 개연적이다. 그러므로 단지 A가 가능한 증거라는 것을 보여주는 것으로는 충분하지 않다. 역사학도는 자신이 할 수 있는 한 다른 대안의 개연성과 연관시켜 해당 A증거의 개연성을 판단해야 한다. 마찬가지 방식으로, 역사학도는 비非A가 가능하다는 것을 보이는 것으로는 A를 반박할 수 없다. 오직 비A가 A보다 더 개연성이 있다는 것을 보임으로써만 반박할 수 있다. 이를 '개연성의 규칙'이라고 부르자.

여섯째, 어떤 사건에 대한 서술의 의미는 그 사건이 원래 있던 맥락에 의해 결정된다. 어떤 역사적 증거가 되는 서술도 시간과 공간을 떠나 마음대로 떠다닐 수는 없다. 어떤 증거도 추상적으로나 일반적으로 적용될 수 없다. 이를 역사성이라고 한다.

영종 대왕 52년(청나라 건륭 41년이다) 3월 병자일丙子日에 영

종이 홍薨하고, 6일 만인 신사일辛巳日에 왕이 경희궁慶熙宮의 숭정문崇政門에 즉위하였다.[35]

조선의 22대 왕 정조가 1776년에 즉위했던 사실에 대한 실록의 기록이다. 이 진술은 조선의 한양이라는 지도와 영조 52년 병신년丙申年이라는 조선 사람들의 달력이 없으면 의미가 없다. 아메리카의 앵글로색슨족에게 독립선언은 영조 52년도, 병신년도 아닌 1776년이라는 전혀 다른 역사성을 지닌 해에 이루어졌다. 애덤 스미스가《국부론》을 발표한 해 역시 유럽의 경제학자들에게는 병

조선의 22대 왕 정조(좌)와 영국의 정치경제학자 애덤 스미스(우). 정조가 즉위한 해는 병신년이지 1776년이 아니다. 마찬가지로 애덤 스미스의 《국부론》이 출간된 것은 1776년이지 병신년이 아니다.

신년이 아닌 1776년으로 기억될 것이다. 그나마 달력에 조회해볼 수 있는 날짜나 연도의 역사성은 쉽게 눈에 띈다. 그러나 다른 많은 사실들과의 맥락이 혼재하는 역사성은 그렇게 분명하지 않다.

일곱째, 하나의 경험적 사건에 대한 서술이 그 사건에 대한 증거보다 정확하다고 할 수 없다. 물론 정확도는 증거마다 무척 다르다. 하지만 우리는 계속 더 '정확하게, 정확하게'를 외치며 거기에 다가가려 애쓴다. 이를 '정확성의 규칙'이라고 부르자.

위의 일곱 가지는 보통 역사학도라면 누구나 느끼고 있고 무의식 중에 적용하는 규칙이다. 의식적으로 이런 규칙을 염두에 두고 역사를 탐구하고 증명한다면 실제로 어느 정도는 개선되는 점이 있을 것이다. 연구의 훈련을 받은 역사학자들이 저지르는 실제 오류에 대해 우리는 거의 깊이 생각해본 적이 없다. 이런 규칙은 독자들의 비평의 안목도 높여줄 것이다. 그렇지만 정말로 위험한 것은 역사학자가 독자를 속이는 일이고, 그 못지않게 위험한 것은 독자 자신이 속아 넘어가는 일이다.

역사학과 상업주의의 거리

가끔 하늘을 쳐다보며 '하늘도 무심하시지' 하는 영화나 드라마가 있다. 홍수나 산불 같은 재해 뉴스를 보면서 그런 말을 하기도 한다. 이때 하늘은 물론 섭리이자 하느님 이지만, 역사학도의 입장에서 번역하면 그저 '역사'가 된다. 하늘을 쳐다보며 탄식하는 순간, 우리의 감성에는 뭔가 거대한 흐름이 느껴진다. 그것이 무엇인지 굳이 따지지 말자. 그 느낌, 거기에 주목하자. 이것이 경건함을 가져다주기도 하지만, 종종 역사학에서는 전체사에 대한 환상을 불러일으킨다. 우선 역사학도의 선배 사마천의 숙연한 질문부터 시작해보자.

사마천의 질문

역사를 쓸 때나 읽을 때나 우리는 끊임없이 선택이라는 과정을 거친다. 많은 사실이 우리 눈앞에 등장하지만, 그중 일부만 의도적으로 선별된다. 선별은 사실이나 사건의 '의미＝중요성'에 따라 결정된다. 그런데 보기에는 쉬운 듯하지만, 막상 이 선별에 대한 개념과 기준을 설명하라고 하면 막연하고 탁 손에 잡히지 않는다.

선별의 문제. 엄격히 말하면, 선별과 관련하여 발생하는 오류는 기준 자체에 있다기보다, 그 기준을 탐구 대상과 연관시키려는 시도나 방식에 있는 경우가 많다. 모든 역사학도는 자신이 좋은 대로 어떤 연구 주제를 탐구할 수 있다. 하지만 자신이 탐구하는 전제에서 나오는 논리적 결과에서 자유로울 수는 없다. 사마천은 다음과 같이 말하였다.

> 혹자는 말한다. "천도天道는 특별히 친한 자가 없으며, 항상 선인善人과 함께한다"라고. 백이伯夷, 숙제叔弟 같은 사람은 정말 선인이라고 할 수 있지 않겠는가? 이처럼 인을 쌓고 깨끗한 행동을 하였는데 굶어 죽고 말다니! 70명의 문도 중에서 공자는 안회顔回만이 배우기를 좋아한다고 추켜세우지 않았던가! 그러나 안회는 굶기 일쑤였고 술지게미조차 배불리 먹지 못한 채 젊은 나이에 죽고 말았다. 하늘이 착한 사람에게 보답하고 베푸는 것이 어찌 이럴 수 있단 말인가?
>
> 도척盜跖은 매일같이 죄 없는 사람을 죽이고 사람의 고기를 먹었으며, 흉폭한 행동을 제멋대로 하면서 수천의 무리를 모아 천하를 횡행했지만, 결국 천수를 다하였다. (…) 나는 당혹감을 금치 못하겠다. 도대체 이른바 천도라는 것은 옳은 것인가, 그른 것인가?**36**

사마천은 《사기》의 〈열전列傳〉에서 이렇게 천도로 설명되지 않는 사람들의 삶을 자기라도 기록해두고 싶었으리라. 거기에 부합하는 사실이 사마천에게는 중요했을 것이므로, 그 지향과 전제를 기초로 사마천의 〈열전〉을 읽어야 할 것이다. 모든 역사학도는 자신의 탐구 과정에서 뭔가 사실의 중요성에 대한 기준을 가지고 탐구하게 마련이고, 그 기준은 자신의 목적이나 방법과 밀접히 연관되어 있다. 우리의 논의도 역사탐구에 대해 학술적 규범을 들이대기보다 이 점을 재확인하는 데 주안점을 두고자 한다.

전체를 보는 방법?

첫 번째 살펴볼 오류는, 역사가는 전체 역사의 관점에서 세부 의미를 선별해야 한다는 잘못된 관념이다. 역사가가 모든 것을 다 알기 전에는 아무런 선별 기준을 가질 수 없을 것이란 점에서, 전체를 보겠다는 접근은 바보같고 불가능한 방법이다. 역사가의 증거는 항상 불완전하고, 관점은 항상 제한되게 마련이다. 이 오류의 대표적인 선구자가 헤겔이다. 다음은 그가 1822년에서 1831년까지 강의했던 내용을 묶은《역사철학강의》에서 한 말이다.

> 식물의 배아가 그 속에 나무의 전체 성질, 과실의 맛과 형태를 포함하고 있는 것처럼, 정신의 최초 발자취 역시 이미 역사 전체를 잠재적으로 포함하고 있다. 동방 제국의 사람들은 정신das Geist, 또는 인간이 그 자체로서 자유라는 것을 알지 못한다. 그들은 이것을 알지 못했기 때문에 현실에서 자유롭지 않다. 그들은 다만 한 사람만의 자유라는 것을 알고 있었을 뿐이다. 그렇기 때문에 이 같은 자유는 단순한 자의 횡포, 둔감 또는 그 자신 단순한 하나의 자연적 우연, 또는 자의에 불과한 열정이다. 따라서 이 한 사람은 전제군주이지 자유로운 성인은 아니다.

자유의 의식이 최초로 생긴 것은 그리스인에게서이고, 따라서 그들은 자유인이었다. 그러나 그리스인은 또 로마인과 마찬가지로 자유라는 것을 알고 있던 데 불과하다. 인간 자체가 자유라는 것을 알지 못했다. 플라톤도 아리스토텔레스도 이것을 알지 못했다. 그래서 그리스인은 노예를 소유했고, 그들의 생활 전체 및 그들의 빛나는 자유의 유지는 노예제도와 연결되어 있었다.

게르만의 여러 민족이 비로소 그리스도교의 영향을 받고서야 인간이 인간으로서 자유이고, 정신의 자유야말로 인간의 본질을 이룬다는 의식에 도달하였던 것이다. (…) 요컨대 세계사란 자유의 의식의 진보를 의미하는 것이며, 이 진보를 그 필연성에서 인식하지 않으면 안 된다.[37]

석차순 역사라니!

헤겔은 역사 석차를 매겼다. 동양, 그리스와 로마, 게르만이라는 역사의 주요 단계를 설정하고, "동방세계는 단지 한 사람이 자유라는 것을 알고 있었을 뿐이고, 현대에 이르기까지 그러하다. 그리스와 로마 세계는 약간의 사람이 자유라는 것을 알고 있었다. 게르만 세계는 모든 사람이 자유라는 것을 알고 있다. 따라서 우리들이 역사에서 고찰하는 최초의 정치형태는 전제정치이고, 두 번째는 민주정치, 세 번째는 군주정치이다"라고 선언한다.

우리가 자유의 확대를 역사의 진보로 받아들이는 관념은 여기,

이 헤겔의 발상에서 연유한다. 그는 역사의 궁극적 주체를 세계정신Weltgeist이라고 불렀다. 세계정신으로 나타나는 역사의 법칙은 개인의 뒤에서, 개인의 머리 위에서 저항하기 어려운 힘으로 활동한다. 자본주의의 발달로 상업이 전 지구적으로 확대되면서 사람들은 비로소 세계사(보편사Welt-Geschichte)의 관념을 갖게 되었다. 세계정신은 그 세계사의 새로운 형이상학적 구성물이다. 그 이전에, 동아시아 사람들은 동아시아가 세계였다. 그러나 그들은 세계사라는 말을 쓰지 않았다.

이후로 우리는 뭔가 '전체 역사'가 인류사에 있다는 생각을 갖게 되었다. 이를 흔히 '대문자 역사, History'라고 부른다. 싫으나 좋으나 이 그랜드 스케일의 역사철학은 자본주의의 팽창과 함께

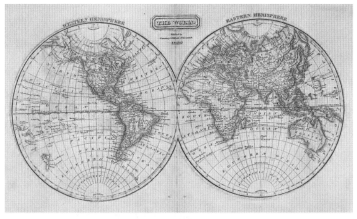

19세기 초 교육용으로 제작된 세계지도. 세계사를 다 알고 살아야 하나? 다 알 수 있는 대상은 없다. 눈치 빠른 독자는 알아챘겠지만, '국사'도 바로 이런 전체사=세계사의 변형태이다.

우리 머릿속에 '근대는 곧 이성의 자기실현인 자유의 역사의 종점'이라는 관념을 확실히 심어주었다. 프랜시스 후쿠야마라는 사람은 지금까지도 헤겔 역사철학의 전도사로 활동하며 이름을 얻고 있다.

픽션의 배후

헤겔의 공로는 크다. 우리가 역사 시간에 '세계사'를 배우게 만들었기 때문이다. 헤겔 역시 '세계사'를 공부하지 않은 것은 아니지만, 그의 역사 지식 정도를 가지고 《역사철학강의》에서 그토록 용감하게 써댈 수 있었던 데 대해 경의를 표하지 않을 수 없다. 누구의 말인지는 잊었는데 "헤겔이 중국에 대해 알고 있던 것은, 중국이 존재한다는 사실뿐이었다"라고 비꼰 역사학자도 있었다. 아무튼 헤겔 이후 유럽 지성사는 문명, 진보라는 담론을 둘러싸고 매우 과감하게, 때론 멋대로 조작을 감행해왔다. 물론 자본주의라는 물질적 토대가 그 배후였다.

우리가 헤겔의 역사철학 전체를 논의할 이유도 시간도 없거니와, 사실의 의미를 탐구하는 과정에서 생기는 오류라는 주제와 관련해서만 다시 확인해보기로 하자. 버트런드 러셀이 《서양철학사》에서 했던 말을 먼저 보겠다.

헤겔이나 다른 많은 철학자들의 견해에 의하면, 이 우주의 한 부분의 성격 역시, 다른 부분이나 혹은 전체에 대한 관계에 의해 근본적으로 영향을 받고 있다고 한다. 그래서 전체에 대한 그 부분의 위치를 설정하지 않고서는 어떤 부분에 대해서도 올바로 진술할 수 없다는 것이다. 전체에 대한 어떤 부분의 위치란 다른 부분에 의존해 있으므로 전체에 대한 그 부분의 위치에 대한 참된 진술은 동시에 전체에 대한 모든 다른 부분의 위치를 정하게 될 것이다. 이리하여 참된 진술은 오직 하나밖에는 없게 될 것이다. 다시 말해서 전체의 진리 이외에는 진리가 없게 마련이다.[38]

자, 다 좋다. 그러나 거기에는 시초부터 반론이 있을 수 있다. 위의 주장이 타당하다고 하더라도, 어떻게 지식이 시작될 수 있는가? 나는 "태종은 세종의 아버지이다"와 같은 형식의 명제는 많이 알고 있지만, 전 우주는 모른다. 만일 모든 지식이 우주 일반the universe as a whole의 지식이라면 결국 어떠한 지식도 있을 수 없을 것이다. 이런 상황은 헤겔의 말 어딘가 잘못이 있지 않나 하는 의구심을 갖게 한다.

만일 역사학자가 오직 전체 진리만을 말하겠다고 약속했다면, 그는 영원히 침묵하겠다고 약속한 것과 같다. 그는 영원히 전체 진리를 말하지 못하는 자신을 자책하고 경멸하며 살아야 할지 모른다. 아니면 헤겔처럼 모르면서 아는 척하든지.

유네스코의 경험

의외로 이런 '전체론적 오류'는 역사가들 사이에서 매우 흔하다. 원래 모든 메타-역사학자들, 즉 헤겔 같은 역사철학자들은 이런 오류의 제물이다. 슈펭글러, 토인비, 콩트, 칸트, 비코 등등.

하지만 크고 작은 모습으로 '전체론적 오류'가 등장하는 것은 이런 메타-역사학자들만이 아니다. 오히려 '전체론적 오류'를 인식하고 있는 사람들도 낭만적으로나 무의식중에 이런 생각을 하곤 한다.

유네스코 역사 프로젝트UNESCO History Project는 '탈중심적' 방식으로 역사 이해를 증진하고, '중심'보다는 '주변'이나 '현장'의 역사를 주된 대상으로 삼고자 방향을 틀었지만, 예전에는 비판도 만만치 않았다. 1945년에 시작된 이 프로젝트는 애당초 "과거를 그 전체로써 다시 캡처하고, 모든 인간의 기억을 종합하는" 것을 목표로 삼았다. 1965년, 그 프로젝트의 2권에서는, 기원전 1200년부터 기원후 500년까지 고대 사회에 대한 전체 진실을 담아내겠다고 약속했다. 이를 위해 37명의 기고자와 자문가가 참여했다. 결과는?

한 비평가의 말에 따르면, "정말 드물게도, 그렇게 박식한 사람들이 그렇게 오래 역사에 대해 힘들여 연구한 결과로는 너무 볼 게 없었다." 시작은 창대했으나, 끝은 미약하였다! 모든 것을 설명하려던 프로젝트는 거의 아무것도 설명하지 못한 채 끝났다.

빅 히스토리, 지구사

이와 관련하여 하나 더 소개할 흐름이 있다. 최근 몇몇 역사학자와 자연과학자들이 과거 유네스코가 했던 것보다 훨씬 큰 규모로(그리고 헤겔이 했던 오류를 반복하지 않을 방식으로) 진행하고 있는 프로젝트가 있다. 이름하여 '빅 히스토리Big History'.

> 빅 히스토리는 문자의 발명과 기록으로 시작되는 역사시대 그리고 인류의 등장과 진화로 설명되는 선사시대를 살펴보는 데 초점을 맞춘 인문학적 역사 분석을 우주의 탄생인 빅뱅이나 별과 태양, 지구의 형성, 생명체의 등장과 진화 등 자연과학적 지식을 토대로 하는 역사 분석까지 확대한다. 그리고 137억 년에 걸쳐 나타난 다양한 기원들을 과학적 지식과 근거들을 통해 살펴본다. 빅 히스토리는 단순히 분석 대상의 시간적, 공간적 범위만 확대한 것이 아니라 빅 히스토리의 시각과 틀 속에서 전체적인 구조와 패턴을 이해하고, 전혀 다른 것으로 간주되었던 자연과학과 인문학의 공통점과 차이점을 살펴보면서 이들 사이의 상호 관련성을 찾고자 한다. 따라서 빅 히스토리야말로 오늘날 우리 시대가 요청하는 스토리텔링을 통한 자연과학과 인문학의 진정한 융합 연구라고 볼 수 있다.[39]

나는 몇 년 전, 조선시대 전자문화지도 구축이라는 프로젝트에 참여한 적이 있다. 3D를 포함한 각종 자료를 인터넷상에 구현하여 서로 연결해줌으로써, 자료를 효율적이고 개방적으로 이용할 수 있도록 돕는 것이다. 개별 연구에서 수행할 수 없거나 발견할 수 없었던 규모의 자료 처리를 통해 디지털 환경에서의 연구 방법의 확대를 꾀하는 것이었다. 결과는? 1965년 유네스코의 역사 프로젝트보다 나은지 잘 모르겠다.

빅 히스토리의 논리를 보면 전자문화지도와 여러 가지 면에서 상통한다. 물론 빅 히스토리는 이름에 걸맞게 130억 년이 넘는 우주의 역사를 대상 시기로 삼고 있기는 하지만 말이다. 흥미로운 사실은 유네스코 프로젝트와 비슷한 시기에 "기록된 역사 전체를 IBM 컴퓨터에 프로그래밍하는" 방식이 진지하게 거론되었다는 점이다. 전체론이 기술력을 등에 업고 프로젝트로 재등장하는 셈인가?[40]

어떤 종류의 역사기록은 디지털화할 수 있고, 그것이 유용할 수 있다. 또 학제 간 소통이 필요하다는 점에서는 공감한다. 지금도 빅 히스토리의 유혹은 사그라들지 않고 있다.[41] 하지만, 빅 히스토리에 대해 내가 느끼는 시큰둥함도 이전 경험이나 현재 논의와 무관하지 않다. 왜 소통과 탐구가 '전체'를 전제로 해야 하는가, 또는 전체를 전제로 할 수 있는가 하는 질문 말이다.

나다운 게 뭔데?

실연당한 친구가 실의에 빠져 있다. 강의를 빠지고 술만 마시면서 잘 먹지도 않는다. 저러다 폐인이 될 것 같다. 안타깝다. 그래서 친한 친구가 한마디한다. "너답지 않게 왜 이래!" 그러자 실연당한 친구가 시니컬하게 맞받는다. "나답지 않다고? 나다운 게 뭔데?"

영화나 드라마에 많이 나오는 장면인데, 학생들에게 가끔 철학 주제를 설명하기 위해 드는 예이다. 말하자면 원래 '나(I)'가 있는데, 이게 상황이나 시기에 따라 좀 이상하게도 된다고 보는 관점이 있다. 또는 원래 '나'가 있는 게 아니라, 바로 상황, 시기에 따라 존재하는 그 자체가 '나'라는 관점이 있을 수 있다.

거칠게 말하면 앞의 관점이 본질론이고, 뒤의 관점이 관계론이다. 플라톤식으로 말하면 '나'라는 이데아Idea가 있어서 그것이 현

플라톤의 '동굴의 비유'를 묘사한 그림. 플라톤은 《국가》에서, "여기에 지하 동굴이 있다. 동굴 속에는 죄수가 갇혀 있다. 그는 태어나면서부터 지금까지 두 팔과 다리가 묶인 채로 동굴 벽만 보고 산다. 목도 결박당하여 머리를 좌우로도 뒤로도 돌릴 수가 없다. 죄수의 등 뒤 위쪽에 횃불이 타오르고 있다. 죄수는 횃불에 비친 자신의 그림자만을 보고 산다"라며, 본질＝이데아＝햇빛＝진리를 가져다주는 철학자의 역할을 부각시켰다.

상現象하는 것이 지금의 나라는 말인데, 바로 이때 현상과 대비되는 이데아로서의 '나'가 본질本質이다. 본질이나 이데아, 이런 게 어디 있느냐, 지금 여기 존재하는 것이 바로 '나'다, 이런 사유도 있을 수 있는데, 역사학은 이 사유에 익숙하다. 대상을 시대성, 상황성을 중심으로 포착하기 때문이다.

유령과 본질

실재의 깊은 곳에 본질이 있다는 견해에 따르면, 인간, 나라, 세대, 문화, 이데올로기, 또는 제도에 관한 사실facts은 해당 주제의 본질을 얼마나 잘 드러내주느냐에 따라 중요성=의미가 결정될 것이고, 그 의미에 따라 역사를 서술하는 사료로 선택될 것이다. 오랫동안 지속해온 세속화된 미신이라고 부를 수 있는 이런 생각은 생각보다 합리적인 반박이 쉽지 않다. 마치 유령의 존재처럼 본질이 있는지 어떤지를 합리적인 방법으로 증명하기 어렵기 때문이다.

그러나 유령에 대한 믿음과 마찬가지로 본질에 대한 믿음도 경험주의자를 곤란에 빠트린다. 경험적 방법으로 발견할 수 없는 본질을 찾는 것이 아니라, 밖으로 표현된 행위의 패턴을 찾는 데서 경험적 지식은 진보했다. 본질주의자들에게 중요한 '사실'이란, 관찰자가 사물의 내적 실재를 들여다볼 수 있는 창窓이 아니라, 그가 자신의 선험적 전제를 비추어볼 수 있는 거울이다.

그럼에도 불구하고 이러한 본질의 오류는 역사서술에서 매우 일반적이다. 본질주의는 심리적인 만족감을 주는데, 왜냐하면 그런 관점이나 해결책(?)이 뭔가 완벽하다는 느낌을 주고, 뭔가 사태가 확실해진 듯한 느낌을 주기 때문이다. 그러나 이는 경험주의자라면 털어내야 할 환상이다.

본질주의는 앞서 살펴본 전체론holism과 밀접히 연결되어 있다. 왜냐하면 어떤 사물의 '본질'에 대한 지식은 전체 사물에 대한 지식을 의미하기 때문이다. 인간의 본질을 알려면 오항녕만 알아서는 안 되지 않겠는가? 오항녕도 알아야 하고, 뉴진스도 알아야 하고, 메이저리거 이정후도 알아야 한다. 다 알아야 한다. 거듭 말하거니와, 이건 불가능한 일이다. 이런 본질주의자는 사용하는 언어 습관을 보면 알 수 있는데, '기본성격', '본성', '원래', '근본적으로' 같은 어휘를 자주 사용한다. 이런 생각 때문에 '본질'은 내가 안 쓰는 용어 중 하나이다.

놀라워라≠중요성

눈에 띄는 사건이 곧 중요하다고 생각하는 오류가 있다. '경이의 오류'이다. 센세이션을 곧 중요한 사건이라고 오해하는 일이다. 이는 역사가의 임무가 대단한 사람이나 놀라운 일, 환상적이거나 기괴한 일을 기록하는 데 있다는 잘못된 생각에서 비롯한다. 더 나아가 이런 사건들이 더 놀랍고 경이로울수록 훨씬 큰 역사적인 의미를 지닌다고 잘못 생각하기까지 한다.

이와 같은 중요성에 대한 기준은 역사 자체보다 오래되었다. 서양 역사학의 아버지라고 불리는 헤로도토스는 본인 저술의 출발점을 "역사가는 정말 놀라운 사실을 가지고 독자들을 즐겁게 해주어야 한다"라는 데 두었다. 실제로 헤로도토스는 성공한 듯하다. 그의 《역사》는 읽는 내내 참 재미있다는 느낌을 지울 수 없었기 때문이다. 그러나 동시에 그의 저술을 읽는 독자는 진실과 놀라움 사이에서 계속되는 긴장을 감내해야 하고, 그 긴장은 헤로도토스의 해석이 갖는 역사성에 장애가 되는 측면이 없지 않았다. 이를테면 앞서 4장의 크로이소스의 신탁神託이 그렇다.

> 수많은 민족을 다스리는 뤼디아의 왕이여, 아둔한 크로이소스여,
> 궁전에서 그대가 오랫동안 고대하던, 그대 아들의 목소리를 듣기를 바라지 말라. 그러는 것이 그대에게 훨씬 좋으리라.
> 그가 처음 말하는 그날이 그대에게는 재앙의 말이 되리라.[42]

사르디스 성이 함락되었을 때, 페르시아 병사가 크로이소스를 다른 사람으로 잘못 알고 죽이려고 다가갔다. 그때 그동안 말을 못하던 아들이 공포에 젖은 목소리로, "이봐! 크로이소스를 죽이지 마!"라고 소리쳤다. 신탁의 예언대로, 재난의 날에 이 아들이 처음 입을 열었던 것. 헤로도토스는 신탁을 많이 인용했다. 이 때문에 헤로도토스를 역사학의 아버지로 보는 데 비판적인 사람들이 있다.

남용되는 '역사적'

신탁을 제외하면 헤로도토스가 신기하고 이상한 사실을 주목한 데 대해 비난할 것은 없다. 역사란 인간이 시간과 공간에 따라 서로 다른 삶을 살기 때문에 기록해둘 의미를 지니는 것이다. 그래서 그는 "이집트에서 여자들은 서서 오줌을 누고 남자들은 쭈그리고 앉아서 오줌을 눈다"라는 점을 기록해둔 것이다. 그는 오늘날 인류학이라고 부르는 여행술의 아버지이며, 사건이 될까 싶은 것도 역사로 만든 선배이다. 이렇게 역사는 가치-연관 학문이기도 하면서, 순수한 호기심의 산물이자 인간의 자연사다. 이는 《사기》를 쓴 사마천도, 《춘추》를 편찬한 공자도 마찬가지였다.

센세이션과 역사적 중요성을 혼동하는 오류가 창궐하는 곳은 매스컴이다. 매스컴에서는 드물게 일어나는 사건은 물론, 지진, 태풍, 화재, 홍수 등의 자연재해까지 '역사적 사건'이라고 부른다. 특히 스포츠처럼 기록 경신이 주목되는 영역에서는 이런 일이 더욱 빈번하다. 기록을 깬다는 것은 역사를 새로 쓴다는 의미이다.

사람들의 관심사가 다양해지면서 '역사적 중요성'이란 말이 갖는 의미도 그 관심만큼 탄력적으로 생각하지 않으면 안 된다. 그러므로 매스컴에서 '역사적'이라는 말을 쓰는 것을 두고 지나치게 '학자적 입장에서' 못마땅해할 것도 없다. 다만, 과도하게 호들갑 떠는 기사들도 많은 듯하니 염두에 두자는 뜻이다.

독살의 나라, 조선?

더 조심해야 할 것은 역사 소비 영역에서 벌어지는 센세이셔널리즘이다. 그 대표적인 예가 조선시대 국왕의 독살설이다. 누군가 몰래 독을 먹여 암살했다는, 혹은 암살하려고 했다는 전제를 가지고 증거를 찾고 끼워 맞추는 서술로 독자를 끌어들이는 상업주의의 일환이다.

영화 〈광해〉나 〈영원한 제국〉(1995)도 각각 광해와 정조의 독살설에 기초하여 만들어졌다. 영화와 역사의 거리는 더 따져보아야겠지만, 영화의 극적 효과를 위해 당연히 허구가 필요할 것이다. 문제는 영화 같은 픽션이 아니라, 역사서를 자처하는 책에서 버젓이 그런 왜곡(오류 정도가 아니라)을 자행한다는 점이다.

소설 《영원한 제국》으로 널리 알려진 정조 독살설의 경우, 영남 남인 집안 일부에서 전해오는 사랑방 얘기였다고 한다. 일면 이해가 간다. 말하자면 탕평蕩平을 명분으로 국정에 참여할 기회가 생겼던 남인들이 정조의 갑작스러운 죽음으로 그 기회가 무산되면서, 그들에겐 상실감을 달래줄 이야기가 필요했을 것이다.

기존 연구에서도 정조의 독살 가능성이 거의 없다고 보았지만, 최근 자료는 더욱 독살 가능성을 부정하고 있다. 정조와 심환지가 주고받은 수백 장의 편지가 발견됨으로써 정조의 정적으로 독살설의 유력한 혐의자였던 심환지는 정조의 국정 파트너임이 드러났다.[43] 어떤 의학자는 당시 어의와 주고받은 정조의 처방 논의를 보고, 배 속에 화기火氣가 차는 증세에 정조 스스로 내린 처방이 화

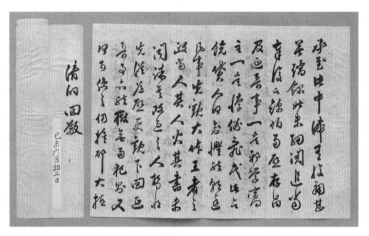

정조의 어찰첩. 학계에서는 그동안에도 정조 독살설은 신빙성이 없다고 보았지만, 어찰첩의 발견으로 더욱 신빙성을 잃게 되었다. 그런데도 일각에서는 이조차 노론의 음모라고 항변한다. 사실보다 센세이션을 중시하는 상업주의의 소산이다.

제火劑라서 병세를 악화시켰을 가능성을 제기하기도 했다.

그럼에도 불구하고 독살설을 굳게 믿는 사람들은 학계의 논증과는 관계없이 독살설을 주장한다. 학계의 논증조차 노론의 시각이라고 매도하면서 말이다. 결국 학문적 논의마저도 진영 논리, 당색 논리로 덧칠하겠다는 것인데, 그래서 남는 것이 무엇일까? 불임의 논리도 모자라, 증오의 논리를 재생산하려는 것일까? 그래서 옛말에 소인은 무소부지無所不至, 즉 자신의 이익을 위해서는 못하는 짓이 없다고 했을 것이다. 이런 일은 독자들의 공부를 통해서만 막을 수 있다.

13 | 의심증은 오류가 아니라 질병

애써 쓴 글이 널리 읽히는 것은 좋은 일이다. 그러나 그걸 돈벌이의 대상으로 보는 사고방식인 상업주의는 반성할 일이다. 역사공부에서도 상업주의가 있다는 얘기를 앞에서 했다. 흔히 역사 상업주의 작가들이 들이대는 이른바 '독살설'이 그것이다. 독살이라는 극적 사건을 통해 센세이션을 일으켜 독자를 '낚시질'하는 상업주의이다. 앞서 이를 살펴보았는데, 오늘 논의는 독살설 류의 선정주의와 짝을 이루는 의심증에서 시작하겠다. 아울러 어설픈 의심의 실제도 검토해보겠다.

의심증과 음모론

'의심증의 오류furtive fallacy'란 어떤 특별한 의미를 지닌 사건이 음습하고 불결한 것이라거나, 역사 자체는 대부분 드러나지 않는 원인과 불공평한 결과에 대한 이야기라는 그릇된 생각을 말한다. 이런 생각은 현실은 더럽고 비밀스러우며, 역사는 한밤중에 크렘린이나 바티칸, 펜타곤의 뒷방에서 일어난다는 믿음을 전제로 한다.

의심증의 오류는 인과를 추론하는 형식 면에서는 음모론과 공통된 요소가 있지만, 단순한 음모론 그 이상이며, 어쩌면 훨씬 심각한 오류이다. 이 오류는 사물이나 사건은 결코 그것이 보이는 대로가 아니라는 소박한 인식론적 전제를 원죄原罪의 교리와 결합한다. 즉, '걔는 원래 그래'라는 사고방식으로 연결하는 것이다.

트럼프 전 미국 대통령이 미국을 구하기 위해 맞서 싸운다고 주장하는 큐어넌QAnon. 음모론은 "사회에 큰 반향을 일으킨 사건의 원인을 명확히 설명할 수 없을 때 그 배후에 거대한 권력이나 비밀스러운 조직이 있다고 여기며 유포되는 소문이다."(DAUM 국어사전) 한편 의심증은 상황을 설명할 수 있음에도 의심한다는 점에서 음모론과 차이가 있다.

물론 우리 모두에게는 어느 정도 의심증의 오류가 있다. 하지만 많은 성향이나 취향이 그렇듯이, 이런 의심증이 유독 심한 사람이 있게 마련이다. 아주 심할 경우에는 정신의학자의 도움이 필요하다. 극단적으로 보면, 의심증에서 생기는 오류는 지적 오류일 뿐 아니라, 흔히 편집증偏執症이라고 부르는 정신질환이기도 하다.

나는 꽤 오래전인 2009년 이런 의심증을 경험할 계기가 있었다. 먼저 조금 길지만 발단이 되었던 기사를 인용해보겠다. 〈한겨레〉 2009년 7월 8일 자에 '노론사관에 일그러진 조선후기사' 중, 〈노론 뿌리 이이 '십만양병설'은 허구〉라는 부분의 서술이다.

어떤 의심

이병도는 《조선사대관》에서 "양병십만론의 연월은 미상未詳하나 그의 문인 김장생金長生 소찬所撰의 율곡행장 중에 적혀 있으니 설령 그의 만년의 일이라 할지라도 임란 전 10년에 해당한다"라고 서술했다. '연월이 미상한데' 어떻게 '임란 전 10년'이라고 특정할 수 있었을까? 십만양병설은 광해군 때 편찬된 《선조실록》에는 일언반구도 없다. 인조반정 후인 효종 8년(1657)에 서인들이 작성한 《선조수정실록》 15년 9월 1일 자에 사관의 논평으로 "이이가 일찍이 경연에서" 이를 주장했다고 서술하고 있는데, 이는 이이의 제자인 김장생(1548~1631)의 행장을 보고 쓴 것이다. 십만양병설은 애초 연월 미상이었으나 김장생의 제자 송시열宋時烈(1607~1689)이 '율곡연보'에서 '선조 16년(1583) 4월', 즉 임란 발생 10년 전의 일이라고 정확히 특정했다. 후대에 갈수록 날짜가 더 정확해지는 이상 현상이 발생한 것이다. 송시열은 이 글에서 실제로 임란이 일어나자 "유성룡이 '이문성李文成(이이)은 진실로 성인이다[眞聖人也]'라고 탄식했다"고 덧붙였다. 그러나 이이가 '문성'이란 시호를 받은 인조 2년(1624)은 유성룡이 사망(1607)한 지 이미 17년 후였다. 사후 17년 후에 생겼던 문성이란 시호를 유성룡이 사용했다는 기록 자체가 조작이라는 증거이다.

2주일 뒤, 나의 반론.

이 소장(이덕일)은, 십만양병설의 근거는 이이의 문인인 김장생金長生이 편찬한 '율곡행장'뿐이고, 광해군 때 편찬된《선조실록》에는 나오지도 않는다고 하였습니다. 그리고 십만양병설을 떠올리며 유성룡이 했다는, '이문성은 참으로 성인이다'라는 말을 조작의 증거로 들었습니다. '문성文成'은 이이의 시호이고, 유성룡은 이이의 시호를 내리기 17년 전에 세상을 떴으니, 행장이 조작이라는 것이지요.

헌데, 이항복이 쓴 이이의 신도비문神道碑文을 보면, '이문성'이 아니라, '이문정李文靖'이라고 되어 있습니다.《율곡전서》

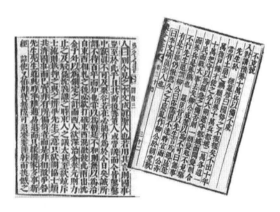

영조 20년(1744) 간행된《율곡전서》(石印本, 고려대학교 소장, 좌)와 논란이 된 순조 14년(1814) 간행의《율곡전서》(규장각 소장, 우). 영조 20년 판본에는 '이문정李文靖'이라고 되어 있고, 순조 14년 판본에는 '이문성李文成'으로 되어 있다. 문정文靖은 송나라 이항李沆의 시호이고, 문성文成은 율곡의 시호이다. 순조 14년 판본의 오류가 율곡 십만양병설 부정론의 빌미가 되기는 했지만, 그게 다는 아닌 듯하다.

에 실린 행장에는 '이문성'이라고 되어 있지만, 막상 김장생의 자신의 문집인 《사계집沙溪集》에는 이항복의 신도비문과 마찬가지로 '이문정李文靖'이라고 되어 있습니다. 어찌 된 일일까요?

열쇠는, '이문정'이 이이가 아니라는 데 있었습니다. '이문정'은 바로 이항李沆이라는 인물이었습니다. 이항은 중국 송나라 사람으로, 진종眞宗 때의 명신名臣입니다. 이항이 세상을 뜬 뒤, 진종은 나라가 태평하다는 것을 믿고 궁궐을 짓고 간신을 등용하는 등 국정을 어지럽혔습니다. 그러자 이항의 옛 동료였던 왕단王旦은 뒤늦게 이항의 선견지명을 인정하면서, '이문정은 참으로 성인'이라고 칭찬합니다. 이후 이 말은 입에서 입으로 전해져서 상투어가 됩니다.

간단히 말하자면, 순조 14년(1814) 《율곡전서》의 교정자가 영조 25년(1749)에 간행된 《율곡전서》의 '이문정李文靖'을 잘못 교정한 것입니다. 이이의 시호가 '문성'이라는 건 알고, 〈율곡연보〉에서 말한 '이문정'에 대한 고사는 몰랐던 까닭에 '문정'이 틀린 줄 알고는 '문성'으로 덜컥 고쳤던 겁니다.

다시, 목표를 주시!

지금 우리는 의심증의 오류에 대해 공부하는 중이다. 위에서 내가 율곡의 십만양병설을 전해주는 사료를 이렇게 검토하는 이유는 새삼스레 '율곡이 십만양병설을 주장하였다'라는 사실을 뒷받

율곡 이이의 위패와 영정이 봉안돼 있는 파주의 자운서원. 부족한 후학들 탓에 저승에서도 별로 편치 않으실 듯하다. 혹시 주입식 교육의 병폐가 부질없이 십만양병설조차 부정하는 정서를 낳은 게 아닌지.⁴⁴

침하기 위해서가 아니다. 다른 이유 두 가지가 있다. 첫째는, 이 기회에 몇몇 사료의 특징을 함께 공부해보고 싶었다. 많은 경우, 문집, 시장, 행장 등에 대하여 언급하지만 막상 그것이 어떤 사료이고, 어떻게 작성되어 지금까지 전해지는지 잘 모르기 때문에 기초학습 차원에서 소개해둔 것이다. 자료의 성격을 알면 훨씬 사실을 이해하기가 쉽기 때문이다. 이 주제는 계속 얘기할 것이다.

십만양병설 관련 기록을 소개했던 둘째 이유는, 역사 자료 중에서 어떤 하나의 사실이 진실이었음을 뒷받침해주는 자료로, 이 십만양병설 관련 기록보다 많기가 어렵다는 사실을 보여주기 위해서였다. 역사가는 율곡의 십만양병설보다 훨씬 적은 자료, 불확실한 자료를 가지고 사건을 추적해야 하는 경우가 많다. 과거는 언제나 구멍이 숭숭 뚫린 낡은 헝겊이기 때문이다. 이런 점에서 보면 율곡의 십만양병설은 자료가 많아서 증명보다 부정이 거의 불가능한 사실=진실이다. '손바닥으로 하늘을 가린다'라는 속담을 종종 쓰는데, 이 경우는 사실을 부정하는 것이 손바닥으로 하늘을 가리는 격이 된다. 그러다 보니 숱한 논리적 오류와 함께 편집증적 의심까지 동원되는 것이다.

의심증의 주기성

때때로 편집증은 주기적인 경향을 띤다. 역사학의 의심증도 주기성이 있는 듯하다. 위 논쟁이 있은 뒤, 좀 더 차분히 조사할 시간이 있었는데 거기서 매우 흥미로운 사실을 발견했다. 우선 전사前史가 있었다.

① 이가원, 〈퇴도제자열전退陶弟子列傳〉《퇴계학보》5, 6집, 1975[45]

율곡 이이의 십만양병설을 서애 유성룡이 반대했다는 설은 어떤 사적에도 나타나지 않는 일이요, 다만 김장생이 지은 〈율곡행장〉 중에 율곡이 일찍이 경연 중에 십만양병설을 제창했으나 서애의 반대로 중지되었으니 임란을 겪은 뒤에 서애는 '이제 이르러 보니 이문성은 참 성인이야' 하고 후회했다는 말이 삽입되어 있을 뿐이다. 이에 따라 〈율곡연보〉 계미조癸未條에서도 이와 같은 기록이 있게 되었다. 그러나 계미는 곧 선조 16년(1583)이다. 서애의 나이 42세로 그해 4월

이전에 벼슬이 홍문관 부제학(정3품)에 지나지 않는 한편 율곡의 나이는 48세로 이미 의정부 우찬성(종1품)을 거쳐 시임時任 병조판서(정2품)인바 어찌 서애의 반대로 십만양병의 대계가 좌절되고 말았겠는가. 또 율곡의 시諡 문성은 인조 2년 갑자 8월인바 서애가 졸卒한 지 17년 뒤가 된다. 어찌 이문성이라고 운위云謂할 수 있겠는가. 여기에서 〈율곡행장〉이나 〈율곡연보〉 모두 자가自家 모순성을 저절로 드러낸 것이다.

알고 보니, 내가 논쟁했던 상대는 위의 이가원 교수 말을 그대로 따른 것이었다. 사소한 수정 하나. 율곡이 십만양병론을 꺼냈을 때 서애만 반대한 것이 아니라, 경연에 참석했던 신하들 대부분이 동조하지 않았다. 그러므로 서애의 반대가 대단한 흠이 못 된다. 또 부제학이 병조판서의 말에 반대하는 일은, 요즘의 교수 사회나 지식인 사회에서는 불경일지 모르지만, 조선의 조정에서는 다반사였다.

또 십만양병설에 대한 사료는 사계 김장생의 〈율곡행장〉에만 나오는 것이 아니라, 앞서 반론에서 내가 언급했듯이 율곡의 〈시장〉, 〈신도비명〉, 《선조수정실록》, 《혼정록混定錄》에도 등장한다. 더 중대한 문제가 있지만, 그건 ②번을 살펴본 뒤 논하기로 한다.

② 이재호, 〈선조수정실록 기사의 의점疑点에 대한 변석辨析: 특히 이율곡의 10만 양병론과 유서애의 양병불가론에 대하여〉[46]

(율곡 이이에게) 시호를 내린 시기는 인조 2년(1624)이고, 유성룡이 별세한 시기는 선조 40년(1607)이다. 따라서 유성룡이 어떻게 생전에 이이를 지칭하면서 그의 자字인 '숙헌叔獻'이나 그의 호인 '율곡栗谷'이라고 일컫지 않고 죽은 지 17년이 지난 후에 내린 이이의 시호 '문성文成'을 미리 알고서 '이문성李文成'이라고 지칭할 수 있겠는가. 이것은 삼척동자라도 그 허구성을 즉시 판별할 수 있는 문제이다. (…)

필자의 고증에 의거하면, 사계 김장생의 문집인 《사계집》의 〈율곡행장〉과 월사 이정귀(이정구-인용자)의 문집인 《월사집》의 〈율곡시장〉에는 모두 '이문성李文成'이 아닌 '이문정李文靖'으로 맞게 기재되어 있었으며, 더구나 영조 25년(1749) 간행된 《율곡전서》에도 모두 '이문성'이 아닌 '이문정'으로 맞게 기재되어 있었는데도 다만 지금 국내에 있는 《율곡전서》에서만 모두 '이문정'이 아닌 '이문성'으로 기재되어 있으니 이것은 틀림없이 순조 14년(1814)에 《율곡전서》를 개간할 당시 간역刊役 주간자들이 율곡 숭배 과열에서 그만 '기록 변조'라는 엄청난 죄과를 범한 것이, 이제 와서 비로소 세상에 명백히 드러나게 되었다. (…)

《선조수정실록》에서는 '십만양병설' 기사를 임오년(선조 15년) 9월조 〈경장봉사〉의 말미에 삽입하고, 송시열이 편찬한 〈율곡연보〉에서는 이 기사를 계미년(선조 16년) 4월조에 삽입했다. 《선조수정실록》에서는 '일찍이'라고 했는데, 〈율곡연보〉에서는 '4월조에 입대하여'라고 시기를 분명히 적시했다. 《선조수정실록》의 기사와 〈율곡연보〉의 기사가 그 건의 시기조차 일치하지 않는 것은 이 사실 자체가 실제로 있었던 일이 아니라 후세 사람들이 억지로 끌어들인 것임을 나타내는 증거다.

사료의 이해가 중요한 이유

이덕일이 나와 논쟁을 할 때 참고했던 책은 짐작건대 이재호의 이 책일 것이다. 이분도 사료 자체의 성격을 잘 모르는 분 같다. "역대 실록 기사는 사관이 초록抄錄한 사초를 모아 그 내용을 취사 편찬했기 때문에 신빙도가 높지만,《선조수정실록》의 기사는 개인의 행장, 잡기 등을 엄밀한 고증 없이 그대로 인용 편찬했기 때문에 기사 자체가 조잡스러울 뿐만 아니라 의문점을 많이 내포하고 있다"(111면)라고 하면서, 〈율곡시장〉,〈율곡신도비명〉은 '개인의 사찬기록'인데《선조수정실록》에서 그대로 인용 전재했다고 비판했다.(152면)

우선, 사찬기록이 관찬기록보다 정확성이 떨어진다는 주장은 맞지 않다. 조정의 기록은 사관의 기록이 나을 것이고, 세간 항담은 개인의 기록이 나을 것이다. 장소, 주체, 사건에 따라 다른 것이지, 관찬, 사찬이 곧 사료의 신뢰성을 결정하는 것은 아니라는 말이다.

둘째,《선조수정실록》에 인용한 〈율곡시장〉,〈율곡신도비명〉은

율곡 이이의 신도비를 쓴 백사 이항복. 〈율곡 시장〉은 조선후기 문장 4대가의 하나인 월사 이정구가 썼다. 시장이나 신도비는, 흠을 감추 거나 장점을 과장할 수는 있지만, 거의 없었던 일을 있다고 할 정도의 왜곡은 불가능한 사료 이다.

이재호의 주장과는 달리 사찬기록이 아니라, 공식 국가기록이거 나 이에 준하는 기록이다. 시호가 뭔지, 신도비가 뭔지를 안다면 이재호와 같은 주장을 할 수가 없다. 시장은 대제학 등이 작성하 여 예조의 확인을 거쳐야 하고, 신도비 역시 종2품 이상으로 설립 이 제한된 비석이었기 때문에 개인이 지었어도 공적 기록의 성격 을 띤다.

　셋째, 아마《선조수정실록》을 서인이 편찬했다는 선입견 때문 에 '조잡하고 의문점이 많다'라고 생각한 모양인데, 이재호가 존경 하는 서애 유성룡에 대한 기록을 보고도 그렇게 생각할지 의문이 다.《선조실록》의 경우 인물을 평한 사론에 왜곡이 많은데, 유성룡을 두고 "왜와 강화를 주장했고, 근친觀親 중 음주했다"라고 비방했는데, 이를《선조수정실록》에서 "학행學行과 효우孝友가 있었으며, 부친의 간병이 극진했다"라고 바로잡았다.

앞서 제1부에서 살펴본 바 있듯이 광해군 때《선조실록》편찬에 참여했던 북인 이이첨·기자헌 등 몇몇에 대해서는 후한 평가를 내렸다. 이에 비해 정철·윤두수·이항복 등 '서인이라 불린' 인물은 물론, 유성룡·조정립·김수·오억령 등 '남인이라 불린' 인물들, 정구·허성·이덕형처럼 '북인으로 분류될 수 있는' 인물까지도 모두 비난하는 사론을 실었다.[47]

《선조수정실록》에는 퇴계, 고봉, 율곡의 경연 기사, 의병활동 기사, 이순신 장군 기사가 대폭 보완되었다. 그리고 무엇보다 이재호가 위 책에서 바로잡으려고 했던 이순신 장군의 위상이 바로《선조수정실록》에 기초하고 있지 않은가? 자신이 근거로 삼는 사료를 놓고 '조잡하고 의문이 많다'라고 하면 읽는 이의 당혹감은 어쩌란 말인가?

의심은 합리적이어야 한다

나는 율곡의 십만양병설에 대해 부정 또는 의심하는 말을 이전에도 들은 적이 있다. 이가원, 이재호 교수와 가까웠던 학자들과 술자리를 할 때가 있었는데, 그때도 이런 비슷한 대화가 오갔었다. 그러나 의심은 합리적이어야 한다. 그래야 병이 안 된다. 그래야 창조의 원천, 반성적 사유의 기초가 된다. 아니면 결국 소인배들의 드잡이를 벗어나지 못한다.

율곡의 십만양병론을 부정하는 학자들이 보여주듯, 이렇게 문장마다 논리가 어긋나고, 사료마다 부정확할 때는 다른 방식의 접근이 필요하다. 적어도 이 학자들이 다른 논문에서 이렇게까지 오류와 왜곡을 저질렀다고 상상하기 어렵기 때문이다. 다 교수이고, 박사가 아닌가? 눈에 콩깍지가 씌듯, 뭔가에 씌었다고 생각하고 접근하는 편이 실상을 이해하는 데 도움이 된다.

의심증의 오류는 역사탐구의 오류 중 심각한 축에 속한다고 했다. 편집증이 자신이 무슨 짓을 하고 있는지 모르게 만드는 것처럼, 의심증 역시 자신이 무슨 말을 하고 있는지 모르게 만든다. 이가원, 이재호의 견해를 따르고 있는 이덕일은, 이미 이재호가 판본의 잘못이라고 지적한 것을 못 보고, 이가원이 실수했던 '이문성' 판본을 다시 꺼내들었다. 이재호의 견해조차 충실히 가져오지도 못했던 것이다. 이렇게 안 보이게 만드는 것, 이것이 의심증의 오류가 갖는 치명적인 독소이다.

특히 이재호는 '이문성'이라고 새긴 판본이 잘못임을 알고 있었음에도 율곡의 십만양병설을 부정하기 위해, 임진왜란 당시(1597) 작성된 행장은 물론, 〈시장〉, 〈신도비〉, 《선조수정실록》 등 공식기록은 물론, 연보 등 숱한 기록을 왜곡이라고 강변하지 않으면 안 되었다. 이렇게 처절한 노력에도 불구하고 논의를 하면 할수록 자기모순만 노정했던 것이 바로 십만양병설을 부정하려고 했던 논리의 귀결이다.

도대체 왜 그랬을까. 이덕일의 말 속에 그 답의 힌트가 있다. "당심黨心에 찌든 이이의 제자들이 십만양병설을 창조해 그 무산 혐의를 유성룡에게 뒤집어씌우고 둘 사이를 이간질했던 것이다." 혹시 이 말은 이렇게 바뀌어야 하지 않을까? "당심에 찌든 일각의 사람들이 십만양병설을 부정하는 말을 만들어 역사를 왜곡했다"라고. 나는 의심하기 시작했다. 이들은 정말 당쟁을 원하는 것 같다고. 이가원, 이재호, 이덕일, 다음은 누구일까?

이런 해석의 오류나 왜곡은 잘못된 전제의 결과이다. 그가 연구하는 특정 역사 문제에 대한 개념화나 단순한 정치적 편견 때문이 아니라, 그가 '이러이러한 역사가 일어났을 거야'라고 믿는 방식에 이미 잘못된 전제가 있어서 이런 오류가 생긴다. 젊은 학도들은 깊이 마음에 새겨야 할 것이다.

도덕주의의 오류

의심증의 오류 외에 역사를 탐구할 때 나타나는 오류가 더 있다. 도덕주의의 오류는, 역사 속에서 교훈적인 사실을 선별한다. 시라쿠스의 왕 디오니시우스는 "역사는 샘플로 된 철학이다"라고 했단다. 19세기에는 미국 대부분의 대학에서 그랬듯이 역사가 도덕철학의 하수인이 되었다고 한다. 경학과 철학을 체용體用으로 보는 동아시아 학문의 전통을 잘못 이해하면 비슷한 결론에 이른다.

이와 비슷한 것이 실용성의 오류와 미학적 오류aesthetic fallacy이다. 실용성의 오류는 현실의 목적성을 강조한 나머지 논문

monograph과 성명서manifesto를 혼동한다. 논문과 성명서라는 두 마리 토끼를 한 번에 잡으려고 하지만, 결과는 이중의 곤란에 봉착한다. 왜곡된 논문과 엉성한 성명서라는.

이와 대조적으로 미학적 오류는 아름다운 사실을 선별하거나, 아름다운 이야기를 만들어낼 수 있는 사실을 선별하는 것을 말한다. 예술은 그 자신의 현실을 창출한다. 거기서 진리와 아름다움은 무한한 정제를 거친다. 하지만 역사는 다르다. 실제로 드러난 진실을 탐구하는 과정이다.《국조보감國朝寶鑑》처럼 교훈적 목적으로 훌륭한 정치를 표본으로 제시하는 역사서는 예외적이지만,[48] 기업사나 교사校史, 자서전에서 보듯 이런 오류는 매우 오래된 것이다. 《펠로폰네소스 전쟁사》를 쓴 투키디데스도 이런 비판을 받고 있으며, 아마《동명왕편東明王篇》을 지은 이규보李奎報도 이런 비판을 받을지 모른다.

도덕주의의 오류, 실용성의 오류, 미학적 오류에 대해 오류라고만 규정하는 것은 일면적이라고 생각한다. 오히려 역사를 공부하거나 기록하는 '어떤 필요나 관점'의 소산일 경우도 있기 때문이다. 오류는 경계해야겠지만, 역사공부의 목적은 열려 있을 수밖에 없다.

14 | 19세기 조선 위기론 비판

현대사회에서 통계는 우리 생활과 밀접하게 연관된 분야이다. 오죽했으면 이 하나의 행위를 놓고 통계청이라는 관청까지 생겼겠는가? 이는 계량화라는 근대적 생활양식의 특징을 보여준다. 물론 통계는 역사를 이해하는 데도 유용하고, 또 과거 사람들이 통계를 멀리했던 것도 아니다. 인구, 재정, 세금, 농지 등을 파악하기 위해서 통계가 필요했다. 예나 지금이나 규모의 계량화는 우리의 삶을 이해하기 위한 유력한 방법인 것이다. 이번에는 통계를 소홀히 해서 밝히지 못했던 시대상 하나, 통계를 왜곡 또는 과신해서 벌어진 잘못된 논의 하나, 이렇게 둘을 다루어보겠다.

나라 말아먹기

'말아먹기'라는 다소 거친 말을 소제목으로 쓴 이유는, 이것 말고는 달리 그 느낌을 표현하기 어렵기 때문이다. 광해군 시대를 두고 하는 말이다. 조선시대 사람들이야 광해군이 '정신 나간 임금'이라는 걸, 그 시대가 나라를 임진왜란보다 더 쑥대밭으로 만들었다는 걸 알고 있었지만, 일제 강점기를 거치면서 오히려 광해군은 중립외교의 화신으로 화려하게 부활했고 마치 성군인 양 인식되기에 이르렀다. 그동안 광해군의 내치內治에 대해 별 언급이 없었는데, 학계에서 광해군의 궁궐 공사의 문제점을 지적하면서 실상에 다가가는 문을 열었다.[49]

광해군의 궁궐 공사의 규모나 파장은 생각보다 크고 깊었다. 궁궐 공사는 석재, 목재, 철 등의 공물을 대규모로 거둬들임으로써 공납제 개혁인 대동법을 무력화했고, 양전量田(세금을 매기기 위해 경작지를 파악하는 일)도 안 된 상태에서 추가로 전세田稅를 부과함으로써 직접세 징수의 공정성을 해쳤다. 궁궐터를 확보하기 위해 민가를 헐어 주민을 내쫓고 강제로 집터와 골재를 기부받은 것은 약과였다. 공사 비용을 마련하기 위해 매관매직은 물론, 은銀을 받고 죄인을 풀어줌으로써 형법 제도가 문란해졌다. 귀양 보낸 사람도 돈을 받고 풀어주었다.

궁궐 공사에 미쳐 대외관계는 눈치외교가 되었고 격변하는 국제정세에 수동적으로 끌려다니는 신세로 전락했다.[50] 광해군은 훈련도 못 받고 한겨울에 의복도 제대로 갖추지 못한 병사들을 만주 땅으로 파병했다. 패배 후에 명나라에서 전사자 가족에게 주라고 보낸 위로금도 궁궐 공사에 탕진한 듯하다.

반정 이후 농업기반 사회에서 파탄 난 민생과 재정은 쉽게 회복되지 못하였다. 어디서 차관借款을 들여올 수도 없었다. 그저 농업 생산력이 회복되고 거기서 재원이 쌓이기를 기다리는 수밖에 도리가 없었다.

인조 초, 광해군 시대의 사초 등을 기초로 편찬한 《광해군일기》는 간행을 못 하고 필사본으로 남았다. 조선시대에 왕대王代별로 편찬하던 실록 중 재정이 부족해서 편찬을 중지한 유일한 경우였다. 광해군이 얼마나 심각하게 재정을 파탄냈는지를 보여주는 사례였다.

그 와중에 1627년(인조 5년), 1636년(인조 14년)에 각각 정유재란과 병자호란을 겪었다. 정유재란 때 후금 군대의 앞잡이는 강홍립이었다! 광해군의 심복으로, 광해군이 준비도 없이 군대를 파견했던 사르후 전투(광해군 11년, 1619)에서 그는 패장이 되었다. 1만 3000명의 군사 중 9000여 명이 전투에서 죽었고 나머지는 후금의 노예가 되었던 전투였다. 거기서 그는 살아남아 조선 침략의 길잡이가 되었다. 그나마 강홍립 덕분에 황해도 백성들이 덜 죽었단다.

놓쳤던 통계 자료

그동안 역사학계가 광해군의 궁궐 공사에 주목하고도 그 규모와 악영향을 제대로 가늠하지 못한 데는 여러 가지 이유가 있겠지만, 엄연히 남아 있는 통계 자료를 대수롭지 않게 넘긴 것도 한몫했다. 실록에 남아 있는 통계 자료가 매우 신뢰도가 높다는 점에서 아쉬움이 크다.

물론 궁궐 공사에 어느 정도의 비용이 들어갔는지 산출하는 일은 녹록지 않다. 석재·목재·철 등은 어딘가에서 구입해 조달하기도 했겠지만 나무와 돌은 주로 공유지에서 채취하는 경우가 많았고, 철도 나라에서 운영하는 철점鐵店에서 조달했을 것이다. 또한 지방·중앙에서 동원된 일꾼의 인건비에, 전문 기술자들의 공임까지 계산해야 온전한 공사 총액이 밝혀질 것이기 때문이다. 그러나 공사비 규모를 추정하는 일이 아예 불가능하지는 않다. 공사가 한창이던 광해군 9년 6월 상황을 사관은 이렇게 썼다.

영건도감에서 3개월 동안에 쓴 것을 살펴보니, 들어간 쌀이 6,830여 석이고 포목이 610여 동이었으며, 당주홍 600근의 값은 포목 60동이었고 정철正鐵이 10만 근에 이르렀으며, 각종의 다른 물품도 이와 비슷했다. 이를 모두 쌀과 포목으로 충당해 한 전각을 영조하는 데 들어가는 것이 적어도 1000여 동을 밑돌지 않았다.

사관은, 당주홍唐朱紅, 즉 중국산 주홍 600근을 수입해 오려다가 가격이 60동이나 돼 구입이 어렵게 되자 국내산 주홍으로 바꾸자는 논의가 일어났다고 쓰고 있다. 주홍이란 수은과 황으로 만든 붉은빛의 고급 안료로 대궐의 각 전殿이나 월랑月廊과 문, 벽과 누각을 칠하는 데 썼다.

설상가상

사관은 또 이른바 영건도감의 낭청이라고 하는 자들부터 아래로 장인匠人들에 이르기까지 그럭저럭 날짜나 보내면서 한갓 늠료廩料(삯)만 허비하고 있다고 지적했다. 결국 쌀과 포목은 한계가 있는데 공사는 끝날 기약이 없어 백성들의 골수까지 다 뽑아내었으므로 자식들을 내다 팔거나 떠도는 자가 줄을 이었고 굶어 죽은 시체가 들판에 그득했다. 심한 경우에는 왕왕 목매 죽는 사람들도 있었다. 그런데도 저 영건도감에 있는 자들은 너무도 어려워서 계속할 수 없다는 의견을 임금에게 고하지는 않고, 매번 백성들에게

경복궁 근정전. 경복궁에는 약 700칸의 전각들이 있었다. 광해군은 인왕산 아래 사직단 인접한 곳의 민가를 헐고 경복궁보다 열 배 큰 인경궁仁慶宮 공사를 시작했다. 광해군 대 궁궐 공사의 규모와 악영향을 제대로 평가하지 못한 이유 중 하나는 엄연한 통계 자료를 소홀히 다룬 데 있다.

통계청의 통계전시관. 현대사회의 통계는 일상생활과 밀접하게 연관되어 있다. 과거 사람들도 인구, 재정, 세금, 농지 등을 파악하기 위해서 통계가 필요했다. 통계를 놓쳐도 잘못된 역사상을 가질 수 있고, 통계를 오해해도 역사상을 왜곡할 수 있다. 나아가 통계를 왜곡하려는 마음을 가지고 있다면 더욱 걱정이다.

긁어모아 크고 사치스럽게 궁궐 짓기에 몰두하고 있으니 통탄을 금치 못하겠다고 했다.

인경궁·경희궁을 지으면서 광해군이 백성들을 배려하지 않은 것은 아니다. 광해군은 "철거하는 민가의 주인들에게 각별히 알려 그들로 하여금 조용히 옮겨가도록 하고 소요를 일으켜 나의 부덕을 더하지 말게 하라. 그리고 재목과 기와의 값을 일일이 분명하게 계산해 속히 제급해 주라"고 전교했다. 그러나 사관은 철거에 따른 현실을 "궁궐 하나를 지음에 민가를 철거해 도로에 떠돌아다니면서 울부짖으며 의지할 곳이 없는 자가 거의 수백 호나 되었다"라고 적고 있다.

게다가 4결당 1필을 거두던 결포를 1결당 1필씩 거두는 방안이 논의되기에 이르렀다. 원래 4결당 1필을 거두는 것도 평상시 전세의 25% 인상이었다. 25%가 아니라 100% 인상이 추진됐던 것이다. 1결당 1필을 두 번에 걸쳐 거두자는 의견(조삼모사였다), 혹은 2결당 1필이나 3결당 1필을 거두는 것이 무방하다는 의견, 가을이 되기를 기다려 결정하는 것이 무방하다는 의견이 제출됐다. 광해군은 이 중 세금이 가장 무거운 방안, 즉 1결당 1필을 거둬 쓰라고 전교했다. 거기에다 서별궁西別宮을 영건하게 되자 광해군 9년 7월, 영의정이었던 기자헌조차 반대하는 차자를 올릴 정도였다.

임진왜란 이전, 국가에서 거두어들일 수 있는 전세 규모를 가늠할 수 있는 실제 전결田結은 약 113만 결이었다. 선조 36년(1603) 계묘양전癸卯量田(경작지 조사사업)으로 파악된 농사짓는 실제 전결은 29만 결로 줄었다. 전쟁 전의 약 25%였다. 그렇다면 광해군이 할 일은? 권력자나 토호들이 숨긴 토지를 찾아내 과세하여, 자영 농의 세 부담을 줄이는 것이었다. 그러나 광해군은 그렇게 하지 않았다. 오히려 드러난 토지에만 결세를 부과해 힘없는 백성들의 삶을 옥죄었다.

궁궐 공사 비용 추산

앞서 영건도감이 3개월 동안 사용했다는 궁궐 공사 비용을 한 번 계산해봤다. 앞서 3개월 동안 들어간 비용이 쌀은 6,830여 석, 포목이 610여 동, 정철正鐵(정련한 철)이 10만 근이라고 했다. 이를 알기 쉽게 쌀로 환산해 계산해보자.

① 쌀 6,830여 석

② 포 600동[(1동=50필, 50필≒12석)]≒7천 석

③ 정철 10만 근[1근에 쌀 1두 7승, 쌀 1석≒8근]≒1만

  2000여 석.

①+②+③ ≒2만 5000여 석.

이것이 석 달 동안의 비용이니까,

한 달 비용은 약 8000여 석.

한 달에 8000여 석이 들어갔다고 보면 1년에 적게 잡아도 9만

석이다. 계산은 최대한 줄여 잡았다. 정철의 경우, 당시 무기 제조를 담당하던 군기시軍器寺에서 1년 동안 거두는 공철貢鐵이 1만 근이었다.[51] 즉, 나라의 1년 치 무기 제조에 들어가는 철보다 10배나 되는 철을 석 달 동안 궁궐 짓는 데 허비했다. 이 정도면 북쪽에서 흥기하는 후금에 대한 방비는 이미 포기한 것으로 봐야 한다. 이 점도 기억해두자.

이로부터 2년 뒤인 광해군 11년의 기록에 따르면, 영건도감에서는 1개월 치 궁궐 공사비를 4000석으로 잡고 있다.[52] 그러면 광해군 9년과 11년의 기록에 따라 대략 1달에 4000~8000석, 1년에 4만~9만 석 정도가 궁궐 공사 비용으로 쓰였다는 말이 된다.

당시 호조에서 거뒀던 전세가 연간 8만~9만 석이었다. 그것도 광해군 대가 아니라, 양전을 거쳐 형편이 나아졌던 인조 대의 통계이다. 나중에 대동법 개혁으로 전세로 되는 공납貢納이 전세의 약 3배 정도였다. 호조의 전세 + 선혜청의 대동미, 이것이 일단 조선 정부의 직접세에 해당하는 전세 재정 규모였다. 공납 중에서 지방 재정에 투여되는 비용을 고려하지 않아도 그렇다. 그러니까 아무리 적게 잡아도 궁궐 공사비는 전체 국가 예산의 15~25% 정도가 들어간 셈이다. 이 비용은 현재 대한민국 국가 예산 중에서 교육비나 국방비가 차지하는 비중과 같다. 앞서 지적했듯이, 과세에서 권력자와 토호는 빠졌으므로, 일반 백성들의 부담은 훨씬 컸다. 이러니 민란이나 반정이 안 일어나면 그게 더 이상한 일이었다.

재앙과 인구 변동

실록에 실린 통계 자료를 하나 더 소개한다. 《현종실록》권20에 실린 인구 통계이다. "한성부에서 호구戶口의 수를 올렸는데 식년式年이기 때문이다"라고 했으니, 통계는 한성부에서 총괄하고, 3년에 한 번 호구를 조사했음을 알 수 있다. 1670년(경술)과 1671년(신해) 두 해에 걸친 조선시대 최대의 기근을 거친 뒤였다. 두 해의 기근으로 100만 명 정도가 사망한 것으로 추정된다.

> 경중 5부京中五部는 원래 호수가 2만 4,800호인데, 남자는 9만 8,713명이고, 여자는 9만 3,441명이다.
>
> 경기는 호수가 10만 7,186호인데, 인구는 46만 9,331명이다.
>
> 관동은 호수가 4만 6,145호인데, 인구는 21만 7,400명이다.
>
> 해서는 호수가 9만 6,049호인데, 인구는 38만 6,685명이다.
>
> 관북은 호수가 6만 8,493호인데, 인구는 29만 614명이다.
>
> 호서는 호수가 17만 8,444호인데, 인구는 65만 2,800명이다.
>
> 영남은 호수가 26만 5,800호인데, 인구는 96만 60명이다.
>
> 호남은 호수가 23만 6,963호인데, 인구는 84만 9,944명이다.
>
> 관서는 호수가 15만 4,264호인데, 인구는 68만 2,371명이다.
>
> 경외 도합은 호수가 117만 6,917호인데, 인구는 469만 5,611명으로, 남자가 254만 1,552명이고, 여자는 215만 4,059명이다.
>
> 제주는 호수가 8,490호인데, 인구는 남자가 1만 2,557명이고, 여자가 1만 7,021명이다.[53]

끝에 사관은 "대체로 우리나라는 여자가 많고 남자가 적은데 호적에 들지 않은 여자가 매우 많다. 신해년의 기근과 전염병에 죽은 백성이 즐비하고 떠돌아다니는 자가 잇따랐다. 그런데 이것은 호적에 들어 있는 숫자만 의거해서 기록한 것이다"라고 적었다. 여성도 당연히 국가에서 파악하는 호적에 올라가고 여성이 호주戶主인 경우도 있다. 하지만 여자가 꼭 들어갈 이유는 없다. 여자는 '역役'의 대상이 아니기 때문이다. 현대 사회에서 여성이 인구 센서스의 대상이 되는 것은 국민의 생명을 관리하는 근대국가의 성격 때문이다.

일반화의 유형들

카는 "그냥 사실을 아는 사람과 역사가를 구분하는 것은 바로 일반화"라고 했다. 일반화의 가장 전형적인 형태는 만유인력 같은 법칙이다. 그런데 일반화란 매우 복합적인 의미를 지니고 있다.

- 일반적인 법칙이나 규칙성.
- 분류 개념. 예) 전체주의, 봉건제.
- 특정 지정학적 구역이나 시대에서 얻은 조건을 지칭한 일반적 진술.
  예) "동아시아 민중봉기는 농민과 지식인이 결합한 인민주의적 성격을 띤다."
- 어떤 조류나 경향이 있다는 것을 주장하는 진술.

예) "1970년대보다 1980년대에는 젊은이들이 장발
을 덜 선호하였다."
- 통계적 규칙성.
- 사건에 대한 특정한 설명이나 해석.
- 가치가 들어간 평가.
- 역사 자료의 선택이나 증거 인증을 위한 절차, 규칙.

이외에도 더 있을 것이다. 그런데 이 중 통계적 규칙성은 다른
모든 '일반화'에서 공통으로 발견되는 범주이다. 통계적 일반화는
추론 과정을 통해 개별 사실에서 연역되는 설명이자 진술이다. 통
계는 일반화의 기초적인 형태이다.

조선 19세기 위기론

경제사학자 이영훈은 조선에는 17세기 이후 소농 사회가 성립
하였고, 근대를 예비하는 관료제, 토지 사유, 시장 경제 등의 요소
가 농축되어 있었다고 했다. 소농 사회는 18세기의 안정을 거쳐,
19세기에는 인구의 감소, 시장 수의 감소, 토지 생산성의 하락, 미
곡의 국가적 재분배로서의 환곡제 해체, 사회적 안전판인 동네[里]
공동체와 친족 공동체의 분열, 동요로 위기를 맞았다는 것이다.[54]

이영훈은 19세기 위기의 첫 번째 증거로 인구의 감소를 말하고
있다. '맬서스의 위기', 즉 생활수준의 하락에 따른 인구의 감소가
그것이다. 그런데 이 맬서스의 위기는 여러 시대와 문명에서 널리

나타나는 현상이다. 인구 감소가 유독 조선 사회에서만 재앙적 충격을 안겨 체제가 자멸할 정도였는지는 의문이다. 더 적극적인 근거로는 18~19세기 조선의 인구는 연평균 0.62%의 속도로 증가했으며, 0.35% 증가한 18세기에 비해 19세기에는 0.83%나 증가했다는 점이다.

나는 그동안 인구 증가-감소를 연구할 때 활용한 족보가 사료로서 더 검토되어야 한다고 생각한다. 족보는 생활수준이 높았던 양반들의 것이 많고, 20세 이상까지 살아남은 남성 중심의 기록이다.

토지 생산성, 그리고 국제 무역

'19세기 위기론'의 핵심 근거 중 하나는 19세기 들어 토지 생산성이 1/4까지 급격히 하락했다는 것이다.* 그런데 생산성의 하락 증거를 두락당 총생산액이 아니라 두락당 지대 수취량으로 대고 있다. 이런 주장과는 달리 경상도 단성 양반가의 생산량을 분석한 정진영 교수의 연구에 따르면 19세기 후반의 생산성은 18세기와 유사하다. 1850년대 중반부터 1930년대 말까지 생산량은 1857년 두락당 50두를 시작으로 1880년대 전반에 저점을 찍은 뒤 1920년대까지 30두를 전후로 등락을 거듭하며 1921년까지 이

---

* 수량경제사는 역사의 실상을 보여주는 데 기여한 점도 있지만, 통계에 기대어 시대상을 잘못 그려낸 점도 적지 않았다. 조선 '19세기 위기론'이 그 것인데,《역사비평》 101호에서는 배항섭, 손병규, 김건태 등 학자들이 수량경제사의 오류를 정리한 논문을 모아놓았다.

풍기 인삼. 조선시대 청나라에 인삼을 팔아 남긴 이윤은 국가 재정 규모 전체의 1.6~3.6배에 달했다. 예나 지금이나 인삼은 효자 무역품인 셈이다.

어진다.[55]

한편 지대량의 추이 역시 19세기 후반에도 지대량의 변화가 거의 없거나 오히려 증가하는 현상을 확인할 수 있다. 인구가 일부 감소했다는 점을 인정하더라도, 두락당 생산량이 1/4~1/3 수준으로 하락했다면 길게 보면 수십 년간 대부분의 사람들이 기아선상에 한참 못 미치는 조건 속에서 꾸준히 납세도 하면서 생존을 유지해나간 셈이 된다. 과연 이런 일이 가능했을까?

19세기 위기론을 주장하는 이영훈은 대일 무역의 쇠퇴를 중요하게 거론했지만, 대청代淸 무역에 대해서는 고려하지 않고 있다.

그러나 그 규모는 무시할 수준이 아니었다. 이철성 교수의 연구를 보자.[56]

대청 홍삼 무역이 공인된 것은 1797년이었다. 처음에는 사신과 역관들이 가져갈 수 있는 수량이 120근이었다. 당시 홍삼 1근의 가격은 은 100냥, 동전 300~400냥에 달했다. 법정 쌀 가격(1석 5냥)으로 환산하면 60~80석에 해당하는 고가품이었다. 청에 가서 팔 때는 동전 1100~2300냥으로 국내의 3.5~7.5배에 달했다.

처음에는 사신 행차에 필요한 경비를 마련하려는 목적에서 시작되었는데, 돈이 되다 보니 점차 재정을 보용할 목적으로 규모가 커졌다. 1811년에 200근을 시작으로, 1847년에는 4만 근으로 급증했다. 1881년에는 2만 5000근으로 내려갔지만, 포삼(홍삼) 무역으로 거두는 세입은 4만 근일 때의 20만 냥 수준을 유지하고 있었다. 가히 국가적 수입이라고 할 만했다.

한편 홍삼 판매 가격이 오르면서 엄청난 이윤을 남겼다. 1910년 무렵 중국 시장에서 판매되는 각국의 최상급 인삼 1근의 가격을 보면 만주산 20원, 미국산 50원, 일본산 18원인데 비해 개성산은 200원에 이르렀다. 정조 연간의 가격을 대입해보면 홍삼 4만 근 수출액은 4400만~9200만 냥에 이른다. 1807년 당시 서울로 올라오는 동전이 135만 냥이었고 이는 당시 총통화량의 1/7에 달하는 규모였다. 법정 쌀 가격에 따라 환산하면 880만~1850만 석에 해당한다. 19세기 조선 정부 재정에서 국가적 물류 규모가 500만 석 정도였으니, 홍삼 수출액은 천문학적 규모였던 것이다.

또 다른 역동의 시대

'19세기 위기론'은 통계적 일반화 자체, 즉 근거 자료와 논리에 맹점이 많다. 더구나 그것은 "식민지는 근대 시장 체제가 구축되는 시기였다"라는 인식에 기초하여 제시된 역사상이다. 이 해석대로라면 한국 근대는 온전히 일본에 의해 이식된 것일 수밖에 없게 된다. 그런 점에서 일제 식민주의 정체성론과 차이가 없다. 서구와 근대중심주의의 입장에 서서 비서구와 전근대를 모두 타자화하는, 즉 너는 내 기준에 맞추라는 논리인 셈이다.

'위기론'과는 달리, 19세기는 새로운 역동성을 창출하던 시대였다. 농민들은 인구 증가와 생산성 하락 등 위기 상황에서 많은 노동력을 투입하여 버텨나갔으며 경작물을 다각화하여 '다품종 소량생산' 방식으로 전환하기도 하였다. 또 지대율(토지당 지대) 감하도 생산성의 위기 때문이라기보다는 오히려 지배층이 체제의 위기를 외면하는 현실 속에서 '향촌 공동체'가 자율적으로, 혹은 사회적 관계의 변화 속에서 위기에 대응하고자 했던 노력의 소산으로 보인다.

1862년 삼남 지역을 휩쓴 민란이나 1894년 동학농민혁명도 체제 위기, 생존 위기에 따른 수세적 반응이 아니었다. 조선사회의 체제와 지배 이념 속에서 누적되어온 경험과 다양한 분야의 변화 속에서 내면화한 나름의 정당성, 즉 인정仁政과 민본民本 이념을 기반으로 질서를 회복하려는 노력이었다.[57]

정조 사후, 19세기는 정치적으로 사림정치 질서가 무너지고 외척 세도정치가 진행되었다. 세도정치와 삼정三政(전정, 군정, 환곡) 문란, 아마 많이 들어본 '위기', '몰락'의 키워드일 것이다. 그런데 서울과 지방에서는 전통적 질서의 와해와 함께 다양한 학풍과 종교 운동이 나타났다.[58] 서울 학계에서는 북학과 서학이 유행하고 천주교가 세력을 확대하였다. 추사 김정희, 다산 정약용, 혜강 최한기 등은 그중 우뚝한 분들일 뿐이다. 동학東學은 지방 지식인들의 새로운 사회를 향한 창조적 발상, 바로 그것이었다. 지혜로운 자, 역사의 새로운 발소리를 들을 수 있을 것이다.

15 | 에펠탑이 왜곡하는 기억

사람이 벗어나기 어려운 것 중 하나가 자기를 중심으로 세상을 바라보는 일이다. 오감으로 느끼고 머리로 생각하는 이 몸이 있는 한 피할 수 없는 숙명이다. 철학에 인식론이 있는 이유이다. 역사를 볼 때도 '내'가 보는 것이지, 다른 누가 보는 것이 아니다. 게다가 현재성現在性, 즉 지금 우리에게 닥친 시대의 과제에 대한 감수성을 통해 역사를 공부해야 한다고 배우지 않는가? 그런데 이 현재성에 대한 강조가 자칫 지금의 눈으로 과거의 삶을 포맷해버리는 수가 있다. 그것도 오만하게 말이다.

역사는 이야기

우리는 역사를 재미있는 이야기라고 생각하고 있다. 울고 웃고, 기뻐하고 슬퍼하고, 무엇보다 안타까워할 수 있는 이야기. 조금 철이 들고 나서는 그렇게 사람들이 좋아하는 이야기를 할 수 있는 역사학자가 되고 싶어졌다. 물론 이는 역사-인간의 세 범주인 '기록 남기기 → 전하기 → 이야기하기' 중 마지막 범주를 말하는 것이다. 벤느는 이야기를 이렇게 표현했다.

역사는 사건들에 대한 이야기이다. 나머지 (역사학의 이슈도) 모두 여기서부터 나온다. 역사는 무엇보다도 이야기이기 때문에, 역사가 다시 재생된다 해도 그것은 그저 소설 정도일 것이다. 역사가의 손에서 나온 체험은 행위자들의 체험이 아니다. 그것은 서사敍事, narration이다.[59]

벤느가 '역사는 첫째, 진실의 축적'이라고 했을 때, 이는 내가 말하는 '기록(흔적) 남기기 → 전하기'라는 역사-인간의 1, 2범주이다. 기록(흔적)으로 남겨진 사실들은 원인, 목적, 기회, 우연, 구실 등의 역할을 한다.

사실은 있는 그대로 뭔가 조직을 이루고 있다. 이것은 이미 발생한, 변화시킬 수 없는 조직, 구조이다. 역사는 '실측도實測圖'처럼 존재하지 않지만, 상대적인 것만도 아니다. 그렇게 역사적 진실은 존재한다. 그리고 '줄거리'가 있음으로 해서 이야기가 있다.

대부분의 역사가들은 이야기를 하고 있다. 좋은 역사가는 진실한 이야기를 들려준다. 위대한 역사가는 그가 가진 관심 주제나 과제 안에서 가장 진실한 이야기를 들려주는 사람이다. 이야기(서사)는 역사가가 사실을 설명하는 유일한 방법은 아니지만, 가장 일반적이고 특징적인 역사 형식 중의 하나이다.

사실의 세 요소

역사(또는 사실)란 객관적 조건, 자유의지, 그리고 우연의 매우 인간적인 혼합물이라고 생각한다. 복습 삼아 다시 상기해보자.

인간은 맨땅에 태어나지 않는다. 타고나면서 주어진 조건이 있다. 이 조건에서 벗어나기 어렵다. 어려운 정도가 아니라 아예 바꿀 수 없다. 남자/여자라는 것, 왕이라는 것, 학자라는 것, 농민이라는 것⋯. 때론 뼈대 있는 집안이라는 것, 협잡꾼 집안이라는 것, 이도 저도 아닌 집안이라는 것⋯. 충청도에서 태어났다는 것, 전라도에서 태어났다는 것, 한국에서 태어났다는 것, 얼굴이 누렇다는 것, 자본주의 사회라는 것⋯. 무엇보다 먹고살아야 한다는 생물학적, 경제학적 조건 등. 이 모든 것들은 객관적 조건이라고 할 수 있다.

그렇다고 인간은 주어진 조건대로 살지 않는다. 생각하고 고민하면서, 때론 아무 생각도 하지 않고 되는대로, 때론 뭔가 비전을 만들고 추구하고 가치를 부여하면서 실천한다. 이런 자유의지에 따라 삶이 달라진다. 왕의 지위도 버릴 수 있고, 개천에서 용이 날 수도 있다. 이것이 역사의 둘째 동력인 자유의지이며, 목적의식을 가진 존재로서의 삶이다.

셋째, 우연이라는 변수가 있다. 우연이란 콩 심은 데서 팥이 난다든지 하는 비과학성, 주사위를 던질 때 처음 나온 숫자와 뒤에 나온 숫자가 아무런 상관이 없는 경우와 같은 임의성任意性이 아니다. 나는 우연을 앞에서 다음과 같이 정의한 바 있다.

> 서로 목적이 다른 두 개 이상의 행위(벡터)가 만나거나,
> 서로 목적이 같은 두 개 이상의 행위가 만나지 못하는 것.
> 종종 왜 벌어졌는지 모르는 일을 당할 때.

객관적 조건은 역사를 해석할 때 반드시 고려해야 함에도 환원론還元論의 우려가 있다. 어떤 하나의 이유로 역사 전개를 설명하려고 한다. 경제결정론, 지리결정론, 환경결정론이 그것이다. 일제강점기에 조선 사람들은 반도 근성이 있어서 누구를 섬기지 않으면 견디지를 못한다고 선전했던 것이 한 사례이다. '여자(남자)는 원래 그래!' 하는 식의 발언도 객관적 조건을 절대화하는 사유나 태도에서 나온다. 객관적 조건만 고려하면 설명이 되었다고 위안을 받을지는 몰라도, 그 위안의 뒤끝은 허전하다. 그리고 그 사건과 관련하여 사람에게 책임을 물을 수도 없고, 앞으로 그런 사건에 대해 책임질 수도 없다.

객관적 조건의 맞은편에 의지만 강조하는 목적론目的論이 있다. 마음만 먹으면 된다는 신념이 그것이다. 흥미롭게도 이 뭔가를 위한 자유의지의 강조는 '하면 된다'라는 구호에 담긴 무조건성과 통한다. 무조건성은 말 그대로 객관적 조건에 대한 무시이다. 이 자유의지의 극단에는 신神이 있다. 신의 뜻대로! 목적의식만 강조하면 도덕적 요구는 할 수 있을지 몰라도 사건이나 사태를 설명할 때 빈곤해지고 따라서 문제를 해결하는 데 취약하다.

우연이라는 숨구멍

객관적 조건과 자유의지는 역사를 설명할 때 동시에 고려해야 하는 요소이지 배타적인 것이 아니다. 그런데 막상 역사의 사건을 설명할 때는 곧장 둘 중 어느 하나만 집착하는 경우가 많다. 역사학의 독약 같은, 쉽게 설명하려는 유혹이다.

여기에 우연이라는 요인까지 끼어들면 어떨까? '클레오파트라의 코'라는 것이 있다. 역사란 전체적으로 우연의 연속이라는, 우연의 일치에 의해서 결정되고 가장 뜻밖의 원인에서만 유래하는 사건의 연속이라는 생각이다.[60]

'클레오파트라의 코'란 17세기 프랑스 수학자이자 철학자 파스칼이 '클레오파트라의 코가 한 치만 낮았더라도 세계의 역사는 달라졌을 것'이라고 말했던 데서 유래하였다. 로마의 장군 안토니우스가 이집트 프톨레마이오스 왕국의 여왕 클레오파트라에게 넋이 나가 본국에서 신망을 잃고 악티움 해전에서 패배함으로써 클레오파트라와 안토니우스가 자살했던 사건을 두고 한 말이다. 파스칼이 말한 세계의 역사는 곧 '지중해의 역사'이므로, 그가 생각하는 세계는 매우 협애하였거나 다른 세계에 대해 무식했음을 알 수 있다. 게다가 파스칼은 공연히 역사 얘기를 꺼내어 역사학에 대해서도 무지를 드러내었다.

코가 높았다는 우연한 사실이 세계사를 바꾸었을 것이라는 그의 말은 종종 역사의 우연을 중시하는 사람들에 의해 널리 인용된다. 그러나 파스칼은 코에 앞서 클레오파트라가 여자였다는 우연을 말했어야 한다. 또 이집트 여왕이었다는 사실이 상황을 어떻게 만들어갔는지부터 이해했어야 한다. 우연은 중요할 수 있고 때론 가슴 뛰게 하지만 객관적 조건, 자유의지와 함께 생각하면서 그 우연의 맥락을 검토하지 않으면 가십에 그치고 만다. 그 결과 파

영화 《클레오파트라》(1967)에서 클레오파트라 역을 맡았던 엘리자베스 테일러의 전시 모형.
우연은 중요할 수 있고 때론 가슴 뛰게 하지만 객관적 조건, 자유의지와 함께 생각하면서 그
우연의 맥락을 검토하지 않으면 한낱 가십에 그치고 만다.

스칼의 말은 숱한 사람들이 인용했지만, 악티움 해전에 대해서는
아무것도 설명해주지 못하였다.

그렇다고 내가 우연은 중요하지 않으며 사소하다고 주장하는
것은 아니다. 또 우연이 개인적인 문제라는 뜻도 아니다. 우연이라
는 것이 파스칼처럼 역사 현상에 대한 무지에서 나온 도피라고 생
각지도 않는다.

간식을 사러 나갔다가 음주 운전자가 모는 차에 부딪혀 죽는 일

부터, 김영삼 대통령과 정상회담이 예정되어 있던 김일성 주석이 갑자기 죽는 일까지, 역사에서는 서로 원인이 다른 둘 이상의 벡터가 만나는 경우가 많다. 우연은 개인적인 문제일 수도, 사소할 수도, 경우에 따라서는 무지의 소산일 수도 있다. 그러나 우연은 사회적인 산물일 수도, 매우 중요할 수도, 알고도 어쩔 수 없는 것일 수도 있다.

바로 이러한 우연의 복잡성 때문에, 카 역시 우연이라는 문제를 역사에서 논의할 때 마땅한 가닥을 잡지 못하고 더 어렵게 만들었는지 모른다. 나의 정의에 따르면 우연은 객관적 조건이나 자유의지에 기초해서 생기는 변주이다. 이 변주, 날씨예보만큼이나 예측하기 어려운 변주가 지금도 벌어지고 있는 것이다. 길이 엇갈리는 연인들의 안타까운 이별에서부터, 전쟁이 그친 평화로운 시기에 태어나 살아가는 행운에 이르기까지. 이런 느낌이 과거에 투영될 때, 우리는 아쉬워하고 한탄하기도 하며 감격과 거룩함에 휩싸이기도 하는 것이리라.

이야기의 조건

통상 이야기는 어떤 사건what이 어떻게how 일어났는지 보여준다. 여기서도 이야기에 '왜why'라는 물음까지 다루어야 하는지 논란이 있기는 하다. '왜'라는 질문의 경우는 녹록지 않음을 9장에서 살핀 바 있다. '왜'라는 질문에 담긴 의미가 그 자체로 모호하기 때문이다(이어지는 16장에서 더 상세히 다룰 것이다).

카는 '왜'라는 질문을 중시하였다. '왜'에 대한 논의를 아예 책의 한 장章으로 다루었다. 그는 역사가도 다른 과학자처럼 인간은 '왜?'라는 질문을 끊임없이 던지는 동물이라고 생각한다. 둘 다 일리가 있다고 생각한다. 피셔처럼 애매한 질문을 경계할 필요도 있고, 카처럼 통상적인 질문으로서의 '왜'를 본연의 호기심으로 인정할 수도 있다.

그런데 이야기는 꼭 '왜'라는 질문에 대한 답은 아닌 듯하다. 무엇이, 어떻게, 라는 질문만으로도 이야기는 구성될 수 있기 때문이다. 이 점과 관련하여, 이런 식의 스토리텔링이 역사학뿐 아니라, 일상생활이나 인접 분야의 학문에서도 공통된 용법이라는 피셔의 견해에 동의하는 편이다. 즉 핵심은 '어떤 일이 일어났는가?'라는 점이다.

이제부터 스토리텔링에서 나타나는 오류를 살펴볼 텐데, 이야기는 원래 복잡하다. 우리의 관심은 시간과 이야기의 문제이다. 서사에서 나타나는 시간적 정합성integrity의 문제이다. 혹자는 '시간Time'이라는 것의 성격이 갖는 복잡성을 문제 삼을지도 모르겠다. 이럴 때 쓰는 좋은 해법이 있다. 지금 우리 머릿속에 떠오르는 시간, 바로 그것을 말하는 것이다.

시대착오의 오류

시대착오anachronism의 오류를 먼저 살펴보자. 이 오류는 어떤 사건이 실제 일어난 시기(시대)가 아닌 다른 시기에 일어난 것처럼 묘사, 분석, 판단하는 것을 말한다. 단순한 연대(날짜) 착오가 이런 오류를 낳을 수도 있다. 하나의 대상, 사건, 용어가 잘못 쓰이는 것도 마찬가지이다.

이 오류 중 먼저 들 수 있는 것이 현재주의Presentism의 오류이다. 영미권에서는 이 현재주의를 '휘그 역사학Whig history', '휘그 역사서술Whig historiography'이라고 부르는 모양이다. 이유는 현재를 자유와 계몽을 통해 인류 역사가 도달해야 하는 목표로 설정하

오늘날 케냐와 탄자니아에서 유목 생활을 하는 마사이족. 이 원시부족은 비동시적인 것의 동시성을 보여준다. 이들이 우리처럼 되어야 한다고 생각하는가? 야만이라고 생각하는가? 이들은 우리의 과거인가? 혹여 그렇게 생각한다면 시대착오의 오류에 귀 기울일 필요가 있다.

는 역사관이기 때문이다. 19세기 이후 기세등등했던 진보사관이 그것이다.

현재주의는 현재의 관점으로 과거의 어떤 사실을 해석하는 것이다. 예를 들면, 트랙터를 사용하는 현재 농촌의 관점에서 호미와 쟁기를 사용하던 고려, 조선의 농업을 해석하는 것이다. 이런 오류의 대표적인 사례가 널리 알려진 '실학實學'이라는 개념이다.

그동안 실학은 대략 "조선후기 반주자학 내지 탈주자학적 사상 조류로, 주로 17세기에 이수광, 유형원 등에서 태동하여, 안정복, 이익, 정약용, 박지원, 박제가 등 18~19세기 학자들에 의해 발전된 근대 지향적 사상"을 가리키는 말로 통용되었다. 그래서 실학은 탈중화, 민족주의, 민본주의, 과학주의를 내용으로 한다고 이해되어왔다. 당연히 상공업을 중시한다고 이해했고, 봉건적 신분제 및 지주-전호제를 부정하는 사상이라고 해석했다.

실학의 현재주의

실학은 정인보, 문일평, 안재홍 등이 주도한 1930년대 조선학 운동의 일환으로 시작되어, 주자학의 '반민족적, 반민중적, 비실용적 학풍'에 대비되는 학풍으로 알려지기 시작하였다. 실학은 역사적 실재實在가 아니라 만들어진 개념이다. 이후 실학은 주자학의 봉건성을 넘어선 사상, 자생적 근대화를 추구하던 사상으로 학계에서 널리 받아들여졌다. 말하자면, 우리도 근대화할 수 있었다는 걸 보여주는 증거의 하나였다.[61]

그런데 그 '근대'가 문제이다. 실학 논자들은 유럽식 근대를 '보편사'로 받아들였기 때문에, 조선도 근대로 나아가고 있었다고 주장했던 것이다. 보편사란, 어느 민족, 지역을 막론하고 이러저러한 과정을 거쳐 근대로 가게 되어 있다는 역사관이다(흔히 이를 대문자 역사, 'History'라고 부른다). 그게 뭐가 이상하느냐고 반문하는 분들이 있을 것이다. 반문하는 게 당연하다. 우리가 그렇게 배웠으니까! 근대야말로, 사실로나 가치로나 인류사의 귀결점이고 지향해야 할 시대라고 배웠으니까. 민주주의, 자유, 이성, 과학… 이것이 근대를 규정하는 용어이자 삶의 양식이라고 한다면 이해가 쉬울 것이다. 과연 어느 누가 이들의 가치에 대해 이의를 제기할 것인가? 자본주의 맹아론과 함께 실학은 이렇게 학계를 점령하였다.

그러나 이런 근대는 지구상의 일부분에서만 타당하다. 대부분의 나라, 민족, 지역에서는 지금과 같은 근대를 자신들의 미래로 생각하지도 않았다. 감이 빠른 분은 눈치챘겠지만, 현재주의는 현재의 합리화와 연결되어 있고, 또 결과주의와 연결되어 있다. 자본주의를 역사의 종말로 보든, 사회주의를 역사의 종말로 보든, 다시 말해 어느 쪽을 근대로 보든, 근대화를 절대 선(善)으로 생각하는 역사주의가 풍미하던 시절에 실학은 유령처럼 조선 역사를 휘감아 돌았다. 그래서 조선사 연구는 정작 조선사 연구가 아니었다. 근대화를 설명하기 위한, 즉 현대사를 쓰기 위한 자료를 간헐적으로 제공하는 부수적 역사에 불과하였다.

무능과 병폐

실학 개념에는 태생적 허구성이 있다. 조선의 주류 사상인 성리학을 허학虛學으로 설정한 뒤 뭔가 탈脫조선성리학의 낌새만 보이면 실학이라고 이름 붙였다. 그런데 정작 허학으로 상정한 조선성리학이 무엇인지는 모르면서 '아무튼 실학'을 주장하다 보니 실학을 주장하면 할수록 논리적, 사실적 모순과 오류만 쌓이고 말았다.

뭔가 새로운 사상적 조류라고 한다면 존재론적 체계가 있어야 하지 싶었는지, 실학 논자들은 주기主氣 경향의 학자에게서 실학이 싹텄다고 보기도 했다. 그러나 '주기론자'의 대표인 율곡 이이의 제자들은 서인-소론/노론으로 이어졌으므로 당초 실학파의 그림에 어울리지 않았다. 소론/노론이 '보수적, 반민중적' 학파로 전제되었으므로, 실학파가 되면 안 되었기 때문이다. 이 프레임이 그런 것이다. 더 큰 문제는 아예 주리主理-주기主氣라는 구도 자체가 조선성리학을 설명하는 데 무척 무기력하다는 점이었다.

율곡의 기호학파에 연원을 둔 북학파는 상관이 없지만, 성호 이익이나 다산 정약용의 연원은, 굳이 연결하자면, '주리론'인 퇴계에 닿아 있어서(닿아 있다고 주장하고 있어서) 앞뒤가 맞지 않는 결과를 낳고 말았다. 당초 '주기-주리'라는 개념이 조선에서 보이는 성리학의 자기화 과정의 역사성을 이해하는 데 방해가 되었으면 되었지, 도움이 되지 못했다.[62]

무능을 넘어 병폐가 있는바, 그것은 '주기-주리'의 개념을 통해 정치사를 설명하는 과정에서 나타나는 '사상사와 정치사의 분리

현상'이다. 무슨 말이냐면, 주리-주기 학파로 구분하다 보니, 정치 세력과 일치하지 않게 되었던 것이다. 주기학파라고 생각했던 율곡학파에서 한원진韓元震 같은 주리 계열이 나오는 것이다. 이렇게 되자 주리-주기론자들은 자신들의 구도 자체는 반성하지 않고 오히려 조선에서는 사상과 정치가 일치하지 않는다는 결론을 내고 말았다.[63]

사상이 정치에 반영되지 않는다는 것은 곧 그들의 세계관, 인간관이 정책과 연관성이 없다는 말이다. 정책은 정치가 민생과 사회에 구현되는 다양한 방식을 의미한다. 그런데 그 연관성이 없다는 말은? 그렇다. 그 사상은 공허하다는 뜻이다. 반면, 비전이나 세계관이 없는 정치란 무엇인가? 그렇다. 그 정치는 권력투쟁뿐이라는 뜻이다. 이것이 바로 일제 식민주의자들이 조선 사람들에게 주야장천 퍼부어댔던 성리학=공리공담론, 정치=당쟁론의 실체였다.

이 주리-주기 구도의 창시자가 일제시대에 〈조선유학사〉를 쓴 다카하시 도루高橋亨였고, 이 주리-주기 논리를 이어받은 이가 《한국유학사》(1987)를 쓴 이병도李丙燾였다. 이병도가 여러 유보적 언사에도 불구하고 결국 사단칠정논쟁과 호락논쟁을 '관념적 독단' 정도로 이해하고, 나아가 조선 정치사의 흐름을 식민지시대 일본 학자들의 당쟁론 수준에서 이해하게 되는 근원적 이유가 바로 여기에 있다.

그동안 실학 개념에 대해서는 비판적 논고가 적지 않았다. 실학이란 말이 조선시대에 불교나 도교에 대해 유학을 가리키는 용어였다는 지적부터(한우근), 조선성리학이 곧 실학이었다는 논증(지두환), 실학 개념의 근대주의적 성격에 대한 통찰(김용옥), 조선시대 봉건제의 부재와 실학 개념의 비자립성에 대한 문제제기(한영우, 오항녕), 주자학-반주자학 구도의 허구성(유봉학) 등이 그것이다. 굳이 실학 개념의 '해체'를 말하지 않더라도, 부적절한 개념에 담긴 시대착오적 오류를 오래 가져가는 것은 바람직하지 못하다.

'17세기 향촌사회의… '

역사학, 철학, 문학을 막론하고 퍼져있는 전염병이 있다. 논문(또는 저서)의 대상을 부를 때, 꼭 세기世紀, century 단위로 구획하는 병이다. 일종의 헥토-히스토리hecto-history이다. 역사가 마치 '프로크루스테스의 침대'처럼 정확히 100년 단위로 잘리는 모양이다. 마르크 블로크는 이렇게 불만을 토로했다.

우리는 더 이상 영웅의 이름을 따서 시대를 명명하지 않는다. 우리는 무척 사려 깊게 매 100년 단위로 각각의 시대를 셈한다. 그리스도의 탄생을 기점으로 1년에서 시작하여 모든 역사를 그렇게 센다. 13세기의 예술, 18세기의 철학, '볼품없는 19세기' 등등. 산수算數 마스크를 쓴 얼굴들이 우리들 저서의 페이지 곳곳을 배회한다. 우리들 중 누가 감히 이 명백히 편리한 유혹의 제물이 되지 않을 수 있겠는가?[64]

'역사란 무엇에 쓰는가'라는 질문에서 시작하는 《역사를 위한 변명》으로 우리에게 익숙한 프랑스 역사학자 마르크 블로크. 독일군에 저항하여 레지스탕스 활동을 하다가 체포되어 총살당했다. 그는 역사를 100년 단위로 잘라 보는 것에 대해 무척 못마땅해했다.

　블로크의 불만이 아니더라도, 선후배 역사학자들이 모인 자리에서는 이런 식의 시기 구분에 대한 비판이 곧잘 도마 위에 오르곤 한다. 잘 아는 사실이지만, 그레고리우스력이라고 부르는 서력西曆 기원은 조선의 경우 갑오경장 이후에 사용된 역법이다. 그전에는 아예 이런 연도 구분이 존재하지 않았다. 60갑자, 또는 현재 임금의 재위 기간을 중심으로 '금상今上 몇 년'이라고 하든지, 중국 연호를 써서 '숭정崇禎 몇 년'이라고 썼을 뿐이다. 그러니까 100년 단위로 인간 사회나 경험을 구획하는 것은 근래의 일이라고 할 수 있다. 그런데도 이런 시기 구분을 자주 쓴다. 편의성이 학문적 엄밀성을 압도하는 경우라고나 할까? 이 역시 전형적인 현재주의이며, 시대착오의 오류 중 하나이다.

아키타이프의 오류

현재의 어떤 것을 절대화하여 그것을 기준으로 과거를 재단하는 것이 현재주의, 결과주의의 오류하고 한다면, 아키타이프 archetype의 오류는 뭔가 원형을 만들어놓고 그것을 통해 과거를 재단하는 것이다. 어떤 점에서 보면 현재주의의 오류 역시 아키타이프의 오류 중 하나라고 볼 수도 있겠다.

이러한 오류의 고전적인 사례는 아널드 J. 토인비의 거작《역사의 연구A Study of History》, 오스발트 슈펭글러의《서구의 몰락The Decline of the West》이다. 이들은 시간을 초월한 아키타이프 패턴에 따라 모든 '문명'을 분류했다. 수메르 문명과 중국 문명의 발생에 대한 고려, 그 방대한 변화와 발전은 무시된다.

아키타이프의 오류와 현재주의의 오류의 결합, 그 전형을 우리는 19세기 중반 이후 유럽 문명의 자의식에서 찾아볼 수 있다. '문명civilization'이란 말이 유럽의 자기의식이 된 것은 대략 1850년 전후의 시기이다. 다시 말해 문명이란 말도 근대의 산물이라는 뜻이다.

시대착오의 오류를 줄이는 방법, 토머스 쿤의 말에 귀를 기울여보면 어떨까?

일반적으로 또는 흔히 자신들이 그렇게 하고 있다는 것을 잘 모르는 채, 과학사학자들은 새로운 유형의 질문을 제기하면서 과학에 대한 색다르고 흔히 말하는 축적성을 떠난 발전

노선을 추적하기 시작하였다. 옛 과학이 현재 우리에게 베푼 지속적 기여를 따지기보다는 역사가들은 바로 그 당대에서 그 과학의 역사적인 온전성을 그려내려고 애쓴다. 예를 들면 현대 과학의 관점과 갈릴레오 관점의 관계를 묻는 것이 아니라, 그의 견해와 그의 그룹, 즉 갈릴레오의 스승, 동시대 학자들, 그리고 과학 분야에 종사했던 직계 제자들의 견해 사이의 관계를 묻는 것이다.[65]

쿤의 《과학혁명의 구조》에 따르면, 같은 패러다임이 작동하는 시대의 과학은 서로 연관, 기여, 영향을 설명할 수 있지만, 패러다임이 바뀐 시대의 과학끼리 연속성, 단절성, 영향을 따지는 것은 무의미하다. 다시 말해 조선에서 현재 한국 사회로 변해온 과정에서 진보, 발달이라는 시계열적 성격을 그려내는 것은 큰 의미가 없다는 뜻이다. 이런 시각 역시 시대착오의 오류 가운데 한 변종인 '연대기식 전개의 오류chronic fallacy'라고 할 수 있다. 역사는 그렇게 축적, 연속/단절의 현실이 아니기 때문이다.

이런 역사관을 목적지와 이정표가 있는 고속도로로 표상할 수 있다면, 정작 역사는 마당의 표상에 가깝지 않을까? 마당에서 먹고 마시고 논다. 무대도 설치하고 한창 흥겹게 논다. 그러다가 서서히 열기가 식는다. 마당은 쓸쓸해진다. 어느 틈엔가 새로운 마당이 열린다. 이 마당은 이전 마당과 다르다. 쿤의 말대로, 패러다임이 바뀐 마당인 것이다.

	그 일이 왜 일어났을까?
16	– 인과因果의 경계

역사적 사건은 세 가지 방향에서 생각해야 한다고 강조하였다. 바꿀 수 없거나 상황을 제한하는 객관적 조건, 그럼에도 불구하고 발휘되는 창조력이나 가치에 담긴 자유의지, 마지막으로 서로 다른 원인들의 충돌이 빚어내는 우연. 이 셋의 변주가 역사를, 인간 세상을 이해하는 데 어려움을 준다. 그래도 우리의 궁금증은 멈추지 않는다. '그 일이 왜 일어났지?' 이 책에서도 9장, 15장 등 몇몇 장에서 언급했지만 다시 다루지 않을 수 없다. 그만큼 논란이 될 수 있는 이슈이기 때문이다.

'왜?'에 대한 반발

우리는 역사를 공부할 때 '그 일이 왜 일어났을까?' 하는 궁금증을 갖는 것이 자연스럽다고 생각한다. '왜'는 원인原因, cause에 대한 탐구이다. 원인이란 '어떤 사물이나 상태를 변화시키거나 일으키게 하는 근본이 된 일이나 사건'이다.[66] 옥스퍼드 영어사전에서는 '어떤 효과를 낳거나, 행위, 현상, 조건을 야기하는 것. 원인과 결과는 서로 짝으로 쓰는 용어'[*]라고 설명하였다.[67]

그런데 의외로 우리가 당연하게 생각하고 있는 '왜'에 대해 부

---

* 원문은 다음과 같다. That which produces an effect; that which gives rise to any action, phenomenon, or condition. Cause and effect are correlative terms.

정적인 학자들이 많다. F. 카프카나 장폴 사르트르, 러셀 같은 학자들도 인과론causality에 대해 회의적이었다. 역사학자 중에서도 그런 경우가 많지만, 미국사의 고전인《미국민중사》의 저자 하워드 진은 다음과 같이 말하였다.

> 나는 원인과 옥신각신하지 않을 것이다. 왜냐하면 원인이란 것이 문제의 핵심이라는 것을 인정하게 되면 우리는 사람들을 당황하게 할 뿐만 아니라, 나쁜 경우에는 심지어 꼼짝 못하게 만드는 뭔가를 만들어내야 하기 때문이다. 인과 관계란 단지 복잡한 것만이 아니다. 철학자들에 따르면 그것은 해결이 불가능한 문제이다. 아마 그것은 우리 자신과 현실 사이에 언어의 장애물을 설치하려는 성향이 만들어낸 형이상학적 수수께끼의 하나인지도 모른다.[68]

이렇게 원인이란 말을 덜어내면서 역사학자들은 대신 '영향influences', '원동력impulses', '요소elements', '뿌리roots', '기초bases', '토대foundation'와 같은 표현을 썼다. 이외에도 비슷한 말은 역사학자들이 다 가져다 썼을 것이다. 그렇다고 원인에 대한 향수가 없어진 것은 아니다. 그것이 모호하건 불만이건 역사는 태생적으로 원인에 대한 탐구를 피할 수 없기 때문이 아닌가 한다.

콩나무(좌)와 팥(우). '콩 심은 데 콩 나고, 팥 심은 데 팥 난다', '콩으로 메주를 쑨다 해도 못 믿겠다'라는 속담은 각각 우리가 서로 상반되는 상황에 쓰고 있지만, 원인과 결과가 상응한다는 상식적인 판단에 기초하고 있다는 점에서는 같다. 그런데 역사에서는 인과에 대한 판단이 그렇게 간단하지 않아서 종종 오류가 발생한다.

다시 사마천과 헤로도토스

이 글은 할리카르낫소스 출신 헤로도토스가 제출하는 탐사 보고서이다. 그 목적은 인간들의 행적이 시간이 지나면서 망각되고 헬라스인들과 비非헬라스인들의 위대하고도 놀라운 업적들이 사라지는 것을 막고, 무엇보다도 헬라스인들과 비헬라스인들이 서로 전쟁을 하게 된 원인을 밝히는 데 있다.[69]

헤로도토스의 《역사》 첫머리다. 여기서 헬라스인들과 비헬라스인들의 전쟁이란 페르시아 전쟁을 말한다. 무지막지한 왜곡을 수반한 영화 〈300〉의 모티브도 이 역사책에서 나왔다. 인류의 가장 오랜 역사서 중의 하나인 《역사》의 출발이 바로 ① 업적에 대한 기억과, ② 전쟁의 원인 탐구였다는 점에서 이미 '원인'을 찾는 역사학자들의 오랜 DNA를 감지할 수 있다. 그가 말한 탐구ἱστορίαι라는 용어는 라틴어 historia로 차용되어 지금 history가 되었고 이것이 역사로 번역된 것이다.

헌데 동아시아 문명의 또 다른 역사가 사마천은 지중해 문명의 역사가와 달랐다.

> "한나라가 흥기하여 천하가 하나로 통일되고, 현명한 군주와 어진 임금과 충성스러운 신하와 정의를 보고 죽는 인물이 나왔다. 그러나 내가 태사太史가 되고도 이들을 논하고 기록하지 못해 천하의 역사 문헌을 폐기하였구나. 나는 이것이 매우 두렵다. 너는 이 점을 염두에 두어라."
> 사마천은 고개를 숙이고 눈물을 흘리며 말했다.
> "소자가 영민하지 못하나 아버님께서 순서대로 정리해두신 옛 문헌을 빠짐없이 모두 논술하겠습니다."[70]

사마천의 방점은 헤로도토스가 《역사》를 남겼던 첫 번째 이유에 찍혀 있다. 이는 사마천이 《춘추春秋》의 전통에 있었기 때문인데, 공자가 편찬했다고 전해지는 역사서 《춘추》에 대해 맹자는 "공자가 《춘추》를 완성하자 세상을 어지럽히는 자들과 어버이를 죽이는 자식들이 두려워하였다"라고 말했다.[71] 기록되는 것으로 심판받는 것, 이것이 통상 생각하는 동아시아 역사의 기능이기도 했다. 거기에 더하여 사마천은 다음과 같이 말하였다.

> 백이와 숙제는 비록 어진 사람이기는 하지만 공자의 칭찬이
> 있고 나서부터 그 명성이 더욱더 드러나게 되었다. 안연은
> 학문을 매우 좋아하기는 하였지만 공자라는 천리마의 꼬리
> 에 붙어 행동이 더욱 두드러지게 되었다. 바위나 동굴 속에
> 숨어 사는 선비들은 일정한 때를 보아 나아가고 물러난다.
> 그러나 이러한 사람들의 명성이 묻혀 세상에 일컬어지지 않
> 는 것은 슬픈 일이다. 시골에 묻혀 사는 사람이 덕행을 닦아
> 명성을 세우고자 하더라도 덕행과 지위가 높은 선비에 기대
> 지 못한다면 어떻게 후세에 이름을 남길 수 있겠는가?[72]

후세에 이름을 남긴다는 사마천의 표현을 지나친 공명심功名心
으로 해석할 일은 아니다. 이름을 남긴다는 말은 흔적을 남긴다는
말이다. 즉 삶의 흔적이다. 그 흔적을 사마천 자신이 기록해주겠다
고 하였다. 그래서 사마천은 〈열전〉에 참으로 많은 인간들의 모습
을 담으려고 애썼다. 백이와 숙제부터 형가荊軻 같은 협객은 물론
재화에 도가 텄던 경제통들의 〈열전〉인 화식貨殖에 이르기까지.

무적함대의 패배

스페인 축구팀을 '무적함대'라고 부른다. 거기에는 이유가 있다.
1588년 스페인의 펠리페 2세가 영국을 침공하기 위해 플랑드르에

서 출동했던 함대의 명칭이 무적함대Armada였기 때문에 지금까지 이 애칭으로 불리는 것이다.

당시 메디나 시도니아 공작이 지휘한 스페인 함대는 130척의 선박에 약 8000명의 선원, 그리고 1만 9000명의 병사로 이루어져 있었다고 한다. 그러나 선박 가운데 약 40척만 전함이었고 나머지는 대개 수송선 또는 소형배였다. 스페인군은 자신들의 배 가운데 최상의 것조차 영국 배보다 느리며 중평사포의 성능도 뒤떨어진다는 점을 알고 있었다. 하지만 영국군과 싸울 경우 상대편 전함에 올라타 적을 무찌를 수 있는 역량을 지녔다고 믿었으며, 영국군보다 우세한 스페인 보병이 결정적인 역할을 해줄 것으로 기대했다.[73]

그러나 영국군은 마치 적벽대전에서 제갈공명이 조조의 군대를 혼란에 몰아넣었던 화공선 전략과 유사한 전법으로 스페인군을 와해시켰고, 그 결과 스페인군은 병사 1만 5000명이 전사하고 60척의 배만 귀환할 수 있었다.

'그 이후에'의 함정

어떤 역사학자들은 무적함대(아르마다)의 패전으로 스페인이 몰락하고 영국이 떠오르는 계기가 되었다고 말한다. 무적함대의 패배 탓에 아메리카와의 유통망이 붕괴되었고 스페인 경제가 삐걱거리게 되었다는 관찰이다. 그러나 무적함대가 패배했던 1588년 이후, 1603년까지도 스페인은 영국에서 제해권을 빼앗기지 않았

〈스페인 무적함대Spanish Armada〉(17세기경). 1588년 스페인의 펠리페 2세가 영국을 침공하는 모습을 담았다. 세간의 통념과는 달리 무적함대가 영국에 패배한 이후에도 스페인은 건재했다.

다는 설이 유력하다. 특히 컬럼비아 대학교 유럽사 교수 개릿 매팅리Garrett Mattingly는 《아르마다The Armada》(1959)에서 "다른 시기의 어떤 15년보다도 1588년부터 1613년까지 스페인에 도착한 아메리카의 보물이 훨씬 많았다"라고 논증하였다.

어떤 학자들은 아르마다 해전 이후 엘리자베스 1세 마지막 15년 동안 문학적 재능을 가진 천재들이 폭발적으로 늘어났다고 말한다. 매팅리는 "아르마다 패전과 엘리자베스 시대 드라마의 만개 사이에 인과 관계가 있다는 주장을 부인하기 어렵다. 그러나 과연 '그 때문에' 그런 결과가 나왔는지를 증명하는 것은 더 어렵다"라고 말하였다.

신교(영국)와 구교(스페인)의 대립이 여기에 내재해 있기도 하였고, 영국 국민주의의 성장이라는 배경도 한몫하였다. 우리가 여기

서 주목할 것은, 무적함대의 패배가 무척 강력한 역사적 사건이기
는 했지만 그 결과는 별것 아닐 수 있다는 점이다. 실제로 무적함
대의 패배는 이후 거의 영향을 미치지 못하였다. 공연히 싸웠다는
사실 빼고는.

　이러한 사실은 영국인들이 그 해전을 통해서 축적한 애국주의
본능에 반하는 것일 수도 있고, 큰 사건으로부터 강력한 감동을
느끼고 싶어하는 우리들의 감수성에서 빗나가는 것일 수도 있다.
우리는 큰 사건은 반드시 심각한 결과를 가져온다고 믿기 때문이
다. 그러나 항상 그런 것은 아니다. 무적함대의 패배와 결과를 둘
러싼 인과에 대한 견해, 거기서 우리는 '그 이후에의 오류the fallacy
of post hoc, propter hoc'를 발견한다. 먼저 일어났기 때문에 그 일의
원인으로 지목되는 것이다.

　참고로, '그 이후에의 오류'와 정반대인 '그전에의 오류the fallacy
of pro hoc, propter hoc'도 있다. 이 오류는 단순하고 자명한 인과 법
칙을 위반할 때 나타나는 잘못이다. A사건이 C사건 전에 일어났
다면, C사건 때문에 A사건이 일어날 수는 없다. 당연한 말이지만
역사에는 '앞선' 결과나 '같이 발생하는' 원인은 없다.

결과는 원인을 닮는다?

큰 사건은 반드시 심각한 결과를 가져온다는 생각에서 '동일시
의 오류the fallacy of identity'라고 부를 만한 오류가 생긴다. 이 오
류는 원인은 그 결과와 비슷하다는 전제에서 출발한다. 이는 명백

히 "치료 효과를 지닌 모든 자연물은 누구나 알 수 있는 외적 특성을 통해 그것이 고칠 수 있는 질병을 암시한다"라는 민간요법의 생각을 깔고 있다. 울금鬱金은 황달에 좋다거나, 혈석血石은 피가 날 때 효과가 있다거나, 호두는 머리에 좋다는 따위의 믿음이다. 인삼이 사람 몸에 좋은 이유는 인삼이 사람 형상을 닮았기 때문이라고 하는 경우도 마찬가지이다. 정작 의학적으로 인삼이 몸에 맞지 않는 필자 같은 사람도 있다.

동일시의 오류는 무적함대의 사례에서뿐 아니라, 가까운 데서도 찾을 수 있다. '청나라의 몰락 원인은 무엇인가'라는 질문에 대해, 어떤 역사학자는 "몰락이 너무 급작스럽고 예기치 못했듯이, 청나라 국운의 역전은 무언가 깊은 원인이 있었음에 틀림없다"라고 추정했다.[74] 그러나 과연 '깊은 원인'이 있었을까?

우선순위에 대한 집착

이렇게 '큰 사건'에 걸맞은 '깊은 원인'을 찾다 보면 빠지는 함정이 '절대적인 우선순위(또는 제1원인)의 오류the fallacy of absolute priority'이다. 간단히 말해서 여러 원인들 중에서 첫째가는 원인 항목이 있다는 것이다. 그래서 A1사건이 B1사건의 원인이라면, A2사건이 B1사건의 원인이 될 수는 없다고 생각한다. 그러나 아마 많은 독자들이 짐작하셨겠지만, 아무리 모호하게 들리더라도, 원래 역사의 인과에 관한 문제는 n개의 A와 n개의 B 사이의 상호관계로 이해하는 편이 합당한 경우가 많다.

막스 베버의 명제를 살펴보자. 프로테스탄티즘이 아메리카나 유럽에서 자본주의를 급속히 발달시키는 원인이었는가, 또는 자본주의가 프로테스탄티즘의 확대에 원인이 되었는가를 두고 역사가들은 수 세대 동안 논쟁을 벌여왔다. 베버는 근대 자본주의의 추동력을 "자본 축적이 아니라 자본주의 정신의 발달"로 보았다.[75] 베버의 문제설정이 타당한지도 문제지만, 이런 식의 논쟁은 당초 '제1 원인에 대한 집착'을 피할 수 없다. 아무렴, 인류사의 거대한 두 운동 사이에는 뭔가 상호작용이 있었을 것이다. 그러나 거기에 〈창세기〉까지 거슬러 올라가야 추적할 수 있는 원형-프로테스탄티즘이나 원형-자본주의가 처음에 있어서, 어떤 것이 원인이 되고 어떤 것이 결과가 되었다고 말할 수는 없을 것이다.

미국 역사학자들 사이에서도 이와 비슷한 논쟁이 있었다. 미국 흑인의 열등성이 흑인에 대한 편견의 원인인가, 아니면 그 편견이 열등성의 원인인가? 두 진영으로 나뉘어 논쟁이 지속되었던바, 군나르 뮈르달Gunnar Myrdal이 말했듯이, 편견이 열등성의 원인이 되었고, 그 열등성이 편견을 낳았다는 설명이 가장 설득력이 있다고 생각한다. 앵글로색슨-아메리칸들 사이에서는 처음부터 강력한 반反흑인 정서가 있었다. 그러나 동시에 아프리칸 흑인의 문화적 유산의 성격, 앵글로색슨-아메리칸 문화의 성격, 두 문화 변화 과정의 성격 자체가 처음부터 흑인에게 문화적으로(인종적이 아니라) 열등한 조건과 지위를 부여한 것이 사실이었기 때문이다.

뱃동지로 거듭나다

아직 그 정도만으로는 부족하다. 17세기 이후 아메리카로 이주했던 앵글로색슨은 당초 인디언을 노예로 부리려고 했다. 그런데 아메리카는 원래 인디언의 땅이었다. 저 강과 숲, 산, 들판에서 영국 이주자들보다 인디언들이 훨씬 자유로웠다. 그들의 생존 리듬을 차단해서 노예로 부릴 수가 없었던 것이다. 아니, 인디언들과 교류하며 살던 백인들이 오히려 인디언의 풍습에 동화되는 현상까지 벌어졌다.

그래서 찾은 노예가 아프리카에 살던 인간들이었다. 우리가 알고 있는 노예선이 그 거대한 인간 사냥의 일부분이었던 것이다. 자신들이 나고 자란 곳에서 뿌리가 뽑힌다는 것, 이것이야말로 인간이 가장 취약한 처지에 놓인다는 의미이다. 아프리카 노예무역이 그랬다.

처음에 노예로 잡혀온 사람들은 단식투쟁을 감행했다. 대서양 노예무역은 400년의 단식투쟁이라고 할 수 있을 정도였다. 1765년 블랙조크호, 1801년 리버티호 등등. 노예로 잡힌 사람들은 노예선에서 배 밖으로 뛰어내리기, 치료 거부, 봉기 등 다양한 저항을 시도했다. 그들은 피동적 사냥감이 아니었다. 그런 점에서 노예선 그림(290면 브룩스호 참조)은 저 배에 잡혔던 인간들의 실상을 보여주기에는 턱없이 부족하다.

1753년 토머스호의 노예 87명은 유럽 무기에 대한 지식도 있었다. 이들은 사슬을 끊고 선원들을 배에서 몰아냈다. 반란에 성공한

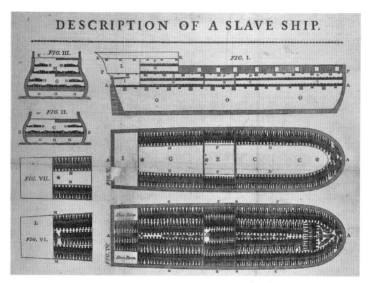

DESCRIPTION OF A SLAVE SHIP.

아프리칸-흑인을 납치해온 영국 배 브룩스호의 내부 도안. '탑재 예정 화물'을 표시한 이 도안은 "아래 갑판 292명 적재 계획. 이 중 130명은 선반 아래 적재함", "2피트 7인치 이하는 가장자리 선반에 적재함"이라고 하여, 여자, 남자, 아이 칸을 구분했다. 흑인의 열등성과 편견은 어떤 것이 제1 원인이 아니라 이러한 노예무역에서 출발한 열등한 문화적 조건과 편견의 상호작용이다.

경우는 사슬을 푸는 방법, 무기를 찾아 선원에 맞설 방법, 봉기가 성공한 뒤 배를 항해하는 방법을 알았을 때였다.

선상 반란의 원인을 묻는 것은 어리석은 일이다. 1791년 영국 의회 위원회 기록에 나와 있는 아프리카 노예선 생존자의 답변은 이렇다. "도대체 무슨 사업이길래 우리를 노예로 만들어서 고향을 떠나게 만드는가? 우리는 아내와 아이들이 있고, 그들과 함께 살고 싶을 뿐이다." 무슨 말이 더 필요할까.

노예로 잡힌 순간 이들은 서로 의지하던 친족 구조가 끊겼다.

그런데 노예선에서 이들은 '가상의 친족'을 형성했다. 노예선 아래 갑판에 형성되고 반복되었던 일련의 서로 돕는 사회가 만든 새로운 인간관계였다. 이들은 서로 '배에서 만난 동지', 뱃동지라고 불렀다. 이렇게 형성되었던 유대가 항해 끝에 팔려나갈 때 이별의 고통을 낳았다. 그럼에도 노예선에서 형성된 '흑인 가족'이라는 정체성이 아프리카계 아메리카 문화의 탄생으로 이어졌다.[76]

기계론적 접근

제1 원인에 대한 집착의 사촌쯤 되는 서술방식이 '기계론적 원인의 오류the fallacy of the mechanistic cause'이다. 사회 상황이나 시스템의 다양한 구성요소를 서로 분리된 것으로, 단일한 것으로, 독립적으로 작용하는 것으로 처리하는 설명 방식이다. 그러다 보면 복잡한 인과에서 덜어내거나 더하게 되고, 따라서 그만큼 결과를 확대하거나 축소한다.

'균형 잡힌 시각'이야말로 '기계론적 오류'의 전형적인 사례이다. 예컨대, 광해군 시대의 행위와 정책을 설명하면서, 외교는 잘했는데 내치內治가 문제였다는 등, 대동법을 실시했는데 북인의 독재가 문제였다는 등 하는 설명이다. 이는 정책이 갖는 상호작용, 연관성을 놓친 나머지 왜곡될 수밖에 없는 해석이다.[77] 대동법과 궁궐 공사는 공물貢物로 연결되어 있었다. 대동법이 공물을 합리적으로 줄이기 위한 정책이었다면 궁궐 공사는 공물의 과대 소비였으므로, 둘은 상극의 정책이었다. 또 대동법과 계축옥사는 사람으로 연결되어 있었다. 계축옥사를 기점으로 호조판서가 이원익李元翼과 함께 대동법을 추진하던 황신黃愼에서 궁궐 공사의 재정조달을 맡았던 이충李沖으로 바뀐다. 황신은 귀양을 갔고, 그것으로 대동법도 물 건너갔다.

이 문제는 궁궐 공사에 이어 명나라의 요청으로 후금과 싸우기 위해 군대를 파견한 일과도 맞물려 있다. 사르후 파병이다. 백성들을 편안하게 만들기는커녕 도탄에 빠져 허덕이게 만들어 인심이 떠난 지 오래였고, 군수물자는 군비가 아닌 궁궐 공사에 투여되고 있었다. 수군水軍은 목재, 석재를 나르는 데 동원되었고, 남한산성이나 강화에 비축해두었던 곡식 역시 공사 비용에 충당되었다. 파병할 때 군사들은 변변한 훈련이나 추위를 막을 옷을 받지도 입지도 못하고 떠났다. '시각의 균형' 뒤에 숨은 '미숙한 시각'을 구별해야 하는 이유이다.

내정은 그렇지만 외교는 잘했다는 논지에 대한 내 견해는 간단하다. 그렇게 외교와 국방에 관심이 있는 군주였다면, 그 외교와 국방의 근원적, 실제적인 힘인 민생과 재정을 안정시켜야 했는데, 광해군은 거꾸로 갔다. 민생과 재정을 파탄 내서 민심을 잃은 통치자가 외교에서 할 수 있는 선택지는 없다. 아니, 하나 있다. 상황이 되는 대로 그때그때 눈치껏 처신하는 것, 바로 기회주의이다.

자신의 역량을 주요 변수로 만들지 못하기 때문이다. 조선이 스스로 동아시아의 주요 변수 또는 상수가 될 수 있는 기회를 광해군은 발로 차버린 셈이다. 후금의 강성은 조선의 피폐를 배경으로 한다. 그것이 유일한 원인은 아니겠지만, 유력한 원인 중 하나이다.

참담한 사실

더 슬프면서도 흥미로운 사료를 하나 소개한다. 사르후 전투 때 장렬히 전사한 김응하金應河 장군 등과는 달리 도원수(총사령관) 강홍립은 마치 기다렸다는 듯 항복하였다. 문관이었던 강홍립을 도원수로 삼은 것은 광해군이 글과 말로 오고 가는 외교를 염두에 둔 것이라고 한다. 광해군의 밀명을 받은 강홍립이 '관형향배觀形向背', 즉 '형세를 보고 싸우든지 말든지 하는 전략(?)'을 취하다가 전황이 불리해지자 후금에 어쩔 수 없이 참전했음을 알린 뒤 항복했다는 것이다. 전후의 사정으로 보아 광해군의 비밀 지시는 있었던 것으로 보인다. 강홍립은 이후 광해군과 후금의 핫라인이 된다.

한 사람 더. 인조반정 이후, 이괄李适의 난* 때 후금으로 도망친 한윤韓潤은 강홍립과 함께 후금의 누르하치를 부추겨 조선으로 쳐들어갈 것을 청하였다. 누르하치마저 그들이 자기 나라를 배반한 것을 미워하여 꾸짖고 물리쳤다고 한다. 이후 누르하치의 대를 이어 홍타이시弘他時가 즉위하자 강홍립과 한윤이 간청하여 조선 침략의 소원을 이루었다. 결국 이듬해인 1627년(인조 5년)에 후금은 8만여 기騎의 군사를 거느리고 조선을 침략하는바, 바로 정묘호란

• 1624년, 인조반정에서 공을 세운 이괄 등이 이후 논공행상에 불만을 품고 일으킨 반란 사건.

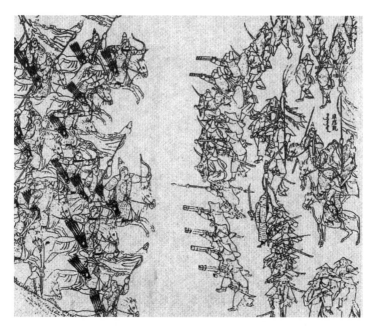

1619년 후금과 명이 벌인 치열한 전투를 기록한 〈사르후 전투〉(1635년경). 광해군이 이른바 '중립외교'를 맡겼던 총사령관 강홍립도 이 전투에 참전했고, 그는 마치 기다렸다는 듯 항복하였다.

이다.[78]

　강홍립의 역할은 무엇이었을까. 침략할 때는 길잡이였고, 조선과 후금이 휴전협정을 맺을 때는 통역을 맡았다. 어떤 사람은 강홍립이 앞잡이가 되었기 때문에 황해도 백성들이 덜 죽었다고 한다. 어찌 이런 해석을 할 수 있는지. 이게 광해군의 '중립외교', 아니 기회주의의 종말이다.

책임과 원인의 혼동

이 점을 놓치다 보니, 또 다른 해석의 오류에 빠진다. 사실 전쟁이 일어나면 원인이 무엇이든 위정자는 무한 책임을 진다. 그런 책임을 지라고 정치를 맡긴 것이니까. 그래서 임진왜란 때 불리한 전황 속에서 선조가 파천하자, 대가大駕(임금의 수레)에 돌이 날아들었다고 한다. 책임을 묻는 민심이었을 터이다. 그리고 책임은 당시 살았던 백성들만 묻는 것이 아니라, 그 시대를 연구하고 읽는 학자나 독자들도 묻는다. 감정이 이입될수록 그 책임 추궁은 심해진다. 역사를 탐구할 때 바람직한 자세는 아니지만, 사람이니까 어쩔 수 없는 일이기도 하다.

인조 때 일어난 정묘호란과 병자호란의 경우도 연구자들 사이에서 유사한 양상을 보인다. 인조 정권, 반정反正 세력에게 책임을 묻는 것이다. 있을 수 있다. 그 극단적 해석 중 하나가 명나라에 대한 명분에 사로잡혀 현실 판단을 그르쳤다는 평가이다.

일단 현실 판단에서 명분이 배제될 수 있는 것인지를 차치하고, 늘 원칙[理]과 형세[勢]를 함께 생각했던 사람들이 과연 그리 단순했을까 하는 의문도 차치하자. 또한 사신으로 갔던 사람들이 명나라는 이대로 가다가는 망할 것이라고 보고했고 명나라의 상황을 냉정하게 알고 있었는데, 과연 명나라에 대한 태도가 '맹목성'이라는 말로만 이해될 수 있는 것인지에 대한 물음도 차치하자.

명분에 사로잡혀 현실 판단을 그르쳤다는 평가의 가장 심각한 오류는 '책임을 원인으로 착각하는 오류the fallacy of responsibility as cause'이다. 거듭 말하지만, 선조든 인조든 위정자는 전쟁의 책임을 져야 한다. 그래서 정치가이다. 그러나 이들 또는 이들의 정책이 전쟁의 원인은 아니다. 주요 원인 중 하나는 왜군과 후금(청)의 침략이다. 이런 점을 혼동하면 우리는 원인의 늪에 빠져버린다. 이 오류는 윤리적인 문제를 수행자의 문제와 혼동함으로써, 둘 다에 대한 이해를 그르친다. 원래 "그 일이 어떻게 일어났는가?"라는 질문과, "누가 비판받아야 하는가?"라는 질문은 다른 것이다. 위의 오류는 이 두 가지 질문을 하고, 하나의 답을 요구한다. 이런 오류를 피하는 방법, 불행하게도 몸도 마음도 조금 떨어져서 보는 수밖에 달리 묘책이 없다.

17 | 역사 왜곡의 인간학

동기動機라는 말은 원인의 사촌쯤으로 보인다. 어쩌면 원인의 일종인지도 모른다. 앞서 인과, 원인을 다루면서도 '동기'에 대해 언급하지 않은 것은 동기라는 말에 들어있는 특별한 의미 때문이다. 바로 인간학의 측면이다. 더구나 역사에 동기와 결과가 다른 경우가 얼마나 많은가. 이런 조건 때문에, 원인―결과의 탐색이 여러 오류의 가능성에도 불구하고 역사적 설명으로 기능하는 데 비하여, 종종 동기에 대한 탐구는 이해가 아닌 상상으로, 즉 비역사적 설명으로 일탈하는 경우가 생긴다.

콩쥐―팥쥐론

쉽게 말하면 이렇다. 어떤 사건의 결과는 뭔가 이유가 있는 행동이고, 원인은 그 행동 뒤에 숨어 있는 생각이라고 이해하는 동기론은 인과론의 맥락에서 설명할 수 있다. 미국의 이라크 침략이 석유 때문이었든 후세인 제거를 위해서였든, 이는 침략의 동기가 원인을 대신할 수 있다.

그런데 인과론의 맥락을 떠나 동기를 정형화된 행위의 패러다임으로 이해한다면 문제가 다르다. 그런 게 있나, 하는 독자도 있을지 모르겠다. 우리가 곧 살펴보겠지만, 의외로 그런 일은 자주 일어난다. 조금 비꼬아서 말하자면, 나는 이런 오류를 "원인과 결과를 설명하는 통상의 의미로부터 시간을 초월한 인간학적인 영

완주 콩쥐팥쥐 마을의 벽화. 전주, 김제, 완주 세 지방자치단체가 콩쥐 팥쥐 이야기에 나오는 동네를 놓고 논란을 벌이기도 한다. 전래동화 '콩쥐 팥쥐'는 콩쥐가 계모와 이복동생인 팥쥐에게 구박을 받지만 그 모든 고난을 이겨내고 행복하게 산다는 내용의 이야기이다. 권선징악의 통쾌함 때문에 읽히고 또 읽힌다. 그런데 동화는 동화로 끝나야지 역사로 나오면 낭패를 본다.

역으로 넘어오면 생기는 것"이라고 표현하고 싶다. 이때의 인간학이란 역사적 맥락이 거세된 논의를 말한다.

　나는 이를 콩쥐-팥쥐론이라는 학술용어로 설명한다. 예를 들어 조선시대 역사를 공부할 때 자주 나오는 명분과 실리라는 말을 보자. 앞 장에서 미루어놓은 주제였다. 어떤 사람들은 이 둘을 이분법적으로 갈라놓고 명분은 헛된 것, 실리는 바람직한 것이라는 콩쥐-팥쥐 논법을 적용한다. 콩쥐-팥쥐 논법이란, 동시에 있을 수 있는 정책이나 견해를 선/악 모드로 환원하는 '한국 역사학의 포폄론'을 말한다. 이 신종 근대 포폄론은 당색과 근대주의를 배경으로 국사, 특히 조선시대사를 이해할 때 대중의 편견을 강화하며 교묘하게 기생하고 있다.

위의 말에서도 드러나듯이 콩쥐-팥쥐론은 어떤 인물에 대한 역사적 이해에만 국한된 개념이 아니라 우리의 사유 전반에 걸친 이분법, 환원론에 대한 반성이다. 우리가 논의하려는 동기론의 익숙한 사례이므로 소개해둔다.

거짓 기억

동기론의 오류를 본격적으로 논의하기 전에, 역사학도의 눈을 끄는 기사 하나를 보고 가려고 한다. 2013년 7월 25일 CNN은 미국 매사추세츠공대MIT의 도네가와 스스무 교수팀이 과학전문지 〈사이언스〉에 거짓 기억 재현 실험에 관한 논문을 게재했다고 보도했다. 도네가와 교수팀이 정보를 부호화해 쥐의 뇌세포를 조작함으로써 거짓 기억을 만들어내는 데 성공했다는 것이다(연구자들은 실험용 상자에 쥐를 넣고 발에 전기 충격을 가했다. 그리고 유전학적으로 상자에서 충격받은 기억에 반응하도록 이 쥐의 뇌세포를 바꿨다).

거짓 기억의 존재는 심리학자들 사이에서도 낯익은 주제 중의 하나이다. 그러므로 새삼스러운 현상이라고 할 수는 없지만, 거짓 기억의 메커니즘을 뇌에서 확인했다는 의미는 크다. 단기기억과 장기기억의 메커니즘을 밝힌 뇌과학이 거짓 기억의 메커니즘까지 설명할 수 있게 된 것이다.

실험실 쥐. 도네가와 교수팀은 쥐의 뇌세포를 조작해서 거짓 기억을 만들어냈다. 그럼 인간의 실제 기억을 거짓 기억으로 송두리째 바꾸는 '토털리콜total recall'도 가능할까? 역사학은 이런 사태에 대비하여 오랫동안 대책을 강구해왔다.

　도네가와 교수는 "우리는 사람의 기억을 믿을 수 없음을 사회에 계속 상기시켜야 한다"라고 말했다. 거짓 기억이 실제 기억을 대체할 수 있다는 점을 고려하면 그의 말은 정당하다. 일어나지 않는 일에 대한 거짓 기억을 가진 사람이 그 기억을 실제 일어났다고 굳게 믿는다는 것이 어떻게 바람직한 상황이겠는가. 그렇지만 역사학은 이런 사태에 대비하여 수천 년 동안 대책을 강구해왔다. 우리가 지금 고민하고 있는 역사탐구의 오류와 진실이라는 주제가 바로 그것이다. 우리는 지금 '기억은 믿기 어렵다는 점을 상기시키는 것'을 넘어, '어떻게 믿을 수 있는 기억을 전하고 이야기할 수 있을지'를 논의하는 중이다.

호모 사피엔스?

'이상화의 오류the idealist fallicy'라는 것이 있다. 배타적이고 좁은 의미에서 인간을 호모 사피엔스Homo sapiens라고 치고 인간의 행동을 해석하는 것이다. 이런 환원론의 어리석음은 명백하다. 어떤 개별 인간이 어느 정도 '사피엔스'라면 그는 동시에 '분노하는furens' 인간이고(세네카), '노는ludens' 인간(하위징아), '만드는faber' 인간, '듣는odiens' 인간이기도 하다. 또한 우리는 이 글에서 '역사-인간Homo historicus'에 대한 논의를 진행하는 것이고.

이상화의 오류는 단순히 인간이라는 존재의 합리적 요소만 찾아 설명하려는 데서 생기는 오류이다. 이는 인간성과 합리성 둘 다 왜곡하는 결과는 낳는다. 예를 들어 '합리성을 가진 인간이 각자의 필요에 맞는 경제 활동을 통해서 수요와 공급이 균형을 이룬다, 이것이 교환 일반의 원리이다'라고 해석하는 경우가 그러하다. 미국식 주류 경제학 교과서에 나오는 이런 설명은 교환의 발생, 시장의 역사성과 근대 시장의 독점과 폭력에 대해 거의 아무것도 설명하지 못할 뿐 아니라, 심지어 실상을 왜곡하고 만다.[79]

역사학자로서 호모 사피엔스에 대신하여 '노는 인간'에 주목했던 요한 하위징아는 놀이 역시 하나의 의미 기능이며 문화의 기초라고 보았다. 설날이 되면 먼 데 사는 동생들이 모처럼 휴가를 내서 집에 찾아오고 우리는 윷놀이에 정신이 팔리곤 했다. 간간이 사촌동생, 처남, 장모님이 들락날락하며 짝이 변하기도 하고, 쉴 새 없이 먹으며 소리를 지르고 탄식했고 발을 굴렀다. 이 느낌, 윷

놀이를 해본 사람은 알 것이다. 아마 단독주택이 아니었으면 벌써 아래층에서 뛰어 올라왔을 것이다. 오죽했으면 집으로 돌아간 제수씨는 몸살이 났을까! 이걸 어떻게 지혜와 어리석음이라는 잣대로 잴 수 있겠는가.

왜 노름꾼이 자신을 잊도록 도취되는가? 왜 축구 시합에 그 많은 사람들이 열광하는가? 이렇게 놀이에 열광하고 몰두하는 것은 생물학적인 분석으로는 해석할 수가 없다. 그러나 놀이에 이렇게 열광하거나 몰두하는 것, 즉 미치게 만드는

인간만이 아니라 다른 동물들도 논다. 예를 들어 강아지들을 보자. 강아지들이 앙~ 하면서 싸우는 듯 놀 때 그들은 종종 서로 귀를 물곤 하는데, 심하게 물지는 않는다. 이건 규칙이다. 막 화가 난 척하는데, 이렇게 화나는 척함으로써 그들의 놀이가 더 재미있고 즐거워지는 것이다.

힘 속에 놀이의 본질, 원초적인 성질이 깃들어 있다. (…) 동물은 논다. 그러므로 틀림없이 동물은 기계적인 동물 이상이다. 인간은 놀며, 논다는 사실을 안다. 그러므로 분명 인간은 이성적 존재 이상이다. 왜냐하면 놀이란 비이성적인 것이기 때문이다.[80]

왕권 강화라는 해석

그런데 다름 아닌 나 자신이 '이상화의 오류'를 범하였다. 다음 글을 보자.

광해군을 재평가하는 사람들이 눈을 감든지 어물쩍 넘어가는 사안 중의 하나가 광해군 대 내내 계속된 궁궐 공사이다. 많은 분들이 왜 그렇게 궁궐 공사를 했느냐고 묻는다. 그 이유는 간단하다. 그것을 '왕권 강화의 방법'이라고 생각했던 것이다.

'전시행정展示行政'이란 말이 있다. '보여주기 위한 행정'이란 뜻이다. 그걸 국왕이 한 게 궁궐 공사라고 생각하면 된다. 뭔가 존재감을 보여주고 과시를 해야겠는데, 마땅한 정책도 아이디어도 없으니까 보도블록 새로 깔고, 청사廳舍나 짓고, 무슨 '축제'니 하는 이벤트를 하는 것과 다를 바 없다. 또한 독재정권일수록 동상이나 탑 등 대형 건조물에 집착하는 것도 마찬가지이다. 그 배경과 발상은 같다.[81]

얼핏 보면 그럴듯한 설명이었다. 통상 궁궐 공사를 왕권 강화의 상징으로 이해하는 경향이 많았으므로 나 역시 그런 편의적인 통설을 따랐다. 그러나 다행히 다시 이렇게 덧붙이기는 하였다.

> 왕권은 강화하지 않아도 원래 강한 것이다. 그게 관료제든 왕조체계든 '위계'로 볼 때 가장 강한 권력이 제도적으로 국왕에게 부여되어 있다. 그러면 그 제도를 활용하면 된다. 인재를 널리 등용해서 정치세력을 확대하여 그로부터 군주에 대한 지지를 끌어내는 방법도 있고, 백성들의 어려움을 해결해주어 비상시에 곧 군사력이 되는 그들의 지지를 확보해두는 것도 유력한 왕권 강화의 한 방법이다. 국왕이 왕권을 강화할 수 있는 그 많은 방법과 장치를 제쳐두고 겨우 선택한 것이 궁궐 공사라니···. 왕권 강화의 방법을 '궁궐 공사'에서 찾는 것 자체가 이미 통치력 부재를 보여주는 명확한 증거이다. 역사적으로 가장 어리석은 왕권 강화책이 바로 궁궐 공사였음은 패망을 재촉한 숱한 군주들의 사례에서 발견되는 바이다. 안타깝게도 광해군도 그중 하나의 사례를 더하고 말았다.[82]

실은 '미쳤다'

광해군의 궁궐 공사에도 왕권 강화라는 측면이 없지 않았을 것이다. 사실 그런 대규모 공사를 할 수 있음을 보여주는 것 자체가 왕권의 행사이자 상징적 표현이었다. 그런데 더 구체적인 이유가 있었다. 광해군은 새로 지은 창덕궁에서는 무슨 소리가 들린다고 늘 하소연했다. 그는 기존 궁궐에서 매우 불안해했고 그 결과 풍수설에 깊이 빠져들었다.

광해군이 신뢰한 인물이 있는데, 이의신李懿信, 성지性智, 그리고 시문룡施文龍이다. 이의신은 교하交河(현재의 파주시 교하) 천도를 주장했으나 좌절되었다. 성지는 다시 속세로 돌아온 승려로 풍수지리 전문이었고, 시문룡은 풍수를 볼줄 안다고 정인홍鄭仁弘이 천거했던 중국인이다. 정인홍은 광해군이 믿었던 멘토였다. 인왕산 기슭에 있는 궁궐이 바로 인경궁仁慶宮인데, 광해군 대 핵심 권력 이이첨이 건설을 건의했고 그 배후에는 성지와 시문룡이 있었다. 수도를 옮기는 천도를 계획했다가 반대에 부딪자, 광해군은 대신 인경궁을 짓는 것으로 아쉬움을 달랬던 셈이다.

이런 광해군의 정신 상태 때문에 조선시대 사람들은 그를 '혼군昏君'이라고 불렀다. '정신 나간 임금'이라는 뜻이다. 나도 쭉 그렇게 불러왔다. 영화 〈광해〉의 광해군(광해가 되었던 광대 '하선'이 아니라!)이 실제 광해군과 유사하다. 소심하고 불안해하며 결정을 미루고 화를 잘 내는 편이었다.

그래서 즉위년에 이미 창덕궁이 완공되었는데도 무슨 소리가 들린다며 머무르지 않았고, 계축옥사 뒤인 광해군 7년에는 "대조전大造殿은 어둡고 불편하여 오래 머물 형편이 못 되므로 창경궁으로 옮기고 싶은데, 선수繕修(리모델링)하란 명이 내린 뒤로 대신과 유사제조有司提調가 서로 잇달아 피하고 들어가니, 지극히 한심스럽다"라고 짜증을 내기도 하였다.[83] 이런 광해군을 두고 의학적으로 '미쳤다'라고 진단하는 한의사도 있었다.[84]

콜링우드의 오류

나는 그 한의사의 광해군 대 역사에 대한 이해, 나아가 광해군 대와 연관된 전후 시기의 이해에 동의하지 못하는 바가 꽤 있다. 그런 이유와 별도로 광해군에 대한 그의 의학적 진단은 살펴볼 대목이 있다. 역사학자들은 좀체 '미쳤다'라는 판단을 꺼린다. 앞서도 말했듯이 역사학자들은 자꾸 뭔가 '합리적 이유' 속에서 사건을 설명하려고 든다. 이는 인간성의 측면으로 보나 합리성의 측면으로 보나 타당한 태도가 아니다. 제정신이 아닌 인간이 현실에는 얼마나 많은가?

한국 역사학도에게도 잘 알려진 콜링우드R. G. Collingwood (1889~1943)의 저술은 '이상화의 오류'의 일반적인 사례 중 하나이다. 그는 다음과 같은 전제를 가지고 역사를 이해하였다.

> ① 모든 역사는 사상의 역사이다. 단순한 사상이 아니라 반성적 사상의 역사이다. 역사는 의식 consciousness에 의해 수행되며, 의식에 의해 구성 된다.
> ② 그러므로 사상사the history of thought는 모든 역사

이다. 역사는 역사가의 마음속에서 지나간 사상을
다시 입법立法하는 것이다.
③ 그 결론을 증명하기 위하여 호소할 데는 역사적
사상 그 자체 외에는 없다.[85]

조금 무리해서 요약하자면, 그에게는 "사상만이 사건이다". 역사
가는 그의 재再생각 과정을 통해서 그 사건을 알 수 있다. 그는 "역
사가는 사람이 먹고, 자고, 사랑하고 그들의 욕구를 만족시킨다는
사실에 대해서는 관심이 없다"라고 단언하였다. 그러니 그의 책
《역사의 관념The Idea of History》이 얼마나 재미없었겠는가. 이렇
게 해서 그의 이념은 반反역사적, 반경험적인 우스꽝스러운 것이
되어버린 듯하다. '설마 콜링우드 같은 학자가…' 하실지 모르지만,
적어도 몇몇 언명을 보면 그의 관점은 조심해야 할 데가 있다.

예전에 동아시아 전통 역사학을 경사합일經史合一이라 하여 마치
역사학이 경학에 종속된 듯 설명하던 때가 있었다. 그러나 동아시
아에서 경사가 합일된 적은 없었다. 경經은 경이고, 사史는 사였다.
콜링우드를 보면 오히려 유럽사학사 일각에서 계속 철학과 역사
를 구분하지 못하고 혼동하는 일련의 전통이 있던 게 아닌가 싶다.

물론 어떤 역사학의 대상이 사상사일 수는 있다. 내가 조선사상
사를 전공하듯이. 또 어떤 사상은 역사가의 마음속에서 다시 입법
될 수 있다. 내가 역사학의 목적론과 근대주의를 비판하면서 광해
군 시대를 다시 구성하였듯이. 그러나 역사가의 관심을 끄는 어떤

사상이 감정과 분리될 수는 없으며, 더구나 사유를 낳는 시간과 공간의 구조로부터 자유로울 수는 없다.

인간 일반

어떤 역사적 상황에서 떼어내어 더 일반적인 설명을 이끌어내는 데서 생기는 오류, 즉 동기의 일반화를 찾는 데서 생기는 오류의 한편에는 각각의 인간을 '인간 일반man in general'으로 이해하는 오류가 있지 않나 생각한다. 흔히 하는 말로 '인간은 원래 그래!'라는 단언이다. "인간은 원래 이기적이야!", "남자는 원래 폭력적이야" 등등. 그러니까 인간의 '어떤 성격'을 강조하면서, 혹은 그 성격으로 인간 자체를 환원하면서 다른 측면을 배제하는 것이다. 그런 점에서 '합리성'의 자리에 '이기심'이나 '폭력성'이 들어갔을 뿐이지 동일한 논리 속에 있다.

이 '인간 일반'의 논리를 배경으로 한 역사서술은 18세기 유럽에서 등장하였다. '보편적 인간의 오류the fallicy of universal man'라고 부를 수 있는 이 오류의 대표자는 데이비드 흄이다. "인류는 모든 시간과 장소에서 동일하다. 그래서 역사는 특별히 새롭거나 낯선 일을 우리에게 알려주는 일이 없다." 볼테르도 "인간 일반은 항상 지금 그대로의 모습이었다. 그렇다고 인간이 항상 지금처럼 좋은 도시에서 산 것은 아니었다. 그러나 그는 항상 자신의 만족으로 이끄는 똑같은 본능을 가지고 있었다"라고 거들었다. 그러나 볼테르가 말하는 인간의 보편적 본능은 루소에게는 없었다.

하지만 주의할 점이 있다. 종종 미국 역사학자 중에는 흑인에 대해 왜곡된 기술을 남긴 사람들이 있다. 필립스Ulrich B. Philips (1877~1934)는 "노예는 흑인negroes이다. 그들은 반항적이라기보다 순종적이며, 비관적인 대신 경쾌하고, 무뚝뚝하기보다는 상냥하고 공손하다"라고 하면서 흑인이라는 인종의 성격을 단순화했다. 이를 비판했던 스탬프는 "노예도 평범한 인간이다. 결국 흑인은 검은 피부를 가진 백인일 뿐, 그 이상도 이하도 아니다"라고 말했다. 스탬프가 훨씬 휴머니스트이고 그의 논의도 생물학적으로 타당하지만, 이런 반론에도 오류가 포함되어 있다.

흑인 노예들은 아프리카 어딘가에서 뚝 떨어져 미국에 내팽개쳐졌다. 전혀 선택할 수 없는 노예로서의 삶을 강제당했다. 이들의 문화적, 심리적 상태가 어떻게 백인과 같을 수 있겠는가? 이들이 언제 백인과 같은 교육과 경제적 혜택을 누렸는가? 스탬프식의 비판은 흑인 노예의 현실에 대한 또 다른 왜곡의 가능성을 염두에 두어야 한다.

대중과 개인의 착각

'인간 일반'을 전제로 하는 역사탐구에는 대중을 하나의 인격으로 환원하거나, 어떤 개인을 마치 대중인 듯이 해석하는 오류도 수반한다. 대문자 역사History, 즉 어떤 초월적이고 추상적인 힘이나 보편적인 법칙에 의해 이끌려간다고 상정하는 역사에서 이런 착각이 종종 일어난다. 헤겔이 독일 예나로 진군해오던 나폴레옹

프랑스 혁명 시기를 배경으로 한 뮤지컬 〈레미제라블〉의 시민군 합창 장면. 프랑스 혁명은 마치 역사가 '해석의 역사'인 듯한 착각을 불러일으킬 만큼 계속 다시 쓰여지고 있다.

을 보면서 '마상馬上의 세계정신'이라고 경탄했던 일은 유명한 일화이다. 실제로 헤겔은 이후 '이성의 간지List der Vernunft'라는 말로 아예 대중을 대변하는 영웅마저도 지배하는 또 다른 실체를 만들어냈다. 중세에는 기독교의 신이 그 자리에 있었다면, 헤겔에게는 '절대정신=이성'이 그 자리를 차지한 것이 다를 뿐이었다.

그러나 마르크스가 말했듯이, "역사란 아무 일도 하지 않는다. 그것은 엄청난 재산을 소유하지도 않으며 전투를 벌이지도 않는다. 모든 일을 행하는 것은, 소유하고 싸우는 것은 오히려 인간, 즉 현실의 살아있는 인간이다".[86]

분명 역사에는 상당한 정도까지 숫자의 문제가 있다. 농민봉기도, 의병항쟁도 숫자가 있어야 역사에 남는다. 다수 인민의 움직임에 대해 주목하는 역사학자와 다른 접근도 있다. 위인전으로 익숙한 영웅사관이다. 《영웅숭배론》(1841)을 쓴 토머스 칼라일Thomas Carlyle은 응당 '역사란 위대한 인물들의 전기'라고 하는 유감스러운 주장에 책임을 져야 할 사람이다.

그러나 카는 그가 역사책 속에서 이야기하는 말에 귀 기울여보자고 제안한 바 있다. "2500만 명의 가슴을 무겁게 짓누르는 굶주림과 헐벗음과 악몽같은 억압! 철학자연하는 변호사나 부유한 상인이나 지방 귀족의 상처 입은 자만심이라든가 퇴짜 맞은 철학이 아닌, 바로 이것이 프랑스 혁명의 주요한 동인이었다. 어떤 나라에서든지 그와 비슷한 모든 혁명의 경우에는 마찬가지일 것이다."

프랑스 혁명의 칼라일과 볼셰비키 혁명의 레닌이 보았던 '수백만'은 수백만의 '개인들'이었다. 거기에는 '세계정신' 같은 비인격적인 무엇은 전혀 없었다. 이런 문제에 관한 논의에서는 가끔 익명성과 비인격성을 혼동하는 경우가 있다. 허나 우리가 그들의 이름을 모른다고 해서 사람이 사람이기를, 또는 개인이 개인이기를 그만두는 것은 아니다.

3부

어떻게

역사를

해석할 것인가

해석의 오류

'인간은 원래 그런 거다'라고 시작하면 이미 답은 닫혀 있다. '남자는 원래 그래'라든지, '우리나라 사람들이 그렇지 뭐'라는 식의 출발은 결론을 보지 않아도 안다는 말이다. 그런 점에서 답이 닫혀 있다는 건 조금 슬픈 일이다. '우리 민족은 이렇다'라고 시작하는 어법語法, 참 많이 듣고, 많이 썼던 어법이다. 그런데 그렇게 시작하는 순간 오류에 빠진다는 걸 보여주는 인물이 있다. 그 인물을 통해서 우리의 오류를 줄여보자. 아참, 이 글은 전통문화연구회에서 3·1절 기념 칼럼을 의뢰하여 그 계기로 쓰게 되었던 건데, 정작 칼럼으로 실리지 못한 필화筆禍를 겪었다. 이유를 물어도 대답이 없었다. 독자들이 이 글에서 그 이유를 찾아보시기 바란다.

기말고사의 기억

역사학의 역사인 사학사史學史나 조선시대사 강의를 주로 맡았던 나는 한동안 기말고사 때 꼭 내는 시험문제가 있었다. 학기 초에 강의계획서를 설명하면서, 미리 기말고사 문제의 하나를 제시했는데, 학기 중에 고민했다가 답안을 작성하라는 취지였다. 다음은 그 시험문제이다.

이광수李光洙의 〈민족개조론〉을 비판하라.

얼핏 보면 충분히 답변이 가능할 것 같은데도, 학생들의 답안은 심정적인 비판 쪽에 가까웠지 논리적, 사실적이라고 보기 어려울 때가 많았다. 대체로 80점은 넘는데, 90점 이상이 적었다고나 할까. 내가 무엇을 잘못하고 있는지 계속 궁금했다.

그러던 어느 날 분단시대론을 비롯하여 근현대사 연구의 주춧돌을 놓으신 강만길 선생님을 모시고 식사 자리가 있었다. 얘기를 나누던 중 나는 기말고사의 경험을 선생님께 털어놓았다. 중요한 문제라는 데 동감하시면서, 그러면 다음에는 단재丹齋 신채호申采浩와 비교하여 서술하라는 방식으로 바꾸면 어떻겠느냐고 조언하셨다. 좋은 대안이라는 생각이 들었다. 역사학자이면서 해외로 망명하여 독립운동에 매진하다 감옥에서 일생을 마친 인물과 이광수를 비교하면 설득력 있는 답안이 가능할 듯도 싶었다. 그러나 나는 이를 시도해보지는 못하였다. 다만, 시도했더라도 인물 비교는 가능했겠지만, 역시 이광수의 〈민족개조론〉 자체를 비판한다는 목

춘원 이광수. 1937년 수양동우회 사건 때 이광수는 치안유지법 위반으로 구속되었지만, 총동원 체제 아래의 위험하지 않은 일탈이었다. 재판 도중 그는 가야마 미쓰로香山光郎로 창씨개명을 했다.

적을 십분 달성하지는 못하지 않았을까 생각한다. 내가 이광수를 비판하기에는 약했던 것이다. 무엇이 약했을까?

원시민족의 변천

이광수는 파리 평화회의 이후 국제연맹이 조직된 시대를 '개조의 시대'라고 규정하였다. 제국주의 세계의 개조, 생존경쟁 세계의 개조, 남존여비 세계의 개조. 이런 누구도 거부하기 힘든 근대 사상의 비전을 기조로 "이 시대사조는 우리 땅에도 들어와 각 방면으로 개조의 부르짖음이 들립니다. 그러나 오늘날 조선 사람으로서 시급히 하여야 할 것 개조는 실로 조선 민족의 개조외다"라고 선언하였다.

> 원시시대의 민족 또는 아직 분명한 자각을 가지지 못한 민족의 역사는 자연현상의 변천의 기록과 같은 기록이로되 이미 고도의 문명을 가진 민족의 역사는 그의 목적의 변천의 기록이요, 그 목적을 위한 계획과 노력의 기록일 것이외다. 따라서 원시민족, 미개민족의 목적의 변천은 오직 자연한 변천, 우연한 변천이로되 고도의 문명을 가진 민족의 목적의 변천은 의식적 개조의 과정이외다.[1]

그는 조선 민족이 변하지 않고 정체되어 있었다고 말하지 않는다. 과거에 숱하게 변하였으되, 그 변천은 자연적이고 우연한 변천이지 목적의식적이고 통일적인 계획을 가진 변천이 아니었다고 주장하였다. 곧 원시민족의 그것이었지, 문명을 가진 민족의 변천은 아니라는 말이었다. 19세기 이래 전형적인 문명-야만, 문명-원시의 이분법에 입각한 논설이었다.

미숙한 어른의 붓끝

> 서른 살을 기점으로 하여 어른다운 삶을 전개하는 마당에서 춘원은 아내 허영숙의 명령 앞에 무릎을 꿇고 있는 형국이다. 아내 허영숙은 그러니까 고아 출신의 춘원에겐 제2의 고향이요 어머니의 젖무덤과도 같은 것이다. 도산(안창호)이 그에게 아버지라면, 허영숙은 그에게 어머니였다. 춘원은 이 시점에서 방랑에 종지부를 찍을 수 있었다. (…) 방랑의 끝, 그것이 그에겐 귀국이었다. 춘원은 이 귀국을 하느님의 명령이라 주장하였다. 팔자로 정해진 것, 그것이 그의 강변이었다.[2]

3·1운동을 주도했던 인물들이 아직 감옥에 있었던 1921년 봄, 임시정부의 대변인이었던 이광수가 귀국했다. 이광수는 수백만 명이 참가했던 3·1운동을 체험하지 못하였다. 또 아무리 2·8선언이 그의 사상과 동떨어진 일탈이었다고 해도 당시 상황에서 이광수의 귀국은 허영숙을 빼고는 설명하기 어려웠다. 바야흐로 흔히

'문화 정치'라고 불리는 일제의 고등 술책이 작동하던 시기였다. 이광수는 귀국 한 달 뒤인 5월 허영숙과 결혼했다. 국문학자 김윤식은《이광수와 그의 시대》(2008)에서 다음과 같이 정리하였다.

> 도산을 한쪽 팔로 하고 허영숙을 다른 한쪽 팔로 삼은 이광수는 자기 말대로 이젠 청승스러운 승려가 아니요, 바로 '임금의 아들'이었다. 천하에 무서운 것이 없었다. 무엇이나 하면 될 수 있는 상태였다. 날개가 돋아 펄펄 날 것만 같았다. 방랑은 끝난 것이다. 이제 어른이 된 것이다.
>
> 어른이 된 그가 할 수 있는 일은 무엇이었던가. 한마디로 그것은 '민족개조론'을 주장하는 일이었다. 논설로써 민족적 경륜을 펼치는 일이었다. 이 집념과 자부심은 하도 강한 것이어서 그가 귀국하여 제일 먼저 착수한 사업이었다. '내가 아니면 이 민족을 구할 자 없다'라는 명제보다도 '나만 한 민족적 경륜을 가진 자는 없다'라는 명제가 이광수에겐 너무도 크고 집요하여 그 강렬도는 글로 쓰고자 하면 논설보다 소설을, 또 소설도 자전적인 것도 아닌 허구적인 것으로 하라는 지배인 허영숙의 엄명을 거역할 정도였다.[3]

도쿠토미 소호

이광수의 〈민족개조론〉을 이해할 수 있는 참고자료가 있다. 의외로 많은 분이 잘 모르는 인물이다. 도쿠토미 소호德富蘇峰. 1910년

도쿠토미 소호. 우리가 알고 있는 식민사관은 그의 책 《조선통치요의》에서 출발했다. 조선 사람들을 뼛속까지 천황의 신민으로 만들려고 했던 그는 1936년 이광수를 만났을 때 자기의 조선 아들이 되어 달라고 부탁했다. 그리고 이광수는 창씨개명 뒤 그렇게 되었다.

8월 강제 합방 이후 조선총독부 기관지인 〈경성일보〉만 남기고 나머지 조선 언론을 통폐합한 장본인이다.[4]

그는 이른바 민족동화정책을 입안하여 실행하였는데, 이는 이광수의 민족개조와 식민지 민족말살이라는 사안과 연결되어 있다. 그가 남긴 책이 모두 400권이라는데, 그중 조선을 병합한 뒤 쓴 조선 지배 지침서가 《조선통치요의》였다. 그는 영국의 아프리카 지배와 일본의 조선 지배는 다르다는 식민사관을 편 인물이다. 그는 조선정치사를 음모사라고 불렀다. 우리가 앞서 요즘도 이렇게 인식하는 '역사 소비자'들이 많다는 점을 살펴본 바 있다. 음모에는 정쟁이 따르게 마련이고, 조선의 붕당 싸움은 세계 어느 곳에서도 찾을 수 없는 악정惡政으로 묘사된다. 그 결론은 다음과 같다.

(일본은 조선에 대한) 통치 목적을 달성하기 위하여 첫째, 조선인에게 일본의 통치가 불가피함을 마음에 새기도록 해야 한다. 둘째, 자기에게 이익이 따른다고 생각하게 만들고, 셋째, 통치에 만족하여 기꺼이 복종하게 하고 즐겁도록 하는 데 있다.

도쿠토미는 그렇지 않아도 좌절에 빠져 있는 조선 지식인들을 무력하게 만드는 데 기여했다. 빙허憑虛 현진건玄鎭健(1900~1943)의 《술 권하는 사회》를 떠올리면 된다. 이광수는 보통 사람들이 읽어야 할 책 8권을 선택하면서 필독서에 도쿠토미의 《소호 문선》을 포함시켰다. 이광수와 도쿠토미의 만남은 매일신보 사장 아베의 주선으로 이루어졌다. 〈매일신보〉에서 《무정》을 연재했던 이광수는 연재를 마친 뒤 1917년 8월 부산항에서 도쿠토미를 만났다.

1936년 이광수를 만났을 때 도쿠토미는 자기의 아들이 되어달라고 부탁하였다. 자신의 조선인 아들로, 크게 되어달라고 말이다. 이듬해 이광수는 수양동우회修養同友會 사건으로 안창호와 함께 검거되었다. 중일전쟁을 일으킨 일제가 전시 체제를 재편하는 과정에서 온건 지식인 단체까지 수사, 해산하였던 것이다. 이는 온건 지식층을 둘로 나누는 계기가 되었다. 안창호, 홍난파 등은 고문 후유증으로 병사하였던 한편, 이광수, 주요한 등은 전향한 뒤 친일 협력 세력이 되었다. 이광수는 재판을 받는 도중 가야마 미쓰로로 창씨개명을 하였다. 그리고 도쿠토미에게 편지를 보내 말했다.

내 자식이 되어달라는 선생의 말씀을 들은 지 5년의 세월이 지난 오늘에야 선생의 간곡한 부탁을 따르게 되었습니다. (…) 조선인은 앞으로 텐노(천황)의 신민으로서 일본 제국의 안락과 근심 걱정을 떠맡고 나아가 그 광영을 함께 누려야 한다는 사실을 깨닫고 국민 수업에 전념하게 되었습니다. 이제 조선이야말로 텐노 중심주의로 나아가야 하리라 생각합니다.

생존과 투항 사이

이광수는 과거에만 그러한 것이 아니라, 현재의 조선인도 스스로 이룬 것이 없다고 생각했다. 전등, 수도, 전신, 철도, 윤선輪船(증기선), 도로, 학교…. 즉 조선인은 근대를 표상하는 문물을 이룩하는 데 기여한 바가 없다는 것이다. 조선인이 세운 교육기관이라야 고등보통학교 몇 개에 불과하고, 산업기관이라야 자본 1000만 원에도 못 미치는 구멍가게 같은 은행 몇 개가 있을 뿐이라는 것이다.

이런 의식을 주목해야 한다. 그의 문제의식에 무실務實, 역행力行을 주장했던 목표가 담겨 있기 때문이다. 식민지 제국들은 이렇게 자신들의 근대 문명을 이루어갔다. 그 문명을 바탕으로 세계 곳곳에 식민지를 건설하고 있었다. 식민지 조선은 달랐다. '문명'의 탄생과 발전에 기여는커녕 그 '문명'의 주인들에게 예속되어버렸다.

생존하기 위해서는 '문명'의 주인들과 대등할 수 있는 길을 찾아야 했다. 어깨를 나란히 할 수 있어야 했다. 이광수가 전등, 수

출근하는 시민들. '그럭저럭 산다'라는 것은 흉이 아니다. 그럭저럭 살기가 얼마나 어려운지 역사의 경험은 보여준다. 인류의 이상이 '그럭저럭 살 수 있는 세상'을 만드는 것이라고는 할 수 없어도, 삶의 리듬을 챙기며 살 수 있는 세상은 누구에게나 소망이 아닐까. 식민지에 서는 종종 그 생존을 확보하기 위하여 투항과 투쟁의 기로에 서야 했다.

도, 전신, 철도 등등 쭉 열거하는 것은 그냥 생각나는 대로 적은 것이 아니다. 바로 근대 '문명'이고 식민지의 '주인'들이 가지고 있는 것들이다.

그런데 식민지는 그렇게 생존을 위해 확보해야 할 조건을 만들어가는 데도 결단을 요구하였다. 제국과 식민지는 결코 대등하지 않았기 때문이다. 이는 '문명'의 차이이며, 지배-피지배의 차이이기 때문이다. 식민지의 노동은 제국의 자본을 위해 존재하기 때문이다. 그러므로 대등하기 위해서는 선택해야 한다. 투항할 것인가, 투쟁할 것인가! 투쟁을 선택하는 순간 대등해질 것이지만 위험하며, 그래서 투쟁하고 싶어도 마음뿐인 경우가 많다.[5] 반면 투항하면 실제로 대등해질 리는 만무하지만, 대등해졌다는 자기기만을 내면화할 수는 있을 것이다.

이광수의 〈민족개조론〉은 후자였다. 투항할 때는 대들지 않는다. 〈민족개조론〉에 일제의 침략에 대해 일언반구도 없는 것은 결코 우연이 아니다.

역사로부터 본성으로

투항이든 투쟁이든 선택하여, 앞으로 어떻게 할 것인지를 얘기하다 보면 반드시 거치는 과정이 있다. 그렇다. 반성이다. 왜 지금 이렇게 되었는가를 묻고, 지금까지 진행되어온 사정을 점검한다. 회상하거나 일기를 들추어보는 것도 이때이다. 이광수도 〈민족개조론〉에서 그리하였다. 그 기억과 기억하는 방식이 곧 이광수의 역사론이 된다. 이 부분이 정교해야 투항이 투항처럼 보이지 않는다. 거꾸로 일본 제국의 입장에서는 이 부분이 정교해야 침략과 지배가 침략이나 지배로 보이지 않는다.

이광수는 식민지 상황의 원인을 악정惡政이라고 했다. "조선 민족의 쇠퇴의 책임은 그 치자계급—즉, 국왕과 양반에게 있다." 정치를 문란케 한 것, 산업을 쇠잔케 한 것, 국민교육에 힘쓰지 아니한 것, 사회의 풍기와 인민의 정신을 타락하게 한 직접적인 책임이다. 자기 일신의 권세, 자기의 친척과 붕우의 출세, 자기와 운명을 같이하는 당파를 위해서만 행동하는 공직자들, 이것이 조선의 악정이었다는 것이다. '허위, 비사회적 이기심, 나태, 불신, 비겁함, 사회성의 결핍' 등이 조선 민족을 '오늘날의 쇠퇴'로 빠뜨린 원인이며, 그는 이를 자신의 '사론史論'이라고 했다.

그는 이런 악습이 민족성이라고 했다. 투항하면서 침략이 빠지듯, 민족성을 말하면서 역사가 도덕으로 환원된 것이다. 그에게 조선은 역사의 대상이 아니다. 그렇기 때문에 조선의 개혁정책, 민생정책, 문화와 사상 등에는 관심이 없었다. 그의 조선시대 이해는 역사에 대한 이해, 역사평론이 아니라 도덕평론이다.

> 멀리는 말 말고 이조사李朝史를 보건대 서로 속이고, 서로 의심하고, 시기하고 모함한 역사라 하겠습니다. 이조사와 같이 완인完人이 없는 역사는 아마 드물 것이니, 명망 있는 인물 중에 와석 종신한 사람이 몇 사람이 못 됩니다. (…) 이를 민족적으로 보더라도 조선 민족은 적어도 과거 오백 년간은 공상과 공론의 민족이었습니다. 그 증거는 오백 년 민족생활에 아무것도 남겨놓은 것이 없음을 보아 알 것이외다.(이광수, 〈민족개조론〉)

이게 이광수의 조선시대사 인식의 전부이다. 물론 이광수가 이 글을 쓸 당시에는 조선실록이 일반에게 공개되지 않았다. 그러므로 지금 우리가 접하는 만큼 풍부한 자료를 이광수는 이용할 수 없었다. 허나 이는 자료 이전의 문제이다. 식민지라는 사태를 역사가 아니라, 인간학적 본성의 문제로 치환하면서 생긴 문제이다. 이렇게 어떤 인간이나 민족에 대해 역사성이 아니라 본성의 차원에서 접근하는 역사에 대한 태도 때문에 이광수의 〈민족개조론〉을 '역사의 왜곡'이라는 우리의 주제 속에서 다루고 있는 것이다.

반성하는 방법

이광수가 보기에, 민족을 개조할 때는 '그 민족성의 근저인 도덕에서부터 시작하여야 한다'. 여기서 잠깐. 앞서 원시와 문명의 대립을 말하면서도 이광수는 곧바로 그런 도식화로 가기보다 숱한 역사의 변천을 말하였다. 결국 그런 변천에도 불구하고, 이광수는 원시민족과 문명민족을 구분하였다. '역사의 변천'은 '역사적 접근'이 아닌 '초역사적 접근'으로, 그의 논리적 장치의 일부인 셈이다. 그런데 그 논리적 장치가 어떤 부분은 사실에 부합하기 때문에 설득력을 띠게 된다. 원래 모두가 거짓인 사기는 없는 법이다. 불행하게도 〈민족개조론〉 역시 예외가 아니다.

민족성을 논하는 것도 마찬가지이다. 그는 곧바로 민족성의 개조를 논하지 않는다. 먼저 장점을 말한다. 그게 사실에 부합하는 측면도 있고, 개조를 위한 동력도 찾을 수 있기 때문이다. 그는 조선 민족의 장점을, 너그럽다, 사람을 사랑한다, 청렴하다, 자존심이 강하다, 등으로 요약하였다. '한문식 관념'으로 말하면 인과 의와 예와 용이고, '현대식 용어'로 말하면 관대, 박애, 예의, 금욕의 청렴, 자존, 무용, 쾌활이라고 불렀다.

그런데 그 장점은 결점이 되기도 한다. 관대, 박애하므로 현대 국민이 가지는 배타적 애국심을 가지기 어렵고, 상공업의 발달은 보잘것없었으며, 예의를 숭상하다가 허위로 흘렀고, 낙천적이고 현실적이다 보니 심오한 철학적 사색이나 과학적 탐구에 대한 노력을 경시하였다고 하였다. "조선 민족을 금일의 쇠퇴로 이끈 원인인 허위와 나태와 비사회성과 및 경제적 쇠약과 과학의 부진은 실로 이 근본적 민족성의 반면半面이 가져온 화禍입니다."

그가 보기에 이는 부속적 성격이다. 고치면 되고, 개조하면 된다. 투항의 논리인 〈민족개조론〉은 그의 창씨개명과 청년들에 대한 참전 선동으로 귀결되었다. 두 가지를 더 생각해보고 논의를 마쳐야겠다.

민족말살, 민족동화

1946년 독일 나치의 전쟁범죄를 심판한 뉘른베르크 법정에서는 인종말살이라는 개념이 만들어졌다. 그러나 인종말살은 이미 오래전에 유럽 열강들이 식민지 점령 과정에서 토착 민족을 조직적으로 학살하면서 시작되었다. 인종학살이 인종주의에 뿌리를 두고 있음은 물론이다. 백인들은 약탈을 합리화하기 위해 인디언들이 동물인지 인간인지 물었다. 답은, 동물이었고, 따라서 인디언 살해는 범죄가 아니었다.

인종말살이 인종의 생물학적 멸절을 목표로 한다면, 민족말살이라는 인류학적 개념은 그 사람들의 문화를 파괴하는 것이다. 민족말살은 말살의 집행자들과 상이한 사람들의 생활양식과 사고방식을 체계적으로 파괴하는 것이다. 결국 인종말살은 사람들을 육체적으로 죽이지만, 민족말살은 사람들을 정신적으로 죽인다.[6]

문명Civilization이란 말은 19세기 중엽에 만들어졌던 근대적 산물이다. 바로 유럽의 자기의식이다. 식민지에서의 민족말살은 식민지 야만인들을 '위해서' 행해지는 것이다. 야만의 비참하고 헐벗은 삶의 질곡을 벗어나 인간의 품위와 민주주의적 제 권리 및 행복을 누릴 수 있도록 '문명인'들이 도와야 하는 것이다. 이것이 민족말살의 인도주의 윤리이다.

그러므로 민족말살에는 문명들 사이에 위계가 확실하다. 열등한 문화(원시민족)와 우월한 문화(고등민족)가 있다. 물론 후자는 유럽 백인 문명이다. 이 열등과 우월의 차이를 인종말살의 관점에서는 비관적으로 보기 때문에 생물학적으로 제거해야 하지만, 민족말살의 관점에서는 낙관적으로 보기 때문에 모델을 제시하고 가능하다면 동화될 수 있게끔 변화시키고 개선시켜야 한다고 생각한다. 이광수와 민족말살의 논리가 만나는 지점이고, 왜 일제 후반에 이광수가 일제의 민족동화 정책에 자연스럽게 결합했는지 이해할 수 있는 대목이다.

《임꺽정》의 기억

안타깝지만 나는 단재 신채호 선생과 이광수를 비교하는 것만으로는 학생들의 기말고사에서 기대했던 목표를 달성할 수 없으

벽초 홍명희(좌)와 그가 1928년부터 〈조선일보〉에 연재한 《임꺽정》의 삽화(아래). 이광수가 조선 역사를 민족성이라는 세탁기 속으로 밀어넣은 반면, 벽초는 문학의 이름으로 되살려냈다. 특히 《임꺽정》 1~3은 걸작이라고 생각한다.

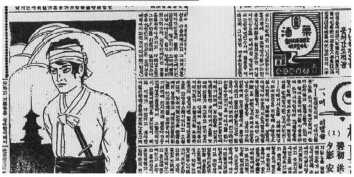

리라고 생각한다. 단재가 역사학자이기는 했지만, 그도 이광수와 유사한 역사학적 오류에 빠져 있다고 보기 때문이다. 단재라는 인간에 대한 나의 부끄러운 존경에도 불구하고.

　이쯤에서 떠오르는 인물이 있다. 벽초 홍명희 선생이다. 벽초에 이광수와 최남선을 보태서 조선의 3대 천재라고 불렀다는데, 내가 보기에 이광수와 같은 반열에 놓기에는 너무 아까운 인물이다.

벽초는 《임꺽정》의 저자로 알려져 있다. 월북하여 부수상까지 지낸 이력 때문에 한동안 《임꺽정》은 우리가 읽을 수 없었다. 《임꺽정》에 대해 우리는 '의적 임꺽정'의 활약을 기대하지만, 벽초는 《임꺽정》에서 조선의 정화精華를 그려내고 싶다고 말했다. 어떤 분들이 《임꺽정》 전10권 중 1, 2권을 읽으면서 도대체 언제 임꺽정이 나오느냐고 불평했다는데, 나는 《임꺽정》 1~3권이야말로 어떤 역사서보다 그 시대를 잘 그려내고 있다고 생각한다.

벽초가 실록을 보았는지는 모르겠지만, 또 실록과 《임꺽정》을 같은 차원에서 비교할 수는 없지만 문학적 상상력을 차치하더라도 벽초의 탁월한 역사적 통찰은 높이 평가되어야 할 것이다. 이제 나는 더 이상 이광수의 〈민족개조론〉을 기말고사 문제로 내지 않는다. 만일 또 내게 된다면, 이번에는 벽초와 비교하는 문제를 내보고 싶다.

19 | 점입가경, 사도세자 왜곡

조선시대 발생한 쇼킹한 사건을 하나 꼽아보라고 묻는다면 아마도 사도세자 죽음을 드는 사람이 많을 것이다. 아버지가 아들을 뒤주에 넣어서 죽인 사건이니만큼, 세간의 눈으로 보면 인정을 넘어선 엽기적 사건임이 틀림없기 때문이다. 한데 정말 엽기적인 사건이었을까? 나는 그렇게만 생각하지 않는다. 아니 역사학도의 본능으로 이 사태를 설명해야 한다는 책무를 떠안는다. 이 장은 겉으로 보이는 엽기성에 담긴 역사성에 대한 역사학도의 탐사이다. 그 탐사의 타당성은 당연히 독자들께서 판단할 일이다.

'믿기 어렵다'의 함정

사람들은 언뜻 상식으로 보아 납득할 수 없는 사건이 일어나면 그걸 잘 받아들이지 못하는 경향이 있다. '믿을 수 없는 일이 벌어졌다'라고 하는 경우가 그러한데, 광해군의 궁궐 공사에 대해 사람들이 보이는 반응이 비슷하다고 이미 말한 바 있다. 많은 사람들이 납득할 수 있고, 합당하게 설명할 수 있는 방식으로 살고 행동하기 때문이다. 그렇기에 우리는 이해할 수 없는 상황이나 사건이 생기면 합리적인 이유를 찾는다.

그런데 우리가 사는 현실에는 실제로 이상한 사람, 웃기는 사람, 때로는 미친 사람이 존재한다. 그들이 빚어내는 이상한, 정말 이해가 가지 않는 상황이 있다. 그럴 경우 납득이 가지 않는다고 거부하지 말고, '아, 이런 일도 있구나' 하고 인정하는 것도 역사공부의 중요한 첫걸음이다. 인간이 어떻게 다 알고 살겠는가.

사도세자의 뒤주 죽음은 '도저히 이해할 수 없는 사건'으로 받아들여졌던 것 같다.[7] 충분히 있을 수 있는 반응이다. 아무리 아들이 잘못했기로서니 아버지가 아들을 뒤주에 넣어 죽이다니, 보통 사람들의 상식으로나 평범한 사람들의 삶에서는 좀체 만나보기 어려운 비극적 사건이기 때문이다. 그래서 사람들은 사도세자의 광증狂症이 사료 곳곳에 보임에도 불구하고 광증을 사실로 받아들이기보다 다른 방식으로 해석해왔다. 문화재청의 융건릉에 대한 공식 설명에서도 그 흔적은 여지없이 드러난다.

1762년 윤5월 21일 아버지 영조의 명으로 뒤주 속에 갇혀 숨진 장헌세자는 그해 7월 23일 현재의 동대문구 휘경동인 양주 배봉산 아래의 언덕에 안장되었다. 아들을 죽인 것을 후회한 영조는 세자의 죽음을 애도한다는 뜻에서 '사도思悼'라는 시호를 내리고, 묘호를 수은묘라고 하였다. 1776년 그의 아들 정조가 즉위하여, 아버지에게 '장헌'이라는 시호를 올리고, 수은묘를 원으로 격상시켜, 영우원으로 고쳐 부르게 되었다.

영조가 후회했다고?

이 설명 중, '아들을 죽인 것을 후회한 영조는 세자의 죽음을 애도한다는 뜻에서 사도라는 시호를 내렸다'라고 한 대목에 주목하자. 아버지가 아들을 죽였으니, 나중에 후회했다고 생각하나 보다. 그러나 그것은 사실이 아니다. 영조는 사도세자를 죽인 것을 후회하지 않았다. 더 깊은 아픔이 분명 있었을지언정 말이다.

나는 국립전주박물관에서 열린 외규장각 의궤 특별전에서 영조가 쓴 사도세자의 묘지명을 본 적이 있다. 묘지명은 죽은 사람을 기리는 글로, 묘비와는 달리 무덤에 함께 묻는 물건이다. 영조가 쓴 묘지명은 모두 5장의 자기瓷器에 새겨져 있었다. 대충 읽어보아도 '오호嗚呼'라는 표현이 열 번 가까이 나온다. 하긴 아버지가 자식을 뒤주에 가둬 죽인 사건이니, 사정이 무엇이었든지 간에 탄식이 먼저 나오는 것은 인지상정일 것이다. 그러나 이것이 영조의 '후회'를 의미하지는 않는다.

이 묘지명은 무덤을 만들던 임오년에 쓴 것이다. 바로 1762년 영조 38년의 일이다. 그해 사도세자가 뒤주에서 죽었는데 훗날 이를 임오화변壬午禍變이라고 부른다. 묘지명에는 사도세자가 영조 11년(을묘년, 1735) 정월 21일에 태어났다는 말, 영빈暎嬪 소생이라는 말도 적혀 있다. 영빈은 이씨이다. 그리고 묘지명에는, 죽은 뒤 폐세자되었던 그를 다시 세자로 복위시키고 '사도'라는 시호를 내렸다고 하였다. 적어도 지금까지는 영조가 살아 있을 때 이 처분을 후회했다는 공식 기록은 없다. 다만 묘지명의 다음 대목은 오해를 가져왔다.

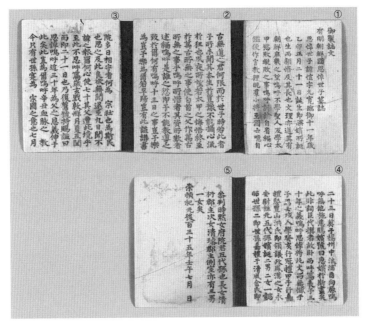

사도세자 묘지명. 오른쪽에서 왼쪽으로 읽는다. 1면 본문 4행, 5행 내리 오호, 오호, 2면 5, 6, 7행 내리 오호, 오호, 오호, 3면 6, 7행 내리 오호, 오호…. 그러나 어디에도 영조가 후회하는 말은 없다.

강서원에서 그 여러 날 너를 지킨 이유는 무엇이었겠느냐. 종묘사직을 위한 것이고, 이 나라 백성들을 위한 것이었다. 생각이 여기에 이르자 참으로 아무것도 듣고 싶지 않았거늘, 아흐레째 되던 날 피치 못할 보고를 들었도다. 너는 무슨 마음으로 일흔 살 먹은 지 애비를 이런 지경에 처하게 했다는 말이냐[講書院多日相守者何? 爲宗社也. 爲斯民也. 思之及此, 良欲無聞, 逮至九日, 聞不諱之報. 爾何心使七十其父遭此境乎?]

그런데 이 대목을 다음과 같이 잘못 읽었다.

> 강서원에서 여러 날 뒤주를 지키게 한 것은 어찌 종묘와 사
> 직을 위한 것이겠는가? 백성을 위한 것이겠는가? 생각이 이
> 에 미쳐 진실로 아무 일이 없기를 바랐으나 구일째에 이르러
> 네가 죽었다는 비보를 들었노라. 너는 무슨 마음으로 칠십의
> 아비로 하여금 이런 경우를 당하게 하는고.[8]

문장이 어색한 비문인 점도 그렇지만, 앞 문장에 걸리는 의문사 '하何'를 뒤 문장인 '위종사야爲宗社也'에 걸리는 것으로 잘못 읽은 데서 오해가 시작되었다. 묘지명에서도 나왔지만 9일 동안이나 영조는 사도세자를 뒤주에 가두어놓았다. 위에 소개한 오역대로라면 영조는 망령이 난 것이 틀림없었다. 그러나 영조는 망령이 나서 사도세자를 죽인 것이 아니었다.

실록을 먼저 읽기를

조선실록을 '유네스코 세계기록유산에 등재된 자랑스러운 문화유산'이라고만 아는 분들이 많다. 그러나 실록을 30년 이상 읽어온 역사학도의 경험에서 볼 때, 무엇보다도 실록은 이름처럼 믿을 만하다. 당파에 따라 달리 기록하는 사평史評(사론)을 유보한다고 쳐도 사실에 관한 한 실록은 참으로 신뢰도가 높다. 아버지 사도세자에 대한 기록을 지우고 싶었던 정조는 《승정원일기》는 지

울 수 있었어도, 사관들이 사초 형태로 가지고 있던 자료는 일일이 지우지 못하였기 때문이다. 그러므로 나는 먼저 실록 기록으로 사도세자의 처분 기사를 살펴야 한다고 생각한다. 사도세자가 뒤주에 갇히던 윤5월 13일에 사관은 다음과 같이 기록하였다.

임금이 창덕궁에 나아가 세자를 폐하여 서인庶人을 삼고, 안에다 엄히 가두었다. 처음 효장세자孝章世子가 훙薨한 뒤, 임금에게는 오랫동안 후사가 없다가, 세자가 탄생하기에 이르렀다. 타고난 자질이 뛰어나 임금이 매우 사랑하였는데, 10여 세 이후에는 점차 학문에 태만하게 되었고, 대리청정한 후부터 '질병이 생겨 천성을 잃었다[疾發喪性]'. 처음에는 대단치 않았기 때문에 신민臣民들이 낫기를 바랐다.
정축년(1757), 무인년(1758) 이후부터 병의 증세가 더욱 심해져서 병이 발작할 때에는 궁비宮婢와 환시宦侍를 죽이고, 죽인 후에는 갑자기 후회하곤 하였다. 임금이 매양 엄한 하교로 절실하게 책망하니, 세자가 의구심에서 질병이 더하게 되었다. 임금이 경희궁으로 옮기시자 두 궁宮 사이에 서로 막히게 되고, 또 환관·기녀와 함께 절도 없이 유희하면서 하루 세 차례의 문안을 모두 폐하였으니, 임금의 뜻에 맞지 않았으나 이미 다른 후사가 없었으므로 임금이 언제나 종묘사직과 나라를 위해 근심하였다.[9]

어려서는 똑똑했던 세자가 커가면서 발작하는 병이 들어 인성을 잃고 사람을 죽였다, 병이 갈수록 악화되었다는 것이 사관의 전언이다. 10여 세 이후부터 그랬으니까, 꽤 오래 이런 양상이 계속되었고 영조가 뭔가 판단을 내려야 할 시점이었음을 보여준다. 비극이 일어나기까지의 과정에서 사료 비판을 통해 확인할 수 있는 사실은 다음과 같다.

비극의 진실

세자가 대리청정을 한 뒤 영조는, '너는 안락한 데서 태어나서 자랐다', '천리天理는 멀리 있지 않고 내 마음에 있다', '너는 용렬하니 어렸을 때 힘쓰지 않으면 후회할 것이다', '쾌快라는 한 글자가 너에게는 병통이니 경계하고 경계하라', '음식은 한때의 영양과 맛이요, 학문은 일생의 영양과 맛인데, 배부르고도 체하지 않는 것은 오직 학문이다', '나는 보통 때 반드시 꿇어앉아 감히 다리를 쭉 펴고 앉지 않는다', '형옥刑獄을 경솔하게 처리한다면 반드시 잘못을 저지를 것이니 신중히 하고 신중히 하라', '나는 불나방이 날아와 등불에 부딪히는 것을 보면 도랑과 골짜기에서 이리저리 뒹구는 백성을 생각하여 구휼하는 정사를 베풀었다', '사치를 몰아내는 한 가지 절목은 곧 임금이 먼저 해야 할 일이다' 등등 국왕의 덕목과 훈련에 대해 타일렀다.[10]

그러나 사도세자는 영조와 달랐다. 세자 교육을 담당하는 서연書筵에서는 눈병을 호소했다. 영조는 이를 꾀병으로 생각했다. 밥만 많이 먹고, 책 읽기는 싫어하는 것, 이것이 문제였다. 답답했다. 답답함은 세자에 대한 무시와 조롱으로 이어졌다. 일 년에 책 읽고 싶을 때가 고작 한두 번이라고 '당당하게' 대답하는 세자에게 어떤 느낌이 들었을까? 실제로 세자가 죽기 십 년 전부터 영조는 세자를 거의 포기했다.

앞서 살펴본 실록의 사관 기록뿐 아니라 《한중록恨中錄》 및 《승정원일기》에도 세자는 일찍부터 광증狂症을 보였다고 기록하고 있다. 영조도 세자가 '미쳤다'는 사실을 알고 있었다. 세자의 생모 영빈 이씨(선희궁)가 세자의 비행을 영조에게 알리면서 미쳤으니 선처를 바란다고 했지만, 영조는 〈세자를 폐위시키는 반교[廢世子頒敎]〉에서 "아무리 미쳤다고는 하지만, 그렇다고 어떻게 처분을 하지 않을 수 있겠는가[雖曰狂, 何不處分]"라고 분명히 말하였다.

세자의 가학증

10여 세부터 시작된 정신불안과 의대증衣帶症(아무 옷이나 입지 못하는 병)은 세자의 가학증으로 이어졌다. 《한중록》에서는 세자가 김한채의 머리를 베어 집 안으로 들고 들어와 혜경궁 홍씨와 나인들에게 보여주었다고 하였는데, 김한채는 내관이었다. 그전에도 세자는 영조의 꾸지람을 들으면 내관과 나인을 때렸는데, 1757년 6월부터 사람을 죽이기 시작했다고 한다. 김한채를 죽일 때 나인도 여럿 죽였다고 하는데, 실록에서는 모두 6명이라고 한다. 이런 사실은 폐세자 당시(1762년) 실록에서 '정축년 이후부터 증상이 심해졌다'라고 말한 기록과 일치한다. 사도세자 사건을 기록한《현고기玄皐記》에서는 이때가 처음이 아니라, 세자가 장성하기 이전에 이미 살인을 저질렀다고 한다.

혜경궁은 경진년(1760) 이후로 세자가 얼마나 많은 사람을 죽였는지 기억할 수조차 없다고 했다. 〈세자를 폐위시키는 반교〉에 따르면, 생모인 선희궁이 영조에게 세자의 비행을 말하면서 내관과 나인 백여 명을 죽였고 불에 달궈 지지는 악형을 가했다고 했다. 세자는 주로 만만한 아랫사람들만 죽였다.

가학증의 대상은 점차 확대되었다. 후궁은 물론, 아내인 혜경궁 홍씨까지 공격하였다. 그뿐만 아니라 시강원에서 세자를 가르치는 스승을 쫓아가 공격하려고 했다. 영조가 술을 마셨다고 의심했을 때였다. 사도세자는 시강원 스승들이 일러바쳤다고 생각한 듯하다. 죽기 직전에는 생모 선희궁까지 죽이려고 했다.

이런 와중에 창덕궁 낙선재 우물에서 자살을 시도했던 행적도 보인다. 평양으로 탈출하기도 했다. 일반불안장애, 강박장애, 충동조절장애를 겪던 세자는 1760년부터 조현병까지 겪게 된다. 헛것이 보이는 것이다. 그리고 아버지를 욕하기 시작했다. 세손(정조) 등이 생일을 축하하러 왔을 때는, '부모도 모르는 내가 자식을 어찌 알랴'라고 하며 쫓아냈다. 자기는 부모도 자식도 모르는 사람이라는 말이다. 자포자기였다.

이듬해 1761년 1월 세자는 자신이 사랑하던 빙애(경빈 박씨)를 죽였다. 옷을 갈아입다가 의대증이 발병하여 죽였는데, 얻어맞은

빙애는 세자가 나간 뒤 신음하다가 절명했다. 빙애를 구타할 때 세자는 빙애와의 사이에서 낳은 돌이 갓 지난 왕자 은전군恩全君도 칼로 쳤다. 그리고 칼에 맞은 은전군을 문밖 연못에 던졌다. 이를 알고 영조의 계비 정순왕후가 은전군을 구하여 이름을 하엽생荷葉生, 곧 '연잎이'라고 불렀다. 영조는 자字를 연재憐哉, '가련하도다!'로 지어주었다.

아들이니까

이상이 사도세자가 뒤주에 갇혀 죽게 된 과정이다. 그럼에도 불구하고 이런 객관적 사실들은 도외시한 채, 사도세자가 소론과 결탁하려다 노론에 의해 죽임을 당한 것이라는 '당쟁희생설'이 근거도 없이 마치 사실처럼 떠돌았다. 이렇게 된 데는 사도세자가 낳은 아들 정조에게도 그 원인이 있었다. 정조 13년(1789)에 쓴 〈현륭원행장顯隆園行狀〉이 그것이다. 사도세자의 묘소를 화성으로 옮기며 정조가 지은 일대기이다.

> 어느 날 저녁밥을 먹는데, 영종께서 부르자 즉시 밥을 뱉어버리고 대답하며 일어났다. 좌우에서 왜 그렇게 서두르느냐고 하자 대답하기를, "《소학》에 '밥이 입에 있으면 뱉는다'라고 하지 않았던가" 하여, 영종께서 듣고는, "이제 겨우 세 살짜리가 체인體認 공부를 알고 있구나" 하였다는 것이다. (…) 여름에 너무 더워서 궁관이 서연 여는 시간을 고쳐 정할 것

을 청하자, 이르기를, "아침저녁은 시원하여 책을 읽고 학습하기에 알맞다. 뿐만 아니라 임금님께서는 낮시간에 주강晝講도 하시는데 내가 어떻게 감히 더위가 싫다고 시간을 바꿀 것인가" 하고 듣지 않았으며, (…)

정축년 2월 정성왕후貞聖王后가 승하하자 소조小朝께서 울부짖고 발버둥을 치며 어쩔 줄 몰라 하면서, 초빈에서 발인 때까지 다섯 차례의 전奠과 일곱 차례의 곡哭을 모두 몸소 봉행하면서 정성을 다하였고, 새벽 밤낮 할 것 없이 곡소리가 거의 그치지 않아 내외척과 집사들이 모두 감격하여 찬탄을 아끼지 않았고, 그 소식을 들은 중외에서는 모두 눈물을 흘렸다.

정조는 아버지 사도세자에 대한 기억을 바꾸고자 했다. "사도세자의 악행은 모두 '역적 홍계희洪啓禧' 등이 지어낸 것이다", "원래 사도세자는 세 살 때부터 《소학》의 가르침을 체득하였고, 영조에게 꾸지람을 듣기는커녕 언제나 공부에 열심이었으며, 내관을 때려죽이던 해는 정성스러운 상례와 백성들을 생각하는 마음에 중외가 감동하였다"는 등의 사실로 바꾸었다.

그러나 정조가 쓴 행장은 사실과 다르다. 아들이니까 그럴 수 있다. 누군들 자신의 아버지가 악행으로 역사에 남길 바라겠는가. 그리고 사도세자를 구하려면 영조를 후회하게 해야 했다. 바로 병신년(1776)에 영조가 《승정원일기》를 비롯하여 모든 공문서의 정

융릉. 화성에 있는 사도세자의 능이다. 아들 정조에 의해 '뒤주 사건'의 왜곡이 시작된 공간이기도 하다. 나중에 혜경궁 홍씨와 합장했고, 옆쪽에 정조의 능인 건릉이 있다.

축년부터 임오년까지 있었던 차마 말 못할 내용의 기록들을 전부 지워버리라고 하였던 사실을 그 후회의 증거로 들었다.

다시 보는 비극

융건릉에 가보면 정조의 효심과 사도세자의 비극이 만나 기이한 역사 왜곡이 벌어지고 있다. 여전히 당쟁으로 희생된 사도세자와, 그런 아버지를 되살려낸 정조의 갸륵한 효심이라는 담론이 넘쳐난다. 안내문에도 자원봉사자의 해설에서도…. 축제와 현양이라는 두 축으로 진행되는 지방자치단체의 행사가 낳은 또 다른 병폐이다.

이 사건의 전개와 원인을 대체로 정확히 알고 있더라도 종종 빠지는 함정이 있다. 첫째, 여전히 그 원인을 정면으로 응시하지 않으려는 태도이다. 둘째, 이런 사태의 원인이 '본질적으로' 권력의 비정함에 있다고 보는 해석이다.

첫 번째 함정의 사례는 박시백 작가의 견해에서 나타난다. 그는 사도세자의 비극에 하나의 해석을 더했다며, 그 원인을 아버지와 아들의 대립에서 찾았다. 2인자답지 않았다는 것이다. 사족蛇足이라는 전제를 달기는 했지만, 그는 "비극의 가장 큰 원인은 사실 모두의 예상을 뛰어넘은 영조의 장수에 있다 할 것이다"라고 하였다.[11]

나는 묻고 싶다. 오래 살면 비슷한 상황이 발생하는가?(이는 두 번째 함정을 설명하는 데도 유효하다.) 아니다. 오래 산다고 이런 일이 벌어지지 않는다. 아마 이유를 찾다가 못 찾은 결과라는 고백일 것이다. 오죽 답답했으면 원인을 '장수'라는 자연적 현상에서 찾게 되었을까.

두 번째 함정의 사례를 안타깝게도 지금 논의에서 가장 도움을 받고 있는 정병설 교수의 견해에서 찾을 수 있다. 그는 "본질을 보면 영조가 말한 사백 년 종사는 다름 아닌 자신의 권력이다. 권력의 핵심인 자기 자신에 대한 도전은 털끝만 한 것이라도 용서하지 않는다. 자식이라도 봐줄 수 없다. 평범한 아버지로서는 도저히 납득할 수 없는 일이지만, 권력의 일반적 논리에 따르면 이해하지 못할 일이 아니다"라고 하였다.[12]

문정전(휘령전) 전경. 사도세자는 이곳 앞마당에서 뒤주에 갇혀 죽음을 맞았다. 영조 33년 세상을 뜬 영조의 첫 번째 왕비 정성왕후의 상례를 치를 혼전魂殿이 되면서 문정전에서 휘령전으로 잠시 이름을 바꾸었다.

    권력은 원래 그렇다는, 권력 환원론이다. 그래서 그가 쓴 책의 제목도 《권력과 인간》이라는 추상성을 띠었는지 모르겠지만, 권력이 원래 그런 것만은 아니다. 태종과 세종은 상왕과 임금으로 공존하였으며, 오히려 조선 역사에서 세자와 국왕이 갈등을 빚은 경우가 드물다. 서로 권력이 다르기 때문이다. 한마디로 국왕과 세자는 공존할 수 있는 권력인 것이다. 그러므로 '권력의 비정함'이란 '해석'은 해석이 아니다. '권력은 비정할 때도 있다. 그러나 아닐 때도 있다.' 따라서 '권력의 비정함'이란 논리적으로 무의미한 해석이다.

왕정의 비극

일반적인 의미에서의 원인은 사도세자의 비행과 광증이다. 그런데 그 원인들이 '뒤주의 죽음'이라는 비극으로 나타나게 만든 조건을 논하기 위해서는, 장수長壽나 권력의 비정함보다는 왕정의 성격에서 찾아야 한다고 생각한다. 왜 하필 뒤주를 사용하였는지에 대해 정병설 교수가 잘 설명하고 있다. 누가 감히 세자에게 손을 댈 수 있을 것인가?

영조를 비정한 아버지라고 말한다. 그전에 생각해보자. 세자의 악행과 죄상이 명백하다. 사람을 쉽게 죽이고, 정신까지 이상한 세자를 그냥 둘 수는 없다. 연산군과 광해군처럼 폭군 또는 혼군이 될지 알 수 없는 세자이다. 저를 낳은 어미까지 나서서 처분을 요청하는 세자였다. 어떻게 해야 할까? 나는 여기서 사도세자의 비극 이전에 영조의 비극을 읽는다. 평범한 아버지였으면 선택하지 않아도 되었을 결단을 국왕인 그는 강요당하는 것이다. 세자를 바꿀 수 있는 이는 국왕뿐이다. 살려두려면 어찌해야 하나? 세손이 즉위했을 때 어떻게 되나? 그때 사도세자와 정조는 어떻게 위계를 세우나? 그때야말로 태양이 둘 있는 형국이 될 것이다.

생모 선희궁이 너그러운 처분을 원했을 때도 영조로서는 달리 방법이 없었던 것이다. 정상적인 임금도 세우고 사도세자도 살려두어 여생을 마치게 할 수 있는 방법이 과연 있었을까? 내가 보기에는 없다. 정조의 사도세자 현양조차도 사도세자가 이미 죽은 인물이었기 때문에 가능했다. 요컨대, 이 사건은 왕정이 아니면 일어나기 어려운 사건이다.

처분 방법을 생각해보자. 사약賜藥이나 참수斬首는 어떨까. 과연 누가 약사발을 들고 가고, 형장으로 끌고 갈 수 있을 것인가. 만일 왕명이 바뀌어 세자가 풀려난다면? 그게 아니라도 아들 세손이 있지 않은가. 누가 자신의 아비에게 사약을 내리거나 참수형을 집행한 신하를 가만히 놔둘 것인가. 자결도 뭇사람들의 만류 속에 불가능해진 상황에서 결국 세자의 처분은 영조 자신의 몫일 수밖에 없다. 뒤주는 그렇게 선택된 방법이다. 이 역시 사도세자의 비극을 규정한 왕정의 한 요소이다.

사도세자가 뒤주에서 죽게 된 원인은, 앞서 인용했듯이, 아버지의 광증과 비행을 덮으려고 했던 아들 정조에 의해 왜곡된 측면이 있었다. 그러나 정조의 왜곡을 재생산한 것은 그동안 학계의 불충분한 사료 검토에 기인하는 바가 크다. 게다가 사태의 비극적 성격 때문에 사실에 대한 접근을 통해 원인을 규명하기보다, 뭔가 그럴듯한 이유를 찾아 비극을 선호하는 대중의 선정주의에 영합하는 경향도 있었다. 지방자치단체의 현실적 필요에 따라 이런 추세는 강화되기도 하였다. 다행히 학계에서는 그간의 왜곡을 바로잡는 연구가 속속 제출되고 있다. 다만, 그 과정에서 다시 권력과 정치에 대한 본질론이나 환원론이 고개를 들어 애써 찾아놓은 역사적 진실이 희석되는 점은 조심해야겠다.

20 | 다 나 같은 줄 알았다

내가 만나는 학생과 시민들은 전주대학교 학생이기도 하고, 누군가 가족의 일원이기도 하고, 어떤 절이나 교회의 신자이기도 하고, 전라북도 도민이기도 하다. 학교에서 배웠던 '국사' 속 '국민'만이 아니라는 뜻이다. 쉽게 말해 복수複數의 역사를 살고 있다. 사해동포주의도 좋고, 인류애도 좋다. 하지만 나와 남이 얼마나 다른가를 순간 놓치면 복수의 역사, 피차 다른 인간임을 잊는다.

참 많은 집단들

인간은 뭔가의 집단에 속한 복수의 역사를 품고 있다. 떠오르는 대로 그 집단의 사례를 들어보면 다음과 같다.

> - 문화 집단: 인간+X, 공동체, 게마인샤프트
> - 사회 집단: 인권연대, 참여연대, 환경단체, 게젤샤프
>   트(계급, 계층, 카스트)
> - 정치 집단: 민족, 국가, 왕국, 공화국, 정당, 정파, 의회
> - 경제 집단: 회사, 소비조합, 투자집단, 컨소시엄, 상
>   인회, 농장, 플랜테이션
> - 종교 집단: 교회, 절, 사원

346

- 교육 집단: 초등학교, 중등학교, 대학교, 학생회, 교수회
- 친족 집단: 가족, 종친회, 부족
- 거주 집단: 동, 면, 군, 시, 도
- 직업 집단: 직업, 길드, 기능
- 군사 집단: 군대, 재향군인회, 해병전우회
- 자발적 집단: 촛불집회, 밴드, 클럽, 취미 모임

물론 이는 특정 기준을 가지고 나눈 분류라기보다 필자가 떠오르는 대로 정리해본 것에 불과하다. 잠깐만 훑어보아도 우리가 인생에서 많은 집단과 연계되어 있음을 쉽게 확인할 수 있다. 우리가 속한 집단마다 역사가 있으니 그만큼 우리 인생의 역사는 겹겹이 쌓이는 것이다. 이런 중첩성 때문에 역사를 구성할 때 종종 오류가 발생한다. 각 집단의 성격을 혼동하는가 하면, 중첩성을 단순하게 처리하다가 오류를 범하기도 한다. 해당 집단과 거기에 속해 있는 개체인 인간을 혼동하기도 한다.

대구, 마산이 얼마나 다른데!

〈응답하라 1994〉라는 드라마를 재미있게 본 적이 있다. 요즘도 유튜브에서 '짤'로 맛보는 재미가 쏠쏠하다. 마산에서 서울로 올라와 사는 부부(경상도 아내+전라도 남편) 집에 빙그레(충북 괴산 출신), 해태(전남 순천 출신), 삼천포(경남 삼천포 출신), 칠봉이(서울 토박이) 등 별명을 가진 하숙생들이 모여 산다. 이들이 나누는 대화는 각

지역 방언의 맛깔스러움을 전한다. 서로 말을 못 알아듣는 일은 다반사이다.

나도 그랬다. 나는 천안 출신이다. 학교를 서울에서 다니기는 했지만, 정서는 외할머니 댁에서 만들어졌다. 언어도 그렇다. 방학해서 외할머니 댁으로 내려가면 서울 말씨에서 충청도 말씨로 곧장 말투가 바뀐다. 동네 어른을 만나면 '진지 잡쉈슈?' 소리가 절로 나오고, '네'라는 대답 대신 '야~'라는 충청도 말이 나온다.

대학에 들어와서 부산, 마산 친구들을 만났다. 솔직히 나, 그들 대화를 거의 못 알아들었다. 경상도 말은 감조차 잡을 수 없었다. 대구, 부산, 마산 말이 똑같다고 하자, 친구들은 눈을 동그랗게 뜨고 어처구니없다면서, 예의 그 경상도 억양으로 말했다. "대구 말, 마산 말이 얼매나 다른데~."

예전 어떤 코미디 프로그램에서 삼국시대를 묘사할 때, 고구려에 간 신라 사신이 외교 담판을 벌이면서 통역자를 대동하고 있는 장면이 있었다. 난 그게 당시 현실이었다고 믿는다. 매스컴이 없고 표준어 개념도 없었기 때문에 지금보다 상대의 언어를 훨씬 접하기 어려웠을 그때, 고구려, 백제, 신라는 사신이 오갈 때 통역이 필요할 정도였을 것이다.

친구들 말이 옳았다. 부산, 마산이 다르고, 순천, 광주가 다르다. 경상도, 전라도에 속해 있다고 다 같을 순 없다. 나는 경상도 지역의 언어가 모두 같다고 오해했다. 경상도를 하나의 동일성으로 이해하고 있었던 것이다.

《당염립본왕회도唐閻立本王會圖》(7세기)에 실린 삼국 사신의 모습(그림 왼쪽부터 백제, 고구려, 신라). 명절마다 재방영되기는 하지만 꽤 오래전 영화 〈황산벌〉에는 신라 군사와 백제 군사가 상대에게 욕을 해서 승부를 겨루는 장면이 등장한다. 나는 이럴 수 없었다고 짐작한다. 아마 서로 상대방의 말을 이해하지 못했을 것이다.

아무튼, 이처럼 어떤 집단에 대해 가지고 있던 정보를 가지고 그 집단의 성원 역시 그럴 것이라고 추론하는 것을 '배분(할당)의 오류'라고 부른다. 역으로 어떤 집단의 일부분 또는 개체가 갖는 속성을 가지고 집단 전체의 속성을 추론하는 오류를 '구성의 오류'라고 부른다.

충청도에는 양반이란 말이 따라다닌다. 점잖다는 의미도 있고, 느리다는 의미도 있을 것이다. 하지만 충청도라고 다 같은 충청도가 아니다. 천안은 직산, 평택으로 이어지는 육로 교통의 요지이다. 임금이 온양 온천에 갈 때도 천안을 거쳤다. 반면 아산은 해안 지역과 교섭한다. 당진, 안면도와 가깝다. 예산, 홍성 등의 내포 지역은 해안 지역과 연계되기도 하지만, 독립적인 경제권, 생활권을 형성하고 있다. 서천, 한산은 또 어떤가. 여기는 장항을 거쳐 전북 군산과 연계되었던 지역이다. 지금 사는 전주는 충청도 말과 비슷한 억양과 표현이 많다. 지리산 자락의 산청, 구례도 비슷하다고 한다.

뜨는 해, 지는 해

같은 충청도(충청남도)이지만 정말 다른 곳이 공주와 대전이다. 본래 대전은 대전천大田川이 자주 범람하여 취락지가 별로 없던 곳이었다. 1904년 경부철도가 부설되면서 대전은 신흥 상업도시의 면모를 띠게 되었다. 반면 경부선과 호남선이 지나지 않게 된 공주와 강경은 급속히 도시의 모습을 상실해갔다.

이는 화물량에서도 확인할 수 있다. 대전역에 입하된 화물의 대종은 신탄진, 옥천, 논산, 무주, 보은, 공주 등지에서 들어온 미곡이었지만, 미곡 이외에 마포, 생선, 소금 등도 소달구지나 지게에 실려 무수히 들어왔다. 예전에는 금강 수계水界를 통해서 공주나 강경으로 모이던 화물이 이제는 철도를 통해서 대전으로 모여들기 시작한 것이다. 아니면 군산으로 모였다.

이렇게 되자 총독부는 일본인 밀집지역에 특별히 설치했던 면面으로 대전면을 신설하였다. 또한 대규모 치수 공사를 전개하여 1912년 목척교, 1922년 대전교를 완성하였다. 하지만 경부선 철

1931년 대전에 새롭게 건설 중인 충남도청. 1932년 공주는 대전에 도청을 '빼앗겼다'. 현재 충남도청은 홍성에 있다. 그러나 대전과 공주의 규모는 달라지지 않았다.

도를 중심으로 성장하고 있던 천안, 논산 등의 성장에 따라 공주는 중심 시장으로서의 기능을 상실해갔다. 1915년 대전면과 공주면의 인구를 비교해보면 공주가 훨씬 많았다. 그러나 1932년 무렵 대전의 인구는 공주의 세 배를 넘어섰다. '백제의 옛 수도'라는 타이틀만이 공주의 유일한 자존심이었다.

치열한 유치경쟁 끝에 1932년 10월 충남도청이 대전으로 옮겨지면서 대전과 공주의 승부는 완전히 갈렸다. 대전 거주 일본인들은 힘있는 인사들에게 진정하며 로비 활동을 벌였다. 일본인들은 유지 단체를 구성하였는데, 호남선기성회, 중학교설치기성회,

금강수력전기기성회, 대전번영회, 대전도시계획위원회, 도청이전 촉진회 등이 그것이었다. 이름만 들어도 무슨 일을 할지 짐작되는 이들 유지 조직을 통해서 대전은 중부권 중심도시로 거듭났다.[13]

'그쪽 사람들 다 그렇지 않나?'

이와 형제쯤 되는 오류가 있다. 그 집단의 일반적인 성격은 쏙 빼놓고 어떤 특별한 성격만으로 해당 집단을 개념화하는 경향이다. 만일 앞서 공주와 대전의 차이라는 점만 강조하고, 충청도라는 유類 개념이 갖는 '어떤 일반성'을 무시했다면 '구별 불능의 오류 the fallacy of difference' A형에 속한다.

서양사에서는 퓨리턴Puritans이라는 개념 사용에서 이 A형 오류가 보인다. 퓨리턴 신학의 작은 부분인 칼뱅주의는 '특별한 의미에서의 퓨리턴'이다. 그러나 퓨리턴의 대부분은 일반적인 의미에서 미국으로 이주한 앵글로색슨, 프로테스탄트, 기독교도들을 말한다. 그런데도 퓨리터니즘이라는 말은 종종 특별한 의미의 퓨리턴을 지칭하는 데만 쓰이곤 한다.

'구별 불능의 오류' B형도 있다. 한 집단에 대해 판단할 때, 그 집단에만 특별한 것이 아닌데도, 그 집단의 성질이라고 판단하고 탓하는 오류가 그것이다. 남성중심적이거나 권위적인 어떤 경상도 남자 탓에 경상도 남자들은 다 그런 취급을 당한다. 주먹질하는 어떤 전라도 사람 탓에 전라도 사람들은 조직폭력배로 오해받는다. 텔레비전에 충청도 여자들이 가정부로 자주 등장하는 탓에 충청도 여자들은 가정부로 오해받는다. 통상 이런 잘못은 경멸적인 판단에서 자주 나타난다.

남도 나 같겠지!

'종족 동일시의 오류the fallacy of ethnomorphism'와 '자민족중심의 오류the fallacy of ethnocentrism'는 동전의 양면 같은 오류이다. 사해동포주의의 오류는 '모두 나 같겠지'라는 선입견에 기초하고 있다. 역사서술에서 자신의 잣대로 다른 세계나 사태를 판단하는 오류는 도덕적 판단만이 아니라 행위를 이해하는 데도 나타난다.

내가 어렸을 때 〈주말의 명화〉에서 단골로 틀어주던 서부극에서는 백인 기병대가 '잔악한' 인디언을 '용감하게' 무찔러 이겼다. 그러나 이제는 누가 가해자이고 피해자인지, 누가 선한 사람들이고 침략자였는지 알 만한 사람은 다 아는 세상이 되었다. 아메리카에 에스파냐인과 앵글로색슨이 도착한 이래 살육의 역사라는 말이 식상할 정도로 인디언들은 도륙, 추방되었다. 미국이 세워진 뒤 미국 정부와 인디언 사이에 맺은 조약 400여 건 중 지켜진 것은 하나도 없었다. 그중 지금 주제에 해당하는 사례가 있어서 소개하고자 한다.

1854년 무렵, 추장 시애틀Seattle이 이끄는 인디언은 쫓기다 못해 궁지에 몰려 있었다. 이때 '미국 추장'이었던 제14대 프랭클린 피어스 대통령은 인디언들에게 땅을 팔라고 요구했다. 이에 대해 시애틀 추장은 다음과 같은 답장을 보냈다.

땅을 팔라는 프랭클린 대통령의 요구에 대해 '하느님의 답변'을 대신한 시애틀 추장. 영화 〈시애틀의 잠 못 이루는 밤〉의 그 시애틀시는 이 통찰과 비전을 지닌 추장의 이름에서 비롯했다. 미국 정부가 인디언을 보호구역으로 밀어 넣는 데 성공했는지 모르지만, 과연 둘 중 누가 인류의 미래로 남을까.

백인 대추장은 우리 땅을 사고 싶다고 제의하며 아무런 불편 없이 살 수 있도록 하겠다고 덧붙였다. 그대들은 어떻게 저 하늘이나 땅의 온기를 사고팔 수 있는가. 우리로서는 이상한 생각이다. 신선한 공기와 반짝이는 물은 우리가 소유하고 있지도 않은데 어떻게 팔 수 있다는 말인가. 우리는 땅의 한 부분이고 땅은 우리의 한 부분이다. 향기로운 꽃은 형제자매이다. 사슴, 말, 큰독수리들은 우리 형제들이다. 바위산, 풀잎의 수액, 조랑말과 인간의 체온 모두가 한 가족이다.

이 편지는 미국 독립 200주년을 기념하여 해제된 고문서에서 발견되었다. 지금은 인터넷 곳곳에서 확인할 수 있고, 21세기 초입에서 아슬아슬한 근대 문명을 바라보는 사람들에게 통찰과 비전을 주고 있다.

백인 추장 프랭클린 대통령은 자기들 방식대로 땅을 팔라고 요구했다. 땅은 재화, 상품이고 사고팔 수 있다고 생각하는 사유와 생활양식에서 나온 요구였다. 그러나 인디언은 달랐다. '신대륙'을 차지하려고 온 이방인들에게 인디언은 "나는 당신들이 우리의 땅에 온 것을 기쁘게 여기고 있다. 당신들과 우리는 모두가 이 대지大地의 아들들이며, 어느 한 사람 뜻 없이 태어난 사람은 없다"라고 대답했다. 프랭클린은 인디언들이 다 자기들과 같은 방식으로 생각할 거라고 착각하는 오류를 범한 것이다.

프랭클린에게 자본주의가 모델이었다면, 레오폴트 폰 랑케에게는 프로이센 왕정이 모델이었다. 오늘날 우리에게는 앵글로-아메리칸, 서유럽의 문화가 문화규범이다. 많은 유색인들한테도 흰 얼굴을 갖고 싶게 했고, 어떤 사람들은 성형외과에서 코를 세우고 턱을 깎는다.

'자민족중심의 오류'는 '종족 동일시의 오류'가 갖는 다른 면을 보여준다. 자기 집단이 다른 집단에게 미치는 영향을 과장한다. 원래 인간이 자기 눈으로 세상을 보니까, 이런 현상은 오류 이전에 자연스러운 상태인지도 모른다. 특히 이런 오류를 유지할 수 있는 군사력이나 선교의 명분 같은 폭력을 가지고 있을 때는 더욱 자연스럽게 보일는지 모른다.

또한 이 오류는 절묘하게 엘리트주의와 결합한다. 엘리트주의는 인간 집단을 상위 계층이나 그들의 사상을 통해 개념화하는 데서 출발하여, 사회들을 대표 사회로(대문자 사회, 즉 Society), 문화들을 대표 문화로, 윤리들을 대표 윤리로 대체한다. '너희들의 문화는 문화가 아니다, 우리들의 문화가 진정한 문화다'라고 주장한다면 그건 엘리트주의의 오류라고 보아야 한다.

오류의 타락

엘리트주의의 오류까지 가고 나면 오류 차원이 아니라 타락의 수준으로 떨어지는 건 시간문제일 뿐이다. 독일 나치는 아리안족의 순혈純血 보존을 위해 유대인을 비롯한 다른 인종의 절멸을 꾀하였다. 거기에는 아리안족의 '우수성'이라는 절대적 전제가 있었다. 도대체 누가 그 '우수성'을 결정한다는 말인가? 뉘른베르크 재판 이래 이를 인종주의racism라고 불러 경계해왔다. 인종주의는 대중적인 환상이지만, 무엇보다 강력한 경향을 띤다. 인종주의는 세 가지 방식으로 정의할 수 있으며, 이 세 가지가 동시에 존재할 수도 있다. 그러나 이 중 어느 하나만으로도 인종주의의 오류를 구성하기에는 충분하다.

① 사람을 고정된 생물학적 집단으로 잘못 분류하는 것.
② 문화적으로 학습된 행위를 생물학적, 심리학적, 유전적 원인으로 잘못 설명하는 것.

③ 어떤 유전遺傳 계층이나 인종 집단에 대해 잘못된
  선입견을 지니는 것.

 나치 인종주의의 극단적 사례였던 아우슈비츠를 보았을 때도
사람들은 믿으려고 하지 않았다. 제1차, 제2차 세계대전의 끔찍한
참상을 겪은 뒤임에도, 아우슈비츠의 충격은 두 전쟁을 압도하였
다. 아마 세계대전을 인류 역사상 늘 있었던 '전쟁'이라고 여겼기
때문인지도 모른다.

 그러나 인종학살은 달랐다. 많은 학자들이 이 사건을 설명하지
못하고 당황하면서 과거로 숨었다. '전근대적pre-modern 참상'이라
는 것이다. 하지만 아니었다. 나치의 인종주의는 해부학 등 근대

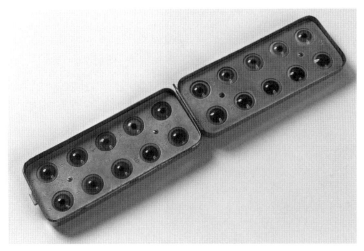

이게 뭘까? 금속 케이스에 다양한 색상의 유리 안구가 들어 있는 '눈 색깔 판Augenfarben
Tafel'. 독일 나치가 아리안족과 다른 인종을 구별해내기 위해 사용하던 도구이다.

의학의 뒷받침이 없이는 불가능한 이데올로기였다.[14]

다시 합리적 사유로

논쟁이 남아 있긴 하지만 20세기 유전학의 혁명적 발달은 몇 가지 분명한 사실을 알려주었다. 인종이란 유전자 풀gene pools, 교배집단breeding population의 측면에서 공통의 유전적 유산, 모종의 통계적 규칙성을 보여주는 집단을 말한다. 그러나 여전히 교배집단을 단순하게 정의할 분류법은 없다. 더구나 역사를 보아도 여러 가지 이유로 교배집단은 언제나 불안정하다. 잘못된 추론을 피하기 위한 가이드라인 정도는 제시할 수 있다.

인종주의는 위험하다. 그러나 인종은 있다. 다양한 인종을 보고 내가 가지고 있는 인종에 대한 관념이 증거에 기초한 것인지 아닌지 묻는 것만으로도 인종주의의 함정에 빠지지 않을 수 있다.

첫째, 유전 패턴이란 원래 통계적이다. 유전인자의 조합과 점멸이 갖는 우연성에는 법칙이 없다. 일란성 쌍둥이는 서로 거울을 보면서 말한다. "우리가 이렇게 다른데, 왜 사람들은 똑같다고 하는 거야?" 나의 처사촌 쌍둥이 처제들이 늘 하는 말이란다. 난 지금도 두 사람을 구별할 수가 없다.

둘째, 교배집단이 어떤 점에서 선명하다고 해서 항상 선명하다고 볼 수 없다. 앞서 말한 불안정성이다. 셋째, 모든 인종 분류의 자의성을 분명히 알고 있어야 한다. 유전적 분류가 고정된 것으로 잘못 이용되어서는 안 된다. 넷째, 유전 집단을 사회·문화 집단과 혼동해서는 안 된다. 미국 앵글로색슨의 상류사회와 하층민의 차이는 유전적 차이가 아니라 사회·문화적인 차이가 결정적이다.

끝으로, 역사가들은 반인종주의의 오류도 염두에 두어야 한다. 요즘 '인종주의자'는 경멸의 뜻으로 쓰인다. 그러다 보니, 종종 모든 유전적 성격을 부정하는 경향을 띠고, 인종을 마치 위험한 미신인 듯 제쳐놓는 일도 생긴다. 인종주의를 학문적 주제로 언급하는 것조차 삼가야 한다는 주장이다. 이는 위험하다. 유전학은 과학으로 남아 있다. 인종은 실재reality이다.

이런 오류를 피하는 방법? 하나밖에 없다. 서로 논의할 수 있는 언어로, 조사하고 연구하는 것이다. 다른 학문들도 부정확하고 비합리적인 통념이나 관념을 수정하도록 도움을 주지만, 역사공부 역시 경험에 대한 탐구와 이해를 통해 우리가 가지고 있는 오류를 바로잡아준다.

21 | '비유'라는 양날의 칼

예술의 전당 서예관. 솜털이 보송보송한 초등학생을 데리고 선생님께서 엄마 미소를 지으며 설명하신다. 요즘은 붓을 쓰지 않으니까, 학생들에게 한자로 된 글씨는커녕 붓을 설명하는 것도 힘들다. 그래도 '요즘은 연필이나 볼펜으로 쓰지? 이건 연필이나 볼펜에 털을 달고 먹[墨]이라는 잉크를 찍어서 쓴 글씨야'라고 정성스럽게 설명하신다. 그제야 학생들은 조금 알았다는 듯이 고개를 끄덕인다. 그림 같은 장면이었다.

맹자라는 고수

이렇게 붓을 모르는 학생들에게 연필이나 볼펜을 비유로 들었듯이, 잘 모르는 사실이나 사물을 소개할 때 비유譬喩, analogy(유비類比)를 해주면 쉽게 이해할 수 있다. 그래서 문장의 수사학뿐만 아니라 학습 방법으로 비유가 널리 쓰이고, 이는 역사공부에도 예외가 아니다. '비유'라고 하면 떠오르는 고수가 있다. 공자의 어록 《논어》 다음으로 치는 고전인 《맹자》의 주인공 맹자이다. 맹자가 양梁나라에 갔을 때의 일이다. 양혜왕이 물었다.

저는 나라를 다스리는 데 마음을 다하고 있습니다. 하내河內 지방에 흉년이 들면 그 백성을 하동河東 지방으로 이주시키

고, 곡식을 하내 지방으로 옮겨 구제합니다. 하동 지방에 흉
년이 들어도 그렇게 하고 있습니다. 이웃 나라의 정치를 살
펴보건대, 저처럼 마음을 쓰는 자가 없는데도 이웃 나라의
백성들이 더 적어지지 않으며, 과인의 백성들이 더 많아지지
않으니, 어째서입니까?[15]

예나 지금이나 살기 좋은 곳으로 사람이 모이기 마련이다. 양혜
왕 딴에는 열심히 정치하는데 왜 인구가 안 늘어나느냐며 고충 섞
인 질문을 하였다. 이때 맹자가 대답했다.

왕께서 전투를 좋아하시니, 전투 상황에 비유하겠습니다. 둥
둥둥 북이 울리고 싸움이 벌어져 병기와 칼날이 부딪혔습니
다. 얼마 있다가 갑옷을 버리고 병기를 질질 끌고 패주하는
쪽이 있었지요. 어떤 사람은 백 보를 도망한 뒤에 멈추고, 어
떤 사람은 오십 보를 도망한 뒤에 멈추었습니다. 이때 오십
보를 도망했다고 하여 백 보를 도망친 자를 비웃으면 어떻겠
습니까?

양혜왕은 말하였다. "그건 말이 안 됩니다. 백 보를 도망치지 않
았을 뿐이지 이 또한 패주한 것입니다." 그러자 맹자가 말하였다.
"왕께서 그걸 아신다면 이웃 나라보다 백성들이 많아지기를 바라
지 마시지요." 우리가 익히 들어온 '오십보백보'의 출전이다.

15세기 구텐베르크가 인쇄기로 제작한 《성경Bible》. 원래 동아시아에서 '성경聖經', 즉 성인의 가르침은 《논어》였다. Bible은 '성경'이란 번역어를 통해 《논어》에 비유됨으로써 동아시아에서 대중성을 얻었다. 그리고 끝내 《논어》를 '성경'의 자리에서 밀어내고 안방을 차지하였다.

어린아이를 보고

전쟁이 빈발하던 때라서 시대 명칭도 전국戰國시대, 곧 '싸우는 나라의 시대'일 때 양나라도 예외가 아니었다. 잦은 전쟁을 놔두고 백성들을 구제하는 정책을 내놓아보아야 실효가 있을 수 없었다. 백성들을 들볶는 원인은 일차로 전쟁에 있었다. 그래서 맹자는 "사람들이 굶어 죽으면 '내가 그런 게 아니다. 올해 농사 때문이다'라고 하는데, 이건 사람을 찔러 죽이고 '내가 그런 게 아니다. 칼 때문이다'라고 말하는 것과 무엇이 다른가?"라고 반문했다.

이렇게 적재적소에 비유를 들어 설명하고 반론하는 맹자의 논

362

법은 우리가 성선설性善說이라고 배운 인간 본성에 대한 논의에서도 효력을 발휘하였다. '누구든 성인이 될 수 있다, 그 방법이 곧 배움이다'라는 공자 이래 유가의 핵심 논지를 맹자는 어떻게 설명했을까? 그는 이렇게 말했다.

> 여기 갑자기 어떤 어린아이가 우물로 빠지려는 것을 보면 누구나 깜짝 놀라, '어이쿠! 어쩌면 좋아!' 하는 마음을 가진다. 측은해하는 마음이다. 이는 어린아이의 부모와 교분을 맺으려고 해서도 아니며, 동네 사람들과 친구들에게 칭찬을 들으려고 해서도 아니며, 애가 우물에 빠지는 데도 구해주지 않는 잔인한 놈이라는 소문이 나는 것이 싫어서도 아니다.[16]

'보아라, 누구나 이런 마음이 있지 않느냐! 이게 근거이다'라고 맹자는 말한다. 이 비유를 '유자입정孺子入井(어린아이가 우물에 빠짐)'의 고사라고 한다. 이어서 맹자는 우리가 도덕 시간에 배운 사단四端(네 가지 단서)을 설명한다. 측은한 마음은 인仁의 단서이고, 수오羞惡(부끄러움)의 마음은 의義의 단서이며, 사양辭讓의 마음은 예禮의 단서이고, 시비是非를 가리는 마음은 지智의 단서이다.

대장부大丈夫!

나아가 맹자는 사람이 '네 가지 인간성의 단서[四端]'를 가진 것은 곧 사람이 팔다리[四肢]를 가지고 있는 것과 마찬가지라고 비유하였다. 누구나 가슴에 손을 얹고 생각하면 이해할 수 있는 이 명료함! 어떤 점에서 보면, 이 명료성을 포착하여 새로운 유학을 집대성한 주자朱子가 놀라웠다. 《맹자》라는 책이 소외되어 있다가 '4서書'의 하나로 경經이 된 데는 주자의 공이 크기 때문이다.

하지만 이렇게 되는 것은 약 1500년 뒤의 일이다. 탁월한 비유 능력에 더하여, 호연지기로 표현되는 기상을 갖추었던 인간인 맹자의 늠름함을 역사가 받아들이는 데는 시간이 필요했다. 맹자 얘기를 이쯤에서 그치는 게 아쉬워 맹자의 말 한마디를 인용해두고 가야겠다. 대장부에 대한 맹자의 정의다.

천하의 보편적 위상을 차지하고, 천하의 정당한 자리에 우뚝 서며, 천하의 원대한 비전을 실천한다. 뜻을 펼 상황에서는 사람들과 함께하고, 뜻을 펴지 못하는 상황에서는 혼자 할 일을 한다. 부귀도 그를 흔들지 못하고, 빈천도 그를 변하게 하지 못하며, 위세도 그를 굴복시키지 못할지니, 이런 사람을 대장부라고 한다〔居天下之廣居, 立天下之正位, 行天下之大道. 得志與民由之, 不得志獨行其道. 富貴不能淫, 貧賤不能移, 威武不能屈, 此之謂大丈夫.〕

AX:BX＝AY:□

위에서 본 탁월한 비유에도 불구하고 맹자는 적절하지 않은 비유로 비판을 받기도 한다. 고자告子라는 학자와 벌인 '식食과 색色

이 본성인가'에 대한 논쟁이 그것이다. 이것까지 여기서 다룰 여유는 없지만, 비유나 유비가 엄격한 눈으로 볼 때는 전혀 정확한 설명이 못 될 수 있다는 점을 염두에 둘 필요는 있다. 하지만 일상생활에서나 학문연구에서도 비유는 널리 쓰이고 있고 또 그만큼 유용한 것임에는 틀림없다.

비유란 둘 또는 그 이상의 사물이 어떤 한 측면에서 일치하면 다른 측면에서도 일치할 수 있으리라고 추론하는 것을 의미한다. 가장 기초적인 형태는 수학 시간에 배운 방정식이다.

> A가 X의 속성을 가지고 있다는 점에서 B를 닮았다.
> A는 또 Y라는 속성도 가지고 있다.
> 그러므로, B도 Y라는 속성을 가진다고 추론할 수 있다.
> 식으로 나타내면, AX:BX=AY:BY.

추론하기 전까지 BY는 미지수이다. BY는 앞의 두 명제에서 추론하여 얻은 값이다. 신비하기까지 한 지적 창조의 과정에서 볼 때 비유의 추론은 중요할 뿐만 아니라 필수 불가결하다. 비유는 어떤 생각을 표현할 때 유용성도 있으면서 수사적인 포장의 성격을 띠기도 한다.

내적으로 보면 한 사상가의 머릿속에서 비유를 통해 무의식적이고 불완전한 추론이 뭔가의 합리성의 영역으로 진입하는 작용이 일어난다. 흐릿했던 무언가가 이미 알고 있던 또 다른 무엇과의 비유를 통해 이해될 수 있는 것으로 변하는 현상이 일어나는 것이다.

또한 비유는 다른 사람에게 생각을 전달하는 유력한 수단이 된다. 비유는 유려하게 합리적인 논쟁을 창출한다. 비유를 통해 제시하고 설득하며, 정보를 주고 묘사하기도 한다. 그러면서 소통하고 논의를 명료하게 만든다. 비유는 활용도가 높고 효율적인 교육 수단이다.

역사학자들도 경험을 탐구할 때 발견 도구로, 가르칠 때 설명 도구로, 또 글을 쓸 때 수사학적 도구로 비유를 널리 사용한다. 종종 이런 비유는 무의식적으로 이루어지기도 하는데, 비유 없이는 우리가 알고 있는 창조적인 사유나 소통은 불가능하며, 아예 생각하는 것조차 어렵다.

'계몽' vs '암흑시대'

그렇지만 비유의 다양한 쓰임새는 비유의 남용에서 비롯한 악영향을 수반한다. 따라서 비유의 오류와 문제점을 잘 인식하고 있어야 한다. 그중 가장 일반적인 형태가 상투적으로 쓰는 비유인데 그 자체가 오류이다. 이를 '상투적 비유의 오류', '무의식적 비유의 오류the fallacy of the insidious analogy'라고 부를 수 있을 것이다.

이런 형태의 오류는 저자의 언어, 독자의 마음속에 전혀 의도하지 않은 비유의 추론이 담겨 있을 때 나타난다. 잠재의식 속에서 일어나는 현상이기 때문에 인식된다기보다는 강하게 경험된다고 해야 할 것이다. 이 오류는 단순하지만, 그 영향은 심각하다. 왜냐하면 비유는 역사적 사유에 광범위하게 퍼져있고, 내용을 구성하는 데 중요하기 때문이다. 다음과 같은 경우를 보자.

> 냉전, 암흑시대, 계몽주의, 건국의 아버지, 르네상스,
> 모국母國, 쇄국 정책, 햇볕 정책, 축의 시대

원래 외국 역사학계에서 많이 쓰던 용어인데 요즘은 국내 역사학계에서도 익숙해졌다. 이들 용어에는 서술하려는 대상에 대한 우리의 이해를 왜곡시킬 수 있는 '무의식적인 비유'가 포함되어 있다. 참으로 많이 쓰는 용어이지만, 가만히 들여다보면 개념적으로 사전에 실릴 만큼 엄격해 보이진 않는다. 물론 역사 사전에는 대부분 올라가 있지만 말이다.

예를 들어, 근대 계몽주의자들은 자신들의 시대는 '빛', 봉건시대는 '어둠'에 비유했다. '계몽啓蒙'이란 'Enlightenment(영), Aufklärung(독)'의 번역어인데, 암흑시대Dark Age와 광명시대의 비유를 적절히 표현해주는 번역어이다. '어리석음[蒙]을 깨우는[啓] 것'이기 때문이다. 이 비유를 통해 중세=봉건은 어둠, 야만, 정체 등의 의미를 띠게 되었고, 근대는 이성理性, 문명, 자유, 해방의 시대로 묘사되었다. 이런 비유를 쓰는 순간 빛과 어둠이 선명히 대비되고, 우리는 자신도 모르는 사이에 '상투적, 무의식적 비유의 오류'에 빠지게 된다.

명사형 용어에만 이런 오류가 발생하는 것은 아니다. 동사, 형용사, 부사를 통해서도 이런 오류가 발생한다. 정부는 '전복되고', 혁명은 항상 '폭발한다'. 경제는 '붐이 일거나 거품이 꺼지며', 문화나 문명은 장미꽃 정원도 아니면서 곧잘 '꽃피운다'.

'명나라는 미국과 같다'

'완벽한 비유의 오류'란 두 실체의 부분적인 닮은꼴에서부터 아주 정확히 상응한다고 유추하는 것이다. 곧 A와 B가 어떤 점에서 일치한다는 사실로부터 이 둘이 모든 점에서 같다는 잘못된 결론으로 추론이 진행되는 경우이다. 우리는 항상 기억해둘 것이 있다. 유추나 비유란 그 성격상 둘 또는 그 이상의 사물 사이에 나타나는 유사성이며, 이 유사성을 빼면 기타 측면에서는 같지 않다는 것을 의미한다. 완벽하다는 말이 통상적으로 동일성을 함축한다고 본다면, '완벽한 비유'란 용어 자체가 모순이다.

좋은 사례가 있다. 가끔 명나라와 미국을 비유하는 경우가 있다. 명나라는 이유야 어떻든 임진왜란 때 조선의 동맹국이었다. 미국은 한국전쟁 때 남한 정권을 지원했다. 명나라를 '부모의 나라'라고 표현했던 조선시대 사대부를 비난하지만, 지금도 미국에 대해 '혈맹'이라는 말을 쓴다. 정치경제적 관계를 생물학적 인연으로 바꾸는 어법이지만, 이것이 세상에서는 통한다.

이런 비유조차 천하 체제와 국민국가 체제의 차이를 고려하면 비슷하기만 하지 역사성은 당연히 다르다. 실제로 명나라와 조선,

미국과 남한이 맺고 있는 관계가 달랐다. 명나라는 미국처럼 용산이나 평택에 주둔기지를 만들지도 않았고, 베트남전 같은 침략전쟁에 조선군을 동원하지도 않았다. 따라서 미국과 명나라는 제국의 규모라는 점에서만 유비 관계가 성립할 뿐, 조선과 명나라, 한국과 미국은 유비 관계가 성립하기 어려운 측면이 많다.

바보들의 비유

비유나 유비의 오류에는 이 밖에도 여러 형태가 있다. '어리석은 유비의 오류'라고나 부를 만한 것도 있다.

> ① 이 축구공은 둥글고, 저 사과는 빨갛고 둥글며 부드럽고 껍질이 반짝반짝한다.
> 저 사과는 아주 먹기가 좋다.
> 그러므로 이 축구공은 아주 먹기가 좋을 것이다.
>
> ② 이 축구공은 둥글고, 저 사과는 빨갛고 둥글며 부드럽고 껍질이 반짝반짝한다.
> 저 사과는 크리스마스 양말에 들어있으면 아주 좋다.
> 그러므로 이 축구공은 크리스마스 양말에 들어있으면 아주 좋을 것이다.

①번의 유비는 언뜻 보기에도 명백히 바보 같은 추론이다. 그러

축구공과 사과. 비유를 잘못하면 축구공을 보고 먹기 좋다고 말할 수도 있다.

나 ②번의 경우, 어떤 미감에서 볼 때는, 수긍할 수 있다. 이렇게 둘의 논리가 타당성에서 차이가 나는 이유는, '이 축구공은 둥글고, 저 사과는 빨갛고 둥글며 부드럽고 껍질이 반짝반짝한다'라는 축구공과 사과의 외관 묘사가 보기 좋은지 아닌지 하는 미감의 문제이지, 먹을 수 있느냐 없느냐 하는 식용의 문제가 아니라는 데 있다.

쉽게 말해서 ①번은 미감에 의한 묘사에서 곧바로 '저 사과는 아주 먹기가 좋다'라는 전혀 다른 규정으로 옮겨감으로써 유비의 비약을 겪었고, 그것이 바보 같은 오류로 귀결되었던 것이다. '바보들의 비유'는 축구공과 사과 사이에서만 생기는 것이 아니다. 심각한 경우를 예로 들어보자.

'서부전선 이상 없다'

1914년 제1차 세계대전이 발발했다. 전쟁은 문명의 진보와 현대화를 둘러싼 환희(결국 일부 서구 엘리트들의 번영)가 한창이던 20세기 개막 직후에 터졌다. 1000만 명이 전장에서 목숨을 잃었고, 2000만 명이 전쟁으로 인한 굶주림이나 질병으로 죽어갔다.

에리히 마리아 레마르크의 소설로 유명한 《서부전선 이상 없다》는 제1차 세계대전 중 가장 규모가 크고 처절했던 프랑스 서부전선의 전투(마른Marne 전투까지 200만 명이 넘는 병력이 투입되어 불과 수 킬로미터의 진격을 위해 60만 명이 희생되었다)를 배경으로 한 작품이다. 기관총과 포탄 세례로 하루에도 수천의 병사들이 도륙되는 상황임에도 당국의 공식 발표는 '서부전선 이상 없다'였다.

1차 세계대전으로 인한 사상자가 얼마나 많았던지, 1914년 8월 당시 영국군 지원병의 자격요건이 키 173cm에서, 10월에 이르면

제1차 세계대전을 다룬 영화 〈서부전선 이상 없다〉(1930)의 포스터. 주인공인 독일군 파울 보이머는 전투 중 자신이 찔러서 죽어가는 병사와 참호 속에서 몇 시간을 보냈다.

165cm로 낮아진다. 그달에 3만 명의 사상자가 발생하자 이번에는 160cm만 되어도 지원할 수 있었다. 전쟁은 이렇게 사회의 가장 빛나는 세대를 닥닥 긁어모아 희생시키는 짓이다.

1916년 7월, 영국 헤이그 장군은 영국군에게 독일군 방어선으로 진격하라고 명령했다. 독일군 6개 사단은 기관총으로 응수했다. 공격에 나섰던 영국군 11만 명 가운데 2만 명이 전사하고 4만여 명이 부상했다. "적진 돌파는 전혀 성공을 거두지 못했고 얻은 것이라곤 약 8km의 영토뿐이었는데, 이로 인해 이프르Ypres 돌출부가 전보다 더 작전에 불리한 지역이 되었으며, 영국군은 그 대가로 약 40만 명이 희생되었다."

'극장에 불이 났습니다!'

1917년 봄, 미국은 이 전쟁의 구렁텅이에 발을 들여놓았다. 그해 6월에는 방첩법防諜法, Espionage Act이 의회에서 통과되고 대통령의 비준을 받았다. 이 법은 간첩행위를 막는 법이 아니었다. 이 법에는 "미국이 전쟁을 수행하는 와중에 의도적인 불복종이나 불충, 항명, 미국 육군이나 해군에서 복무 거부를 야기 또는 시도하거나 미국의 신병 모집이나 입대를 의도적으로 방해하는 자는 누구든지" 최고 20년 징역형에 처할 수 있는 조항이 있었다. 방첩법은 '전쟁 및 징병 반대 금지법'이었다.

징병은 월 스트리트 자본가들의 이익을 위해 인류를 상대로 저지르는 잔인무도한 행위라고 전단을 배포했던 찰스 솅크라는 사람은 방첩법 위반으로 유죄 선고를 받고 6개월 징역형을 살았다. 이때 평결문은 작성했던 자유주의자 올리버 웬델 홈스 주니어 판사는 셍크가 징병법 시행을 반대하려는 의도를 품었다고 지적하면서 다음과 같이 말하였다.

> 언론 자유에 대한 가장 엄격한 보호조치일지라도 극장에서 거짓으로 불이 났다고 외쳐 공황 상태를 야기한 사람을 보호해주지는 않는다. (…) 모든 사건에서 문제로 삼는 것은, 명백하고도 현존하는 위험clear and present danger, 즉 의회가 막을 권리를 갖고 있는 실질적인 해악을 가져올 수 있는 상황에서, 그가 사용한 언어가 실질적인 해악을 가져올 수 있는 방식으로 사용되었는가 아닌가 하는 점이다.**17**

언뜻 보기에 그럴듯한 비유였다. 누구도 극장에서 불이 났다고 소리쳐서 공황 상태를 일으킨 사람에게까지 언론의 자유를 부여해야 한다고 생각하는 사람은 없을 것이다. 하지만 이 비유가 전쟁에 대한 비판에도 적용될 수 있을까?

어떤 사람은 홈스의 비유에서 문제점을 지적하며 셍크의 행동이 누군가 극장에서 상영 막간에 일어나 화재 때 비상구가 충분하지 않다고 외친 것에 비유하였다. 그러나 오히려 셍크의 행동은 표를 끊고 막 극장에 들어가려는 사람들에게 극장 안에 큰 화재가 났다고, 거짓이 아니라 진짜 정보를 외쳤던 사람에 비유할 수 있지 않을까.

만약 언론의 자유가 생명과 자유에 '명백하고도 현존하는 위험'을 일으킨다면 합리적인 사람은 누구도 그 자유를 용인하지 않을 것이다. 결국 언론의 자유는 다른 극히 중요한 권리와 경쟁해야만 한다. 하지만 전쟁 그 자체가 '명백하고도 현존하는 위험', 즉 전쟁에 반대하는 어떤 주장보다도 더 '명백하고 현존하며 더 생명에 위험한' 것은 아닐까. 시민들에겐 전쟁에 반대할 권리, 핵발전소에 반대할 권리, 위험한 정책에 반대할 권리가 있는 것이다.

비유-유비의 올바른 사용은 비유의 한계를 의식하는 데서 출발해야 한다. A와 B 사이의 비유 추론은 두 대상이 '어떤' 측면에서 비슷하지만, '그 밖의 다른' 측면에서는 비슷하지 않다는 사실을 전제로 한다. 이제는 전설이 된 축구선수 차범근을 우리는 갈색

미국의 대법관 올리버 웬델 홈스 주니어. 그는 찰스 셴크 사건을 다루며, 극장에서 불이 났다고 거짓으로 소리쳐서 공황 상태를 일으킨 사람에게까지 언론의 자유를 부여할 수는 없다고 평결했다.

폭격기라고 불렀지만, 누구도 차범근 선수가 진짜 갈색 폭격기라고 생각하지 않는다. 불일치와 차이를 모르고 사용하는 비유는 곧 바보의 비유일 뿐이다.

비유-유비적 설명이 갖는 심리적 영향력은 논리학이나 경험주의 모두에 위험하다. 바람직하지 않은 모든 관념은 효과적인 비유, 잘된 비유 때문에 오래 간다. 만일 비유가 증명 없는 설득, 경험적 증거 없는 경험론적 질문의 확정, 자발적 이해 없는 세뇌에 사용된다면, 비유는 오용될 것이다. 그 결과는 단지 동의할 수 없는 정도에 그치는 것이 아니라, 낭떠러지처럼 위험하다.

그동안 우리는 역사탐구와 서술, 논쟁에서 나타날 수 있는 오류와 왜곡에 대해 꽤 오랫동안 살펴보았다. 이번에는 한국 사회에서 벌어진 '역사 전쟁'에서 나타나는 오류와 왜곡을 살펴보려고 한다. 몇 년 전의 일임에도 불구하고 되새기는 이유는 여전히 사태가 반복되고 있기 때문이다. 오죽하면 영화 〈파묘破墓〉까지 소환되느냐 말이다. 누누이 강조하거니와 논쟁이나 해석의 차이는 사실에 대한 탐구와 서술을 기초로 하여 발생하기 때문에 두 영역을 간단히 나누어 설명하기란 불가능하다. 이런 한계 또는 조건을 염두에 두고 조심스럽게 오류를 검토해보자.

역사학의 위기(?)

역사학도의 입장에서 볼 때 현재 역사학과의 위기는 예견되어 있었다. 현대의 오만이기는 하지만, 역사학 역시 '진보사관'과 '근대주의'의 오만 속에서 협애해졌다. 고대-중세-근대라고 부르는 순간 작동하기 시작하는 진보사관과 근대주의는 사실 역사학의 무덤을 파는 일이었다. 사실과 가치 두 측면 모두 현대의 삶이 지고의 것으로 받아들여질 때, 누가 지난 경험을 진지하게 현실로 끌어오겠는가? 과거 또는 경험은 기껏해야 호고好古 취미일 뿐이다. 마치 사극이나 유사 역사평론이 역사학을 대신하듯.

그런데 거기에 그치지 않는다. 역사학이 비실거릴 수밖에 없는 이유는 또 있다. 현재 대학에서 이루어지고 있는 역사교육은 국민국가사로 한정되어 있다. 전국 모든 대학의 역사학과(국사학과)는 고대사, 고려사, 조선사, 일제 강점기 및 현대사로 이루어져 있다. 그렇다. 국사國史다. 서양사와 동양사 역시 국민국가사 또는 국민국가사를 모아놓은 지역사(예를 들면 유럽사, 남미사)를 커리큘럼으로 하고 있다. 대학이 위치한 지역이나 규모의 차이는 반영되지 않는다. 스테레오 타입의 교과가 국민국가답게 전국적으로 운영되고 있다. 당연히 해당 전공 교수가 퇴임하면 그 자리에는 그 해당 전공만 뽑는다. 이렇게 해서 이 국사교육 체제는 온존, 강화된다.

복습 겸 반성

익히 알다시피 19세기 국민국가의 완성에 충실히 시녀 노릇을 했던 역사는 국민국가 탄생과 유지에 기여했지만, 한편으로는 국민국가의 아이덴티티에 방해가 되는 기억은 지워버렸다. 예를 들어, 탐라나 제주의 기억은 대한민국의 정체성에 별 도움이 되지 않는 것이고, 빨리 지워버리고 국사가 보여주는 기억으로 대체해야 하는 거다. 그럼에도 아이러니한 것은 현대사는 가능한 한 지워버리려는 것이 국사였다. 폴 벤느 같은 역사학자는 아예 역사학은 현대사를 사회학과 인류학에 넘겨주었다고 단언했다.

사람은 여러 차원의 역사를 만들며 살아간다. 가족은 누구나 피할 수 없고, 학교에 다니면 학교의 역사를 구성한다. 종교생활을 하는 사람은 교회나 절의 역사를, 또 지역민은 자연스럽게 자기 고장의 역사를 만들기도 한다. 그러나 국사는 가족사에 대해 봉건적이라는 굴레를 씌워 봉쇄한다. 하지만 족보는 여러 역사의 일부이지, 타도 대상이 아니다. 그 외에 학교나 사회단체, 지역 등 사람들이 곳곳에서 만들어가는 역사는 '역사교육'의 대상이 아니다.

나는 일곱 색깔 무지개로 구성되어 있는데 굳이 빨간색이나 파란색으로 물들이려고 하면 받아들여지겠는가. 국사가 수능시험과 공무원시험에 나오기 때문에 어쩔 수 없이 공부할 뿐이다. 그나마 공무원시험도, 경상도나 충청도 공무원을 뽑기 위해 국사시험을 치르는 것은 타당성이 없다. 그 지역 공무원으로 근무해야 하니까 경상도사史나 충청도사를 보게 해야 하는 것이 아닌가?

20세기 '근대' 역사교육이 들어선 이래 지금까지, 역사학은 근대주의에 입각한 진보사관을 통해 역사학의 바탕인 과거의 경험을 부정했고, 국민국가사로 자신의 정체성을 제한하면서 역사학의 문채文彩를 지웠다. 게다가 역사학이 해줄 수 있는 풍부한 일, 즉 자료 발굴과 정리, 번역과 해설의 책무는 한갓 허드렛일로 버려두고 계속 논문만 요구했다.

역사 왜곡의 준비

여기에 위험요소가 하나 더 늘었다. 이제는 그나마 국사 교과서마저 뒤트는 시도가 빈번히 발생하는 것이다. 문제는 2009년 이전부터 시작되었는데, 당시 역사교육과정 개발추진위원회(위원장 이배용), 국사편찬위원회(위원장 이태진), 교과부(장관 이주호. 2024년 교육부장관과 같은 인물이다)가 주체가 되어 한국사 교과서 개정을 추진하였다. 그 결과 교과부가 2009년 8월 9일 "2009년 개정 교육과정에 따른 사회과 교육과정"을 고시하였는데, 그 고시에 당초 교육과정심의회를 통과한 초중고 역사교육과정안(한국사 부분)의 원안이 바뀌었고, 그중 하나가 '민주주의' 개념이 모두 '자유민주주의'로 바뀐 것이었다.

바뀐 과정부터 이상하다. 당초 과정안 원안은 전문역사학자들의 자문과 시민들도 참여한 공청회, 역사교육과정 개발추진위원회라는 교과부 자체의 검토를 거친 것이었다. 그러나 '자유민주주의' 개념에 대해서는 논의된 바가 없었다. 대개 그렇듯이, 이렇게 슬쩍 또는 불쑥 들이밀 땐 사심이 있는 경우가 많다.

굳이 민주주의를 자유민주주의liberal-democracy로 표기하려는 이유는 사실 간단하다. 민주주의를 시장경제 중심의 자유주의 베이스로만 이해하려는 것이다. 근대 정치제도에는, 평등한 시민권에 방점을 둔 민주주의와 소유권의 자유와 시장 우위에 기반을 둔 자유주의의 대립과 조정의 역사가 배어 있다. 자유민주주의 개념은 당연히 복지, 사회정의 등에 방점을 두는 사회민주주의social-democracy와 다르다. 전자를 채택하면 후자는 역사교육에서 배제되는 것이다.

의미 왜곡의 오류

현행 헌법에 나오는 '자유민주적 기본질서'는 'the basic free and democratic order'로 번역되기 때문에 교육과정에 집어넣으려는 자유민주주의liberal-democracy와 애당초 기원과 맥락이 다르다. 이런 논의가 오가는 중에 논리가 궁색해지자 자유민주주의론자들은 자유민주주의는 사회민주주의를 포함하는 개념이라는 논리를 들고 나왔다.

원래 자유민주주의는 특정 정당의 정강으로 사용되기 시작하였다. 1961년 12월 7일 기자회견에서 박정희 혁명정부가 '자유민주주의를 신봉한다'라고 선언하고, 1963년 2월 26일 제정된 공화당 강령 1조에서, '민족적 주체성을 확립하며, 자유민주주의적 정치체제의 확립을 기한다'라고 하였다. 1950년대 양대 정당인 자유당과 민주당의 정강 1조는 '진정한 민주주의 정치체제의 확립'(자유당), '일체의 독재주의를 배격하고, 민주주의의 발전을 기한다'(민주당)라고만 되어 있었다. 특정 정당이 '자유민주주의 체제'를 정강으로 채택하는 것은 있을 수 있다. 그러나 역사를 배우는 학생들에게, 특정 정당의 정강 용어를 한국 현대사의 기조로 가르칠 순 없는 일 아닌가?

이후 한국역사연구회, 한국사연구회 등 11개 연구단체가 개정 반대의사를 표명했다. 학계 대표들을 면담한 자리에서 이주호 장관은 검토하겠다고 말했다. 그런데 김관복 교과부 학교지원국장은 "교과부는 합법적인 절차를 밟았다. 장관이 다시 한번 검토하겠다는 뜻이었을 뿐"이라고 말했다. 합법적이라…. 공자는 《논어》에서 이렇게 말했다. "사람들을 법으로만 다스리면, 요행히 법망을 빠져나가려고 하고 부끄러움을 모른다."

'학술이라도 제대로'

2011년 10월 28일, 서울 서대문 4·19혁명기념도서관 강당에서, "보수와 진보가 보는 민주주의—한국의 자유민주주의 이론, 헌법, 역사"라는 토론회가 열렸다. 앞서 역사교과개정 논란의 원인이 된 '자유민주주의' 개념을 토론하는 자리였다. 발제를 맡은 박명림 교수(연세대)의 발표에, "임시정부 이래 이승만 정부까지 어떤 헌법, 연설, 인터뷰에도 자유민주주의는 없다"라는 내용이 구체적인 사료와 함께 제시되어 있었다. 발표문에서 시종일관 '자유민주주의'라는 용어를 의도적으로 썼던 김용직 교수(성신여대)는 단 하나의 '자유민주주의'에 대한 1차 사료도 제시하지 못하고, 모두 연구서에서 차용했다. 일단 현재까지, 역사학자인 내가 볼 때 임시정부부터 이승만 정부까지 자유민주주의가 대한민국의 기본방향이라는 걸 보여준 사료는 없다.

이날을 특별히 필자가 기억하는 이유는, 박명림 교수에 대한 토론 패널을 맡았던 권희영 교수(한국학중앙연구원)의 발언 때문이었다. 그는, "역사학에서 사료가 말을 하는 것이 아니다. 역사는 해석이다. 이는 역사학의 기본이다. 그런데 박 교수는 사료에 나오지 않는다고 해서 자유민주주의가 없었다고 말하고 있다"라는 요지의 발언을 했다. 그랬더니 박수를 치는 사람도 있었다!

그의 말대로, "역사학에서 사료가 말을 하는 것이 아니다. 역사는 해석이다". 그러나 "역사학은 사료가 없이는 말을 할 수가 없다." 이것이 더 역사학의 기본이다. 알고 보니 그분이 현대사 전공

인 역사학자시란다. 그리고 그분이 마침 한국현대사학회 회장이
신지라 그날 토론회에서 인사말을 했는데, 한국현대사학회는 학
술단체이지 운동단체가 아니라고 하셨다.

좋지 않은 인연

2013년 12월 3일, KBS 전주방송에서 연락이 왔다. 검정을 통과
한 교과서의 저자들에게 내린 교육부의 수정명령에 대해 토론하
는데 나도 참여해달라는 요청이었다. 그사이의 변화 상황을 잠깐
설명해야 될 듯하다.

이때의 이슈는 교학사 한국사 교과서의 왜곡에서 시작된 사안
이었다. 국사편찬위원회(이하 국편)는 2013년 5월 10일 고등학교
한국사 교과서 1차 검정 결과를 발표하였다. 국편은 신청한 9종
교과서 가운데 8종의 합격을 발표하였는데, 거기에 교학사에서 펴
낸 한국사 교과서(이하 교학사 교과서)가 들어 있었다. 이어 8월 30일
최종적으로 8종의 교과서가 검정에 합격하였다.

교학사 교과서의 집필자는 모두 6명이었는데, 대표 저자는 한국
현대사학회 초대 회장 권희영이고, 공동 저자 중 한 사람은 이 단
체의 2대 회장인 이명희(공주대 역사교육과 교수)였다. 세 사람은 현
직 교사이며, 나머지 한 사람은 한국학중앙연구원에서 박사과정
을 수료한 것으로 알려졌다. 좋다, 누가 쓰면 어떠랴! 제대로만 쓴
다면 누가 뭐라고 하겠는가?

이데올로기적 사실 왜곡

그런데 1차 검정 결과를 발표한 지 넉 달이 지난 2013년 8월 30일에 국편에서 최종 검정 결과를 발표하였는데, 이때 국편은 합격한 교과서의 저자 전원과 출판사를 공개함과 아울러 검정 과정에서 국편이 수정을 요구한 내역과 이에 대한 저자들의 수용 여부, 검정 신청본 이후 교과서 저자들이 자체 판단을 통해 수정한 내역을 정리한 도표를 동시에 공개하였다. 당초 교육부는 10월 중에 학교별로 이 8권의 책 가운데 하나를 채택하여 2014학년도부터 바로 사용할 수 있도록 하겠다는 방침을 밝혔다.

코미디 같은 일은 바로 1차 검정에서 최종 결과가 나오기까지 넉 달 동안 일어났다. 국편과 교육부는 최종 검정 결과 발표 후에도 내내 해당 검정 교과서를 공개하지 않았다. 장차 학생들이 다 보게 될 책이고, 학교 교사들이 여덟 종류의 교과서를 비교하여 채택 여부를 결정해야 할 판에 이상한 일이 벌어진 것이었다. 그럼에도 일부 언론에서는 어떻게 알았는지 교과서 내용을 보도하고 있었다.

교학사 교과서를 보고 많은 사람들이 놀랐다. 이 교과서를 심사한 국편의 발표에 따르면, 국편이 이 교과서를 대상으로 '오류니까 수정하라'라고 권고한 내용에다가, 저자들이 발견하여 자체 수정한 내용을 합하여 479곳을 수정한 뒤 최종 검정 과정을 통과하였다.

그러니까 국편은 479곳의 오류를 무릅쓰고 검정을 통과시켜주려고 애썼다는 것이다. 교과서에 이렇게 많은 자료-사실-서술의 오류가 있으면 검정을 통과하지 못한다. 이것이 보통사람들의 상식이다.

내가 회원인 한국역사연구회 등 한국사 연구 네 단체가 검토한 결과에 따르면, 479개를 수정하였다는 이 책에는 여전히 298개의 오류가 있고, 작은 오류까지 따지면 역사적 사실이 잘못 기술된 것이 무려 600여 개에 이른다고 한다. 모두 1천 군데의 오류!

사실의 정확성을 충분히 검토하지 않은 채, 아예 포털사이트에서 긁어온 시각자료로 책을 만들었다. "사실, 개념, 용어, 이론 등은 객관적이고 정확한가? 각종 자료는 공신력 있는 최근의 것으로서 출처를 분명히 제시하였는가?"라는 교과서 검정 기준은 애당초 무시한 결과였다.

창조적인 표절과 왜곡

이 책은 표절도 넘쳤다. 교학사 교과서에서는 《친일인명사전》[18]에 등재된 인물도 민족운동가로 둔갑시켰는데, 이는 위키백과 사전을 긁어온 결과였다. 참고로 요즘은 학생들도 긁어오는 것은 부끄럽게 여긴다. 또한 위키백과에서는 친일 행적도 분명히 싣고 있다. 베끼면서도 구미에 맞는 것만, 필요한 것만 베낀 것이다.

심지어 다른 교과서를 그대로 옮긴 곳도 있었다. 그 교과서의 원저자는 나중에 자신의 잘못을 알고 고쳤다. 한데 이들은 그런 사실을 알지 못하고 원저자가 실수한 부분을 그대로 옮기는 촌극을 빚었다.

이 책의 공동 저자인 교사 세 사람은 교과서 집필 과정에서 권희영, 이명희 두 교수의 전횡에 불만을 가졌고, 공동 저자들의 의견과 다른 내용이 너무 많다는 점을 지적하면서 필자 명단에서 자신을 빼달라고 요청하였다.[19] 저자가 저자이길 거부한 초유의 한국사 교과서가 된 셈이다. 또 이 책의 공동 저자 중 한 사람은 검정본부에 제출한 저자 약력을 허위로 작성하였음이 확인되기도 하였다. 주요 누락 및 오류 사항을 뽑아보면 다음과 같다.

① 훈민정음의 삭제: 교학사 교과서에 훈민정음에 대한 내용이 없다.

② 헌법 전문에도 들어가 있는 대한민국 임시정부 수립을 연대표에서 '빠뜨리거나', 애국가조차 틀리게 기술하였다.

③ 이승만의 이름은 교과서에서 모두 82회 등장한다. 그다음으로 가장 많이 나오는 이름인 김일성, 박정희, 김구 등이 17, 18회 안팎이었다. 특히 1940년대 항일운동을 다룬 곳에서는 임시정부를 이끌던 김구의 이름이 한 번도 등장하지 않은 데 반해, 이승만의 이름은 무려 32회 등장한다. 아예 "이승만은 당시에 한국인들이 가장 존경하고 신뢰하는 지도자였다. 그는 직접 자신의 목소리로 방송을 함으

훈민정음 해례본. 교학사 한국사 교과서에는 훈민정음이 없었다. 이 교과서로 배우면 훈민정음 창제를 모를 뿐 아니라, 훈민정음에 대한 시험 문제가 나올 때 풀지 못한다는 뜻이다.

대한제국 시대 항일의병. 외국 군대가, 그것도 바로 조선 땅에서, 자신들의 지배권을 확보하려고 이 땅을 지키기 위해 일어선 의병을 학살하였는데, 교학사 교과서는 이를 '토벌'이라고 기술하였다. 이쯤 되면 일본 극우파 교과서에 못지않다.

로써 국민들과 더욱 친밀하게 되었고, 광복 후 국

민적 영웅이 될 수 있었다"(교학사 전시본 293면)라고

왜곡을 서슴지 않았다.

④ 탐구학습: 교과서의 190면에는 명성황후를 시해한

을미사변에 가담하였던 일본인의 회고록을 사료

로 인용한 뒤, "당시 일본은 명성황후를 시해하는

과격한 방법을 선택할 수밖에 없었을까"란 탐구활

동을 제시하였다.(이들은 학생들로부터 무슨 대답을 듣

고 싶었을까?)

논란의 또 다른 함정

교학사 교과서의 역사 왜곡과 함량 미달의 수준이 알려지자 교육부가 나섰다. 우선 '고르게' 오류 시정 명령을 내렸다. 문제는 교학사 교과서가 저질렀는데, 다른 교과서까지 시정하게 한 것이다.

얼마나 교육부가 고심했는지 사례를 하나 들어보자. 미래앤 출판사에서 간행할 한국사 교과서에 몇몇 소주제가 있는데, 그 소제목 가운데 '책상을 탁 치니, 억 하고 죽다니!', '피로 얼룩진 5·18 민주화운동', '궁지에 몰린 전두환 정부'(322~337면) 등이 교과서 용어로 부적절하다며 다른 표현으로 바꾸라고 명령했다. '이승만 독재와 4·19혁명'이라는 소제목에서는 '이승만 독재'를 빼라고 명령하였다.

교육부는 수정 명령을 합리화하기 위하여 '수정심의위원회'를 만들었다. 법적 근거가 없는 위원회였다. 그런데도 자신들이 수정 명령 권한을 가지고 있다고 주장했다. 현재의 검정제도를 무력화하고 결국 교육부가 지정하는 '국정교과서' 체제로 가려고 하는 것이었다. 그나마 여러 교과서를 놓고 선택할 수 있도록 개선된 한국사 교과서 제도를 군사독재 시대로 되돌려 '주입, 세뇌'시키려는 것이다.

실제로 필자와 KBS 전주방송에서 토론했던 권희영 교수는 검정교과서가 모두 좌파라며 국정교과서로 가야 한다고 극력 주장했다. 이분은 북한이 전체주의라서 싫다고 한다. 민중사관에 대해서는 극심한 거부감을 보였다. 도대체 민주주의 사회에서 민중사관을 부정한다는 것이 무엇을 의미하는지 모르는 것일까? 그것은 헌법 가치의 부정이고, 민주주의의 부정이다. 이런 권 교수의 행태가 전형적인 파시즘이다. 나는 전체주의를 주장하고 실현하려는 자들을 파시스트라고 생각하는데, 이분은 다르게 생각하나 보다.

역사의 사료가 중요한 이유는 관점이나 해석이 망상으로 흐르는 것을 막아주는 역할을 하기 때문이다. 또 이게 역사학의 덕목 중 가장 중요한 가치이다. 역사자료를 많이 보아야 한다. 그래야 실수를 하지 않는다. 어떤 이들은 사료에 관심이 없다. '관점에만' 관심이 있다. 역사학은 이러면 안 된다.

| '오항녕은 극우 파시스트다!'

오류나 왜곡이 꼭 의도적이라는 생각은 하지 말자. 조금만 산만하거나 마음을 놓으면 그 틈으로 오류가 스며든다. 나는 예외겠지, 하는 생각이 바로 오류의 출발이다. 그렇다고 너무 주눅 들지는 말자. 오류를 줄이기 위해 그동안 그렇게 소쩍새 울듯이, 서리가 내리듯이 오류의 양상과 종류를 훑어오지 않았던가. 지금 우리는 논쟁이나 토론 과정에서 나타나는 오류를 점검하면서 그동안의 논의를 정리하는 중이다. 논쟁이란 음모가 아니다. 논쟁 또는 토론이란, 어떤 가정이나 전제에서 합리적 추론을 통하여 모종의 결론에 도달하는 과정을 말한다.

확실히＝아마도

통상 논쟁 과정에서는 첫째, 서로 소통하는 과정에서 생기는 오류가 있을 수 있고, 둘째, 근거나 사실을 제시하는 과정에서 발생하는 오류가 있을 수 있다. 전자를 의미론적 오류, 후자를 실체적 오류라고 부른다. 의미론적 왜곡에는 여러 종류가 있다. 우선 모호함의 오류가 있다. 이 오류에서는 두 가지 또는 그 이상의 의미를 가진 표현이나 단어를 사용한다. 민주주의, 자본주의, 민족주의, 계급, 문화, 교육, 정당, 봉건제, 낭만주의 등의 용어는 누구나 알고 있는 듯하지만, 논의하는 그 맥락에서 정의하고 들어가지 않으면 서로 다른 개념을 사용하고 있다는 사실을 뒤늦게 알게 되는 경우가 많다. 이러한 모호함은 곧잘 혼동으로 이어진다.

개념에 가까운 용어 사용도 오류를 수반하지만, 역사학자의 과장도 오류를 낳는 데서는 예외가 아니다. 역사학자들도 설득력을 높이려다 보면, '때때로' 대신 '항상', '가끔' 대신 '때때로', '드물게' 대신 '가끔', '한 번은' 대신 '드물게'라는 표현을 사용한다. 그래서 어떤 역사학자가 '확실히'라고 말하면 '아마도'로 알아들어야 하고, '아마도'라고 말하면 '혹시' 정도로 알아들어야 하며, '혹시'라고 말하면 '추정컨대' 정도로 알아들어야 한다는 농담을 하기도 한다.

또한 '말할 필요도 없다'라는 말은 종종 '어떤 말을 해야 할지 모르겠다'라는 뜻이며, '알려져 있지 않다'라는 말은 '나는 모르겠다' 또는 '나는 말하고 싶지 않다'라는 뜻이다. 문장을 시작하며 곧잘 덧붙이는 '사실'이라는 말은 단지 '내 생각에는'이라는 의미이고, '의심할 것도 없이'라는 말은 오히려 '의심할 만한 요소가 있는데 내가 무시했다'라는 뜻으로 읽어야 한다고 비꼬기도 한다. 이런 과정을 통해 '역사가의 판단'을 마치 '역사의 판단'인 것처럼 위장하는 것이다.

의미론적 오류는 신문의 타이틀, 인터넷 뉴스 제목에서 자주 발견되듯이, '강조의 오류' 형태를 띠기도 한다. 이른바 '낚였다'라는 느낌이 들면 '강조의 오류'에 넘어간 경우일 때가 많다. 이와 함께 빼놓을 수 없는 오류가 '흑백논리의 오류'이다.

흑백논리의 오류

춥다/덥다, 빛/어둠, 선/악, 자유/부자유, 좌익/우익 같은 용어가 그것이다. 춥다(선선하다)/덥다(따뜻하다)는 것 사이에는 아무런 고정된 기준이 없다. 실내에서는 20도면 더운 느낌이 들다가도 밖에 있으면 서늘하게 느껴지기도 하고, 열대 지방에 살던 사람은 28도 되는 날씨를 선선하게 느끼지만 온대 지방에 사는 우리는 덥게 느낄 수 있는 것이다.

특정한 목적 아래 이를 정확히 구분할 수도 있기는 하다. 그러나 이 구분은 언제나 임의적인 구분선이 될 수밖에 없다. 이런 구분은 두 가지 점에서 위험하다. 첫째, 임의적이거나 정도 차이일

안개 낀 숲의 사진. 음지에서도 더 어두운 곳이 있고 비교적 환한 곳이 있다. 이런 차이를 무시한 채 '흑백논리의 오류'에 빠지면 사진에서 얻을 수 있는 것은 고작 빛과 어둠일 뿐이다.

뿐이기 때문에 '실제' 구분은 존재하지 않는다는 점에서 위험하다. 예를 들어, 음지와 양지는 구분되는 듯 보이지만, 햇빛이 직접 비치는가 반사되어 비치는가의 차이일 뿐이다. 심지어 음지에서도 더 어두운 곳이 있고 비교적 환한 곳이 있다. 이런 차이를 무시한 채 아예 검다/희다라는 구분으로 환원시킬 때, 여기서 우리가 자주 쓰는 용어, '흑백논리'가 나온다. 두 번째 문제점은 이러한 자의성을 절대화할 때 발생한다.

> 미국 지성인의 책임은 진실을 말하는 것이다. 언제나. 진실은 이러하다. 매카시 상원의원을 만드는 운동은 이성, 용기, 도덕성이다. 케네디 상원의원은 비이성, 기회주의, 비도덕성을 대변한다. 진실은 이렇다. 도덕적으로 남기 위해서, 우리는 항상 도덕적인 인물과 수단을 선택해야 한다. 진실은 이렇다. 목적은 결코 수단을 합리화할 수 없다. 미국 지성인들이 이러한 사실을 알지 못한다면, 그들은 역사로부터 아무것도 배울 수 없을 것이다. 그들은 매카시와 케네디 사이에서, 도덕성과 비도덕성 사이에서 선택해야 한다.

이는 베트남 전쟁이 한창이던 1968년 5월 20일, 미국 역사학자 리 벤슨과 제임스 P. 셴턴이 민주당 대통령 후보 경선 당시에 〈뉴욕타임스〉에 낸 광고였다. 벤슨과 셴턴은 매카시 상원의원을 지지했고, 케네디 반대파였다. 여기서 매카시는 1950년대 반공주의로 미국 사회를 얼어붙게 했던 조지프 매카시와 다른 인물로, 반전주의자인 미네소타주의 유진 매카시Eugene McCathy 상원의원을 가리킨다. 광고, 선전이라는 점을 감안하더라도 이 광고는 매카시와 케네디라는 이름을 곧장 도덕성과 비도덕성이라는 모호한 용어와 결합하였다. 흑백논리의 시작이다. 이 논리를 어디서 본 듯하다는 생각이 들면, 우리 주위를 한 번 돌아보는 것으로 충분하다.

선생님이 그러시는데…

그래서 모호한 용어에 대해서는 정의를 내리고 시작할 필요가 있다. 변치 않을 정의가 아니라, 적어도 논의되고 있는 맥락 안에서는 적절하고 합당한 정의가 필요하다. 이제 실체적 오류에 대해 살펴보자. 의미론적 오류가 복합적이거나 모호한 용어를 사용하면서 소통을 가로막는 오류라고 한다면, 실체적 오류는 논증에 부합하지 않는 근거를 제시함으로써 생겨나는 오류를 말한다. 아마 사례를 보면, '아, 이런 오류구나' 하는 생각이 절로 들 것이다.

먼저 '권위에 호소하는 오류the fallacy of argumentum ad verecundiam'가 있다. 라틴어 'verecundiam'이란 수줍음, 겸손, 부끄러움이란 뜻이다. 이 오류는 좀 어처구니없기는 하지만 효과가 큰 수사법으로, 곧잘 상대방을 기죽게 만들기도 한다. 상대는 반대의견을 고수하려면 뭔가 큰 죄를 지은 것처럼 느끼게 된다. '선생님이 그러시는데', '과학자들이 말하기를', '공자님(부처님, 하나님)이 말씀하시길' 등으로 시작하는 논법이 여기에 속한다.

한때 모 대학교 석박사 논문의 첫 문장은 "조선 후기 사회는 상품화폐 경제가 발달하고 농업 분야에서 상업적 경영이 이루어져 신분제가 붕괴되는 중세 해체기였다"라고 시작했고, 저명한 입론자의 논문(저서)을 1번 각주로 달면서 시작하던 때가 있었다. 자기들이 배운 분의 가르침을 따르는 것이 흠이랄 것은 없지만, 지나치게 한결같아서 조금 보기 좋지 않았던 기억이 있다. 특히 조선 후기 역사상이 서양 봉건제의 해체와 같은 양상을 보인다는 증거도 거의 발견되지 않는다. 권위에 호소하는 오류는 다음과 같은 변종들이 있다.

① 현학적인 단어에 호소하기: '~주의', '~적'과 같은 접미어를 수반한 용어를 쓰는데, 대개 의심, 혼동, 비논리, 부정확성, 무식함을 슬쩍 감추고 자기주장을 정당화하려는 방편으로 이용된다.

② 참고문헌에 호소하기: 부적절하거나 과도한 참고문헌을 각주에 달아서 논증하는 방식이다.

③ 인용문에 호소하기: 언젠가 어떤 학생이 낸 리포트가 거의 모두 인용으로 채워져 있어서 놀란 적이 있다. 인용문을 정확히 표시한 점에서는 정직했으나, 자기 논리가 부족하다면 안타까운 일이다. 나는 이를 '코테이션quotation 글쓰기'라고 부른다.

④ 길이에 호소하기: 아널드 토인비의 《역사의 연구A

Study of History》가 떠오른다. 국내에선 동서문화원
에서 1974년에 14권으로 출간하였다. 많은 독자들
이 기념비적인 저술의 분량 때문에 설득되지 않았
을까?

⑤ 수학적 표현에 호소하기: 말 그대로 '수학의 심볼'
에 호소하는 경우이다.

수학으로 기죽이기

수학적 표현에 호소하는 사례를 보여주는 재미있는 이야기가
있다. 오일러와 디드로의 유신론有神論 논쟁이다. 러시아의 예카테
리나 2세는 당시 수도였던 상트페테르부르크(소련 때 레닌그라드로
개명되었다가 다시 바뀜)에 유럽 각국의 학자와 문인을 초빙하여 문
화를 꽃피우려고 노력했던 계몽군주였다. 백과전서파의 철학자
데니스 디드로도 초청받은 사람 중 한 명이었다.

디드로는 유물론자였고, 무신론자였다. 예카테리나는 그의 사
상이 젊은이에게 퍼지는 것을 탐탁지 않게 여겼고, 모종의 음모를
꾸몄다. 어느 날 신의 존재를 증명한 수학자가 있으니 원한다면
공개적인 곳에서 그 증명을 보여주겠다는 소식을 디드로에게 전
했다. 디드로는 이 제안을 받아들였으나, 그가 상대할 사람은 당대
최고의 수학자인 오일러였다. 독실한 신자였던 오일러는 디드로
에게 말했다.

1950년대 옥스퍼드대학교 출판부에서 11권으로 출간된 아널드 토인비의 《역사의 연구》. 국내에선 1974년에 14권으로 번역·출간되었다. 때론 긴 분량의 저술도 권위에 호소하는 오류를 낳곤 한다.

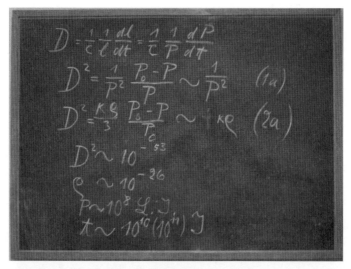

1931년 아인슈타인이 옥스퍼드 강연에서 사용했던 칠판. 사람들은 수학 공식으로 제시된 질문이나 답변에 대해 기죽는 경향이 있다. 과학적 증명의 상징이기 때문이다.

"$(a + b^n)/n = X$이다. 따라서 신은 존재한다. 디드로 씨! 답해보시오."

"…"

전해지는 말로는 수학을 몰랐던 디드로가 한마디 대꾸도 못 하여 망신당했으며, 예카테리나 2세는 디드로에게 그만 프랑스로 돌아가라고 요청했다고 한다.*

이게 사실이든 아니든, 이 일화에서 수학이나 통계 숫자가 종종 근거 없는 주장을 감추려는 방법으로 쓰인다는 점을 확인할 수 있다. 이 일화는 수학 수식에 대한 사람들의 일반적인 태도를 보여주는데, 이 반대의 경우, 그러니까 수학 공식에 대한 거부 역시 바람직하지 않은 오류를 초래할 수 있다는 점도 지적하고 넘어가기로 한다.

인쇄물의 마력

필자가 학부, 석사생이었을 때는 워드프로세서가 보급되지 않아 리포트를 펜으로 써서 발표하였다. 다행히 복사기는 활용할 수 있어서 함께 읽는 데는 지장이 없었다. 그러다 20Mb, 40Mb의 하

---

* 그러나 이 일화는 실화가 아니었다. 원래는 디외도네 티볼트Dieudonné Thiébault의 《베를린에 머문 20년의 추억》에 나온 일화를 바탕으로 한 개작이라고 한다. 원작에 등장하는 인물은 수학자 오일러가 아니라 그냥 러시아 철학자였으며, 디드로는 수학에도 조예가 깊었다고 한다.

드 용량을 가진 컴퓨터를 구입한 것이 석사 논문을 작성할 무렵이었다. 이때 했던 착각이 하나 있었다. 바로 출력을 해서 보면 마치 좋은 리포트를 쓴 듯한 느낌이 든다는 것이었다. 지금은 그런 느낌이 많이 사라졌지만 한동안 일부러라도 거기에 현혹되지 않도록 조심해야 했다.

하지만 반대 경우도 있다. 인쇄물을 믿지 않는 것이다. 마르크 블로크는 1차 세계대전 중인 1914~1918년에, "참호에서는 인쇄된 것을 빼면 무엇이든 진실이라는 여론이 퍼져있었다"라고 했다. 왜냐하면 검열이 상당히 강화되어 있었기 때문이다.[20] 베트남 전쟁이 한창이던 때의 미국이 그러하였고, 1980년대 신군부 치하에서 한국 사회가 그러하였다. 이 경우에는 오류의 영역에서가 아니라 민심民心의 영역에서 다루어야겠지만.

'오항녕은 극우 파시스트다!'

토론할 때 가장 일반적으로 나타나는 오류 중에 하나로 '메신저 공격의 오류the fallacy of argumentum ad hominem'가 있다. 이것 역시 다양한 형태로 나타나는데, 핵심은 사람들의 주의를 토론 자체에서 토론자로 옮겨놓는 것이다. 이 얘기는 필자 자신이 자주 겪는 일이라서 아예 그 사례를 놓고 설명하는 쪽이 편하겠다.

꽤 오래전 어느 날이었다. 같은 층에 연구실이 있던 동료 한 분이 내 연구실로 들어오면서 왈, "오 교수! 알고 보니 극우 파시스트던데?"라고 하였다. 무슨 말인가 하여 멀뚱히 쳐다보는 나를 보고는 낮에 있던 일을 얘기해주었다.

그분이 시내 한 서점에 갔다가 신간 코너에서 책을 뒤적이는데, 내 이름이 목차에 나오는 책이 있더라는 것이었다. 그 장제목 중 하나가 '오항녕의 극우 파시즘'이라고 되어 있었다는 것이다. 그래서 그 책 사왔느냐고 물었더니, 그분 왈, "그런 책을 왜 사?" 그 뒤로도 가끔 나를 보고 장난삼아 그런 얘기를 하는 분들이 있었다. 근원은 바로 그 책이었다.

이런 경우는 명예훼손으로 고발해야 하는 것 아니냐는 분도 있었다. 하지만 책에 나온 얘기를 법정으로 끌고 가는 것은 바람직하지 않다는 것이 내 생각이다. 공개 비판을 하자는 분도 있었다. 그렇지만 나는 토론이나 비판의 생산성에 대하여 큰 신뢰를 가지고 있지 않다. 어지간한 소양이 없는 사람들 사이의 토론이나 비판은 불필요한 오해와 야유, 상처로 남기 쉽다는 것이 나의 경험이자 관찰이었기 때문이다. 피치 못해 나와 다른 견해의 글을 논문에서 인용할 때도 최소한으로 그치고, 내 의견을 증명하는 데 주력하는 방향으로 글을 이끌어간다.

그 이상한 책은 적어도 나를 아는 분들에게는 별로 설득력이 없었던 듯하다. 내가 보수적인 데도 있고 좌파에 가까운 데도 있지만, 극우(또는 극좌) 쪽과는 거리가 멀기 때문이다. 내 주변 분들은 그 책으로 내게 장난을 칠지언정 굳이 살 생각까지는 결코 없었다. 그 책은 나에 대한 콘셉트를 잘못 잡은 듯하다.

이번 논쟁의 오류를 쓰면서 그 책이 생각나서 인터넷 서점을 통

해 목차를 확인해보니(나도 이 책은 사지 않았다), 내가 율곡의 십만
양병설을 근거 있다고 주장한 것이 불쾌했나 보다(이 주제는 이미 우
리가 다룬 적 있다). 논거는 논거로 비판해야지, 나를 극우 파시스트
로 만들어서는 나의 논거를 깰 수 없다. 설사 내가 극우 파시스트
라도 바른말을 할 수 있기 때문이다.

'네가 그럴 자격이 있어?'

이와 유사한 변종 논리들이 있다. 인조반정(1623) 이후 공신들
에게 광해군 때 권세를 부린 자들의 가옥과 재산을 나누어주면서
광해군 때 권력자들이 도둑질했던 것도 점유하고 백성들에게 돌
려주지 않음으로써 원성을 사기도 했다.[21] 종종 인조반정을 비판
하는 연구자들은 이를 근거로 반정의 정당성을 비난하고, 광해군
대를 합리화한다.

그런데 이런 일도 있었다. 인조 2년에는 공신에게 주는 세곡税
穀을 중지시켰다. 공신에게 세곡을 주도록 법전에 나와 있지만, 사
헌부에서는 "선조 때 광국光國·호성扈聖 등 여러 공신에게 세곡을
주지 않은 것은 시세를 참작하여 어쩔 수 없었기 때문입니다. 이
번 정사靖社(사직을 안정시킴)의 공은 막대한 공적이기는 하나 공로
를 보답하는 은전恩典은 나라의 재정 상황을 따져보아야 할 것입
니다. 생각건대, 오늘날 공사公私 간에 재물이 바닥나고 세입이 부
족하여 제향祭享(제사 물품)과 어공御供(왕실 수요 물품)도 모두 줄였
습니다. 많은 공신들에게 전례대로 세곡을 지급하는 것은 결코 이

어갈 방도가 없습니다. 서쪽 변방의 일이 진정되고 나라의 저축이 조금 넉넉해질 때까지 선조 때의 옛 규례에 따라 세곡 주는 일을 거행하지 마십시오"라고 청하였고, 인조는 3년 동안 세곡을 주지 말도록 조치하였다.[22] 공신들의 횡포를 근거로 인조반정의 정당성을 비난하는 연구자들은 공신들의 세곡을 3년간 중지한 이 사료는 어떻게 설명하겠는가?

반정에 성공하였으니 공신들의 자만과 횡포도 있었을 것이다. 그러나 반정 직후, 광해군 재위 15년 이상 지속되던 궁궐 공사를 즉시 중단했다. 그리고 궁궐을 짓기 위해 설치했던 영건도감을 비롯하여, 나례도감儺禮都監 등 12개의 난립했던 도감도 혁파하였다. 백성들의 고혈을 짜던 조도성책調度成冊(특별 세금 징수대장)을 소각하는 한편, 민간에 부과되었던 쌀과 포를 탕감해주었다. 인조 즉위 후 삭감한 양이 원곡元穀 11만 석이었는데, 당시 호조에서 거두던 1년 치 세금과 맞먹었다.

세금을 거두지 않으면 나라를 어떻게 운영하나? 그런데도 삭감하지 않으면 안 되었던 것이 현실이었다. 일단 백성들이 살아야 하지 않겠는가. 삭감하지 않으면 백성들이 살 수가 없었던 것이 반정 당시, 다시 말하면 광해군 정치의 결과였다. 쉽게 말해서 공신들의 폐단이 있었다고 해도, 그것이 광해군의 어지러운 정치[昏政]를 합리화하지는 못한다는 것, 그 어지러운 정치를 바로잡고 민생을 정상으로 되돌리려던 반정 세력의 지향과 노력이 비난받을 일은 아니라는 점이다.

어허, 왜들 이래!

특히 기억해둘 일이 있다. 조선시대 유일하게 간행되지 못하고 (즉 활자본으로 5부를 찍어 춘추관과 지방 4사고에 보관하지 못하고), 중초본과 정초본의 형태로 《광해군일기》가 우리에게 전해진 이유는, 다름 아닌 예산 부족 때문이다(14장 참조). 재정 형편이 안 되었다는 사실, 국왕이 즉위하면 제일 먼저 1~2년 만에 간행하던 관례를 인조 초반에는 재정 궁핍으로 어길 수밖에 없었던 사실! 광해군은 정말 알뜰하게 나라를 말아먹었다. 도대체 이런 광해군 시대를 거꾸로 성군의 시대인 듯 가르치는지 참으로 이해할 수 없는 노릇이다.

이제 일제시대 이래 지속하여온 광해군 추켜세우기는 조금 주

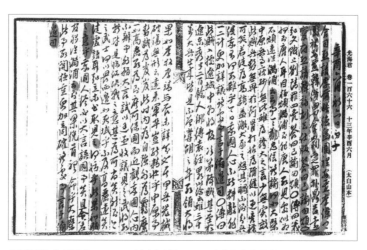

《광해군일기》 중초본(태백산본). 조선시대 실록(일기) 중에서 유일하게 간행되지 못하고 초고본으로 남은 《광해군일기》. 그 의미는 무엇일까? 광해군은 실록을 편찬하지 못할 정도로 나라 재정을 알뜰하게 탕진했다는 사실이다. 인조반정은 그 위에서 일어났다.

춤해진 듯하다. 이제 광해군이 대동법을 시행하여 민생을 안정시키려고 했다는 주장은 할 수 없다. 그동안 학계의 주장은 사료를 제대로 보지 못한 오류였음이 드러났기 때문이다. 또한 광해군의 광적인 궁궐 공사의 폐단도 감출 수 없게 되었고, 통합보다 분열과 증오를 키워갔던 광해군의 정국운영도 비판의 도마 위에 올랐다.[23] 그럼에도 여전히 광해군의 기회주의 외교는 '실리주의'라는 미명 아래 칭송되고 있다.

나는 세태가 그렇게 쉽게 바뀌리라고는 생각하지 않는다. 요즘은 이렇게 변용되어가고 있다. "광해군이 잘못한 부분은 있지만, 그렇다고 인조반정을 정당하게 보는 것은 서인西人의 관점이다." 양비론, 중도론이다. 이런 양비론, 중도론은 무척 점잖아 보인다. 하지만 대개 이런 양비론은 거의 무기력하거나 무책임하다. 광해군도 잘못했고, 반정세력도 잘못했다? 달리 말하면 광해군도 잘한게 있고, 반정세력도 잘한 게 있다?

민생을 보면 된다. 인조반정이 정당한 이유는 민생을 살리는 선택이었기 때문이다. 나라와 사회를 살리는 선택이었기 때문이다. 아니, 이런 말도 부정확하다. 이렇게 말해야 한다. 반정을 하지 않으면 망할 것 같으니까 반정을 한 것이다. 하고 싶어서 한 게 아니라는 뜻이다. 내가 인조반정을 안타깝게 생각하는 것은 그렇게 도탄에 빠진 나라를 넘겨받았다는 사실 자체에 있다. 도대체 그렇게 망가진 나라를 맡아서 어떻게 하려고! 앞 장에서 배운 비유의 오류를 경계하면서 말하자면, 마치 1997년 IMF 사태 이후 같은 나라를 맡은 것이었다.

논쟁이나 비판에서 논제에 집중하지 않고 논제를 논쟁자, 토론자로 돌리면서 문제를 흐리는 방식은 진영논리나 패싸움의 오랜 전통이다. 일단 패싸움이 되면 어느 편인가가 중요하며 옳고 그르고는 다음 문제가 된다. 패배를 인정하지 않아도 되며, 그 속에서 알량한 기득권이나마 유지할 수 있기 때문이다.

일찍이 이런 병폐를 간파했던 공자는 이렇게 말한 바 있다. "사람이 싫다는 이유로 그 사람의 말까지 막지는 않는다[不以人蔽言]." 이 말로도 부족해서 한마디 더 경고하였다. "군자는 다른 의견을 조화시키지만 부화뇌동하지는 않으나, 소인은 부화뇌동하면서 조화시키지는 못한다[君子, 和而不同. 小人, 同而不和]. 안타깝게도 현실에서는 소인 중에 머리 좋은 자들이 더 많고, 소인들이 기승을 부릴 때가 더 많다.

24

역사의 진실, 삶의 희망

역사학도로서 자존심 상했던 기억이 두 가지가 있었다. 첫째는 유럽에서 중세와 근대 사이에 인문학 또는 교양으로 '자유 7과artes liberales'가 있었다는데, 역사Historia는 거기에 포함되지 않았다는 사실이다. 7과목은 문법·수사학·변증법·산술·기하·음악·천문이었다. 역사가 자유 7과 외에 별도 학문으로 존재했던 것도 아니다. 근대 학문 대부분은 신학, 법학, 의학 및 자유 7과에서 파생되어 전문화 또는 분화되었다.

역사공부의 지위

유럽 쪽은 근대 이전에 역사학의 자리가 거의 없었다. 역사의 소재는 수사학의 한 챕터 또는 신학과 법학 연구에 이용되었을 뿐이다. 따라서 역사학은 어느 학부에서도 학문의 위상을 인정받지 못했다. 여기저기 던져져 있는 소재였고, 대부분 성서나 고전 작품으로부터 파생되었다. 그러니까 낭독이나 교훈적 설교와 관찰에는 도움이 되었지만, 연구나 비판의 대상은 아니었던 것이다. 역사는 웅변과 시의 부속물, 쓸 만한 선례, 교양의 장식에 그쳤다.

생각해보면 역사학이 모든 학문 가운데서 인간의 삶에 가장 가깝기 때문에 벌어진 현상이기도 하다. 역사의 질문이나 답변은 인간과 공동체의 생활 자체에서 나오기 때문이다. 즉 역사의 대상은 인간 사회 자체이다. 내가 '역사-인간Homo historicus'이라는 표현을 쓰는 까닭이다. 그래서 역사공부에 대한 접근성은 어느 분야보다 쉽다. 일기를 쓰는 초등학생부터 기사를 쓰는 언론인까지, 누구든 역사학도가 될 수 있다. 이렇게 역사공부는 특별한 학문의 예비 훈련이 거의 필요하지 않은 상태로 시작할 수 있다.

인간의 삶과 뗄 수 없는 결합에 역사학의 약점과 강점이 모두 담겨 있다. 인간 세상이 변하기 때문에 역사의 기준들이 계속 변하고 역사의 확실성을 위태롭게 한다. 역사(학)도 역사적인 것이다. 게다가 누구나 역사에 대해 한마디할 수 있기 때문에 가끔 누가 전문가인지 헷갈리게 된다. 조선시대 전공자인 나는 가끔 특강중에 청중 가운데 어떤 분들로부터 임진왜란, 세종, 인조반정, 사도세자, 숙종, 실학, 광해군, 기축옥사, 심지어 역사 교과서에 대한설교를 듣는다.

하지만 인간의 삶과 접목되어 있기 때문에 역사학은 보편성을 부여받는다. 또 삶의 의미를 진지하게 묻고 연구의 성실성을 갖게된다. 역사학은 필연적으로 인생 자체의 가치와 지향을 묻지 않을수 없다. 교훈적 역사학은 고대, 중세의 산물이 아니라, 역사학의 숙명 중 하나이다.

이렇게 역사학의 보편성과 전문성에 대해 나름대로 정리한 뒤로는 역사학이 자유 7과나 독립 학문이 아니었다는, 즉 학문의 족보나 혈통이 선명하지 않았다는 사실이 그다지 언짢지 않게 되었다.

베이스, 역사학

한편 역사학은 교양수업으로 철학과 함께 개설되기도 하면서 특별한 시위가 있는 것처럼 여겨지기도 한다. 교양이라고 표현될 만큼 역사학이 뭔가의 베이스 역할을 하고 있기 때문이다. 그 베이스란 이런 것이다.

역사학의 한 분야로 경제사, 정치사, 문화사가 있지만, 개별 학문 차원에서 보아도 경제학에는 경제학사史가 있고, 정치학에는 정치학사가 있다. 심지어 물리학에도 물리학사가 있고, 언론학에도 언론학사가 있다. 이는 역사[史]가 모든 학문의 공통된 양식form(형식)을 이루고 있음을 보여준다.

동시에 이러한 양식의 공통성 때문에 역사는 모든 학문의 방법이 되기도 한다. 아마도 존재하는 것들의 시간과 공간이라는 바꿀 수 없는 절대적 양식(형식)에서 연유한 것이겠는데, 역사학에서 변화를 설명하는 방법, 인과를 설명하는 방법, 사료를 비판하는 방법은 각각의 개별 학문에서 여전히 유용하게 쓰이고 있다. 물론 다른 학문의 방법을 역사학으로 가져오기도 한다.

이러한 역사학의 양식과 방법이 갖는 보편적 기여 때문인지, 초중고 및 시민들을 대상으로 하는 특강에서, 학생들뿐 아니라 기자 및 의학, 경제학, 철학 등에 종사하는 시민들과 교류할 기회를 자주 얻었다.

그렇지만 공감과 교류 과정에서 나 역시 적지 않은 오류를 남겼을 것이다. 앞 장에서도 오류는 나만은 예외겠지 하는 데서 출발한다고 말한 적이 있는데, 정말 그렇다. 건강한 시민은 자신이 오류를 범할 수 있다는 것을 인정하는 사람이다. 그렇기 때문에 오류를 범해도 자책하거나 합리화하기 전에, 즉 오류에 치이기 전에, 아니 잠깐 자책도 하고 합리화도 하겠지만, 그보다는 방향을 바꾸어 그 오류를 객관적으로 바라볼 필요가 있다. 누구나 잘못할 수 있기 때문이다. 그래서 공자도 "잘못을 저지르면 고치기를 망설이지 않았다[過則勿憚改]"라고 하였다.

이렇게 되면 앞으로 저지를 오류도 적어진다. 많은 경우 왜 오류를 범하는지 알았다면 저지르지 않았을 오류가 내 주변에 더 많이 널려 있지 않을까? 실제로 학생들과 내 글을 함께 읽는 시간이 많은데, 거기서 얻는 소득이 많다. 몇 번 하고 나면 글과 생각이 달라진다. 무엇보다도 나이 들어가는 역사학도가 역사공부의 오류를 줄이게 된 것만도 천만다행이다.

유지기의 《사통史通》

사람이 얼마나 어리석나 하면, 코앞에 두고도 멀리서 찾는다. 내가 그렇다. 역사학의 오류를 논하면서 정작 내가 번역하여 소개한 유지기劉知幾의 《사통史通》을 소개할 생각은 못 했다. 실력이 부족한 내가 번역하기에는 너무 값진 책이어서 다소 민망하지만, 앞으로 널리 읽혔으면 하여 짧게 나의 서문을 소개해둔다.

《사통》은 뭐니 뭐니 해도 인류 최초의 '역사학개론', '역사란 무엇인가'이다. 역사서의 범주, 사관제도의 역사, 역사서에 담기는 기록의 종류, 역사서의 장단점, 분류사의 서술과 특징, 역사 사실의 왜곡과 오류, 사료비판에 대한 종합적인 관찰과 서술이다. 특히 역사서와 사학사를 다룬 일부를 빼면, 《사통 내편》 후반, 《사통 외편》 중후반 등 거의 모든 논의는 사료비판에 할당되어 있다. 공자도 사마천도 그의 비평을 피하지 못하였다. 학부 때부터 역사학을 전공한 나 역시 유감스럽게도 이런 사료비판 교육을 받은 기억이 없다. 그것만으로도 유지기의 《사통》이 갖는 가치는 충분하다.

《사통》은 또 다른 지평을 열어준다. 동아시아 인문학을 받쳐온 두 축은 경經과 사史였다. 그 한 축이었던 역사(史)라는 말

유지기의 《사통》. 중국 당나라 때 사관 유지기가 저술한 세계 최초의 역사학개론이자, 체계적인 역사비평이론. 내가 번역한 한국어판은 1048면이어서 학생들의 체력 증진에 크게 기여하였다.

은, 기록을 남기고Recording, 기록을 보존하고Archiving, 그것을 통해 역사를 서술하고 이야기하는Historiography 세 영역을 함께 가리키는 말이다. 현대 역사학은 주로 마지막 역사 서술에 국한되어왔다. 학문이 분과分科로 발달한 결과이다. 그러나 학교에서 배우는 역사만이 아니라, 일상을 쓰는 일기도, 할머니에 대한 그리움을 달래려고 소중히 보관하고 있는 사진도 역사이며, 무엇보다 보관하고 있는 행위 자체가 역사이다. 유지기는 《사통》을 통해 인간 존재로서의 역사를 보여주고 있다.[24]

항우가 왜 거기에

우리는 주로 역사의 탐구-서술에서 나타나는 오류를 다루었지만, 유지기는 역사서의 체재에서 나타나는 오류부터 지적하였다. 이는 본기本紀니, 열전列傳이니 하는 구획이 있는 기전체紀傳體 역사서가 나라별 역사의 편찬 체재였기 때문에 생기는 문제이다.

천자天子의 행적을 본기라고 한 것은 사마천의 《사기》였고, 이는 후세에도 이어졌다. 그러나 《사기》에 천자를 본기로, 제후를 세가로 한 것은 합당하지만, 실제 내용이 분명치 않아 의미를 알기 어렵게 된 경우도 있었다. 진秦나라 백예伯翳부터 장양왕莊襄王까지를 본기에 둔 것은 오류이다. 진나라가 시황제始皇帝 때 중국＝천하를 통일하지만, 그 이전에는 그렇지 않았다. 시황제 이전까지 본기로 넣게 되면, 잘 모르는 사람은 전에도 황제가 있었다고 오해할 수 있다는 것이다.

유지기가 볼 때 군웅群雄의 하나였던 항우項羽에게 본기를 배정한 것도 대표적인 오류이다. 항우는 천자였던 적이 없었기 때문이다. 유지기가 이 문제점을 지적한 뒤 항우를 본기에 배정한 점을 놓고 두고두고 논란이 되었다. 사마천이 항우에게 천자 이상의 역사성을 부여한 것이라는 둥, 자신을 궁형宮刑에 처한 한 무제에 대한 반발에서 은근히 초나라 항우를 높인 것이라는 둥. 비판하는 사람들은 변명의 여지가 없는 비일관성이며, 사마천의 잘못이라고 했다.

유지기는 제후를 낮추고 천자와 구별하려는 의도에서 세가世家라고 이름 붙였다고 보았다. 이 역시 사마천의 창안이다. 진승陳勝처럼 변방 군졸에서 봉기한 뒤 왕을 칭한 지 여섯 달 만에 죽어서

경극 〈초패왕 항우가 우희와 이별하다[覇王別姬]〉의 항우(사진 오른쪽). 진나라에 반기를 들고 일어나 유방劉邦과 천하를 다투었던 인물이다. '힘은 산을 뽑을 만했고, 기운은 세상을 덮을 정도였다'라고 기록된 그는 극적인 삶 덕분에 늘 사람들의 기억에 남아 있는 역사이다. 사마천은 항우를 천자의 역사를 기록하는 '본기'에 넣었다가 두고두고 논란거리를 제공하였다.

대를 잇지 못한 경우조차 세가에 편재한 것은 기준이 잘못된 것이다. 나라만 그런 것이 아니라, 집안 역사를 기전체로 저술한다고 생각해보자. 증조할아버지-할아버지-아버지가 들어갈 자리에, 큰아버지나 당숙이 들어간 셈이다. 반고는 《한서》에서 이러한 사실을 알고 사마천의 잘못을 바로잡으려 했다. 중간에 몇몇 오류를 답습한 역사서도 있지만, 대체로 이후로는 사마천의 세가 분류는 사라졌고 반고의 체재가 전해졌다.

표表, 그게 뭔가

유지기가 못마땅해했던 부분은 《사기》의 표表이다. 표는 족보와 세계世系의 연표年表, 월표月表이다. 여기서도 유지기는 사마천의 《사기》를 비판한다. 《사기》를 보면 본기, 세가, 열전, 직관職官 등이 각 편에 갖추어져 있어서 표와 중복되는 경우가 많다. 표가 있어도 그만, 없어도 그만이라는 것이다. 《사기》의 열국 연표 정도는 남겨둘 만하다고 보았다.

반고의 《한서》나 《동관한기》도 이런 문제점이 있다. 더 심한 것은 반고의 〈고금인표古今人表〉였다. 사람 등급을 9품으로 나누어 구별했는데, 열전이든 세가에서 이런 구별은 충분히 가능한데 굳이 표로 만들어 제시하는 것은 의미가 없다. 게다가 《한서》가 포괄하는 한漢나라를 넘어 옛날 옛적 복희, 신농까지 포함하는 무리를 범했다.

유지기는 《사통》 내편 〈서지書志〉에서 천문지天文志, 예문지藝文志, 오행지五行志로 나누어 설명하였다. 천문지나 오행지는 자연사의 영역이고, 예문지는 문화사에 속한다.

흥미로운 것은 유지기가 의학, 양생의 관점에서 인형지人形志를 만들지 않은 데 대해 유감을 표시했던 점이다. 또 천하가 넓어 언어가 다른 데도 방언지方言志를 만들지 않은 데 의문을 가졌다. 의학사, 언어사를 염두에 둔 것이다.

전반적으로 역사서의 서書나 지志가 최선이라고 하기는 어렵지만, 그래도 지가 될 수 있는 것으로 유지기는 도읍지都邑志, 씨족지氏族志, 방물지方物志 등을 꼽았다. 이들은 각각 여복지輿服志, 백관지百官志, 식화지食貨志에 배속시켜야 한다는 것이다. 그동안 족보나 지리서들이 대대로 적지 않게 편찬되었으므로 이들을 모아서 지를 만든다면 어려운 일이 아니라는 것이다. 충분히 이해가 가는 지적이다.

상식 삼아 언급해두면, 분류사에 해당하는 지志는 조선시대 서유구徐有榘(1764~1845)의 《임원경제지林園經濟志》에서 잘 알 수 있다. 예를 들어, 채소와 약초 농사를 기록한 권14~15 〈관휴지灌畦志〉, 꽃나무와 풀꽃을 기록한 〈예원지藝畹志〉, 과실과 나무 농사 및 풀열매류 농사를 다룬 권23~25 〈만학지晩學志〉, 목축·사냥·어로를 다룬 권37~38 〈전어지佃漁志〉 등이다.[25]

직서直書란 무엇일까?

사실의 수집이나 서술보다 어려운 것이 사건이나 인물에 대한 평가가 아닐까. 인물에 대한 평가는 유지기가 말한 식識의 단계에 해당하는 식견과 덕성을 필요로 하는 역사학의 영역이다. 인간은 똑똑하고 못난 차이가 있게 마련이지만, 악업은 알려서 세상의 교훈으로 삼고 선행은 후세에 보여주어야 하는데, 그 책임이 사관에게 있음을 유지기는 '인물人物' 편에서 강조하고 있다. 그렇다고 군소 무리들의 은밀한 사실까지 일일이 모아서 기록하는 것이 능사는 아니다. 사관이 그들의 가계를 조사하고 고향이나 작위를 모아 허위사실까지도 마치 사실인 것처럼 조작하여 열전을 만드는 것은 더욱 용납할 수 없다.

이어 강조한 것이 직서直書이다. 동호董狐와 조순趙盾*처럼 피아간에 유감이 없고 행동에도 의심이 없어야 역사의 진실과 직필을 기록하고 고금에 이름을 남기는 것이라고 했다. 그러나 직필을 지키려다가 형벌을 당하고 죽임을 당하는 것이 세상사이기에, 사신史臣이 강직한 풍모로 권력에 빌붙지 않는 절개를 유지하는 것만도 어려울 것이다. 때로는 손성孫盛**처럼 몰래 다른 판본을 만들어 불평

---

* 《춘추좌씨전》 선공宣公 2년 전문에, "을축乙丑. 조천趙穿이 도원에서 영공을 공격했다. 조순이 달아나다가 산을 넘지 못하고 돌아왔다. 태사 동호가, '조순이 군주를 시해했다'라고 기록하여 조정에 보였다. 조순은 사실이 아니라고 변명했으나, 동호는, '그대는 나라의 정경이 되어 망명했다고는 하지만 아직 국경을 넘지 않았고, 돌아와서는 군주를 시해한 죄인을 토벌하지 않았다. 그러니 그대가 시해한 것이 아니면 누가 했다는 말인가'라고 했다. 공자가 말하기를, '동호는 옛날 훌륭한 사관이었다. 기록의 원칙에 따라 사실을 숨기는 것이 없었다'라고 했다".

** 자는 안국安國이고, 동진東晉 태원太原 중도中道 (산서山西) 사람이다. 공자와 사마천을 흠모하여 일실된 《진양추晉陽秋》 32권을 지었다. 《진서晉書》에 열전列傳이 있다(유지기, 《사통》, 오항녕 옮김, 역사비평사, 2011, 〈24.직서의 모범과 전

한 마음을 달래기도 했다. 비밀일기라고나 할까? 이것도 재앙을 피하고 다행스럽게도 저술과 당사자가 온전할 수 있는 방법이었다.

'곡필曲筆'은 '직서'와 짝이 되는 편이다. 역사서 중에는 사실마다 거짓 증거이고 문장마다 터무니없는 것도 많다. 다른 사람의 훌륭한 점을 일부러 기록하여 사사로운 은혜를 베풀기도 하고, 다른 사람의 악행을 꾸며내어 자기 원수를 갚는 수단으로 삼기도 했다. 반고조차도 다른 사람에게 금을 받고서야 비로소 기록을 남겼다는데, 이에 대해《사고전서총목四庫全書總目》권45에서는 유지기의 견해를 소개하는 한편, 반고의 일은 사실이 아니라는《문심조룡》〈사전史傳〉의 말도 인용해두었다.

《삼국지》로 알려진 진수陳壽는 쌀을 빌려주어야만 열전에 넣어주었다고 한다.《진서》〈진수열전陳壽列傳〉에, "정의丁儀와 정이丁廙는 위魏나라에서 명성이 있었다. 진수가 그의 아들에게, '천 곡斛의 쌀을 주면 그대 아버지를 위해 좋은 열전을 지어주겠다'라고 했다. 그 아들이 주지 않았더니 끝내 열전을 만들지 않았다"라고 하였다. 한편, 하작何焯의《곤학기문困學紀文》에서는 "문제文帝가 즉위하고 정의와 정이를 벌주어 남구男口을 묻어버렸는데, 어떻게 진나라 때까지 자식이 있겠는가. 쌀을 달라고 했던 일은 무함이다"라고 한 말을 소개했다.

왜곡하지 말아야 한다는 것은 알겠는데, 실은 내가 직서에 대해

통 直書〉).

고민하는 중이다. 어디까지 곧이곧대로 서술하는 것이 직필일까? 부모에 대한 일을 다 써도 되는가? 부모의 일이 아니라도 사람의 일이란 감출 일도 있고 드러내서 좋지 않은 일도 있지 않을까? 나이가 들면 생각이 많아지나 보다. 그래서 조선시대 사관은 20대 젊은 사람들로만 운영했을 것이다. 아예 가능한 한 있는 그대로 기록하는 편이 나을 것이므로. 그때는 그때고, 지금은 지금이지 않은가? 직서의 뿌연 경계를 아직 모르겠다. 이런 판단에 필요한 것을 두고 유지기가 식견[識]이라고 했는지도 모른다.

경經도 예외는 아니다

유지기의 비판은 사건의 전후 맥락, 다른 전거 등을 통해 증거를 제시하고, 그에 입각하여 합리적 추론을 전개하는 사료비판의 전형을 보여준다. 경전의 문장에도 이치상 이해하기 어려운 데가 있고 여러 학자들의 다른 견해가 신빙성이 있는 경우도 있기 때문에 연구, 조사가 필요하다는 것이다.

'의고疑古'는 《서경》을 중심으로 납득하기 어려운 기술을 지적하였다. 《서경》 〈요전 서〉에, "장차 제위를 물러나려고 순임금에게 양보했다"라고 했고, 공안국孔安國의 주에서는, "요임금은 아들 단주丹朱가 불초하다는 것을 알았기 때문에 선위禪位하려는 뜻이 있었다"라고 했다. 그런데 《급총쇄어》에는, "순은 요를 평양으로 추방했다"라고 했고, 어떤 책에는, "어떤 곳에 성이 있는데, 이름을 수요囚堯라고 불렀다"라고 하였음을 들어 《서경》의 기록에 의심을 표현하였다. 수요囚堯란 요임금을 가두었다는 뜻이다. 이런 식으로 의심나는 점 10조목을 지적했다.

'의고'에서 비판 대상이 《서경》이었다면, 유지기가 '혹경惑經'에서 비판했던 대상은 《춘추》이다. 공자가 편수한 역사서가 《춘추》인데, 검토해보면 납득이 되지 않는 대표적인 기사가 열두 군데 이상 있다. 그런데도 《춘추》의 실제를 탐구하는 사람은 적고 명성만 따르는 사람은 많아 서로 부화뇌동하는 일도 있다. 예를 들어, 공자가 《춘추》를 편수할 때 다만 이미 각국의 완성된 기록을 조금 다듬었을 뿐인데도, 사마천은 공자가 《춘추》를 편찬할 때 기록해야 할 사실은 모두 쓰고 깎아야 할 사실은 모두 깎았으므로 글에 뛰어났던 자유子游나 자하子夏 같은 제자들도 여기에 한마디도 가감할 수 없었다고 칭찬했다.

내가 바로 오류의 출발이다

유지기는 반고의 《한서》〈오행지〉를 집중 분석하여 오류를 밝혔다. 그는 크게, 책을 인용할 때 적절하지 않은 점, 기사 서술이 이치에 맞지 않는 점, 재해에 대한 해석이 터무니없는 점, 고대의 학문에 정통하지 못하다는 점을 들었다. 유지기는 이 네 가지 오류의 범주를 다시 세세한 항목으로 나누고 같은 부류끼리 구분하여 설명하였다. 예를 들어, 사관의 기록과 《좌씨전》이 섞인 경우, 《춘추》와 사관의 기록이 섞인 경우, 서술에 일정한 스타일이 없는 경우, 역사서 인용에 범례가 없는 경우, 단서만 꺼내놓고 징험徵驗을 제시하지 못한 경우, 서사에 수미가 없는 경우, 논란만 제기하고 결과를 보여주지 못한 경우, 서사가 조리 없이 섞여 있는 경우, 연호 표시에 기준이 없는 경우 등이다.

역사서의 수준 차이, 역사서에서 발견되는 사료 선택부터 해석에 이르기까지 나타나는 오류와 착오, 의문 등을 논의한 뒤, 유지기는 '암혹暗惑' 편에서 사실을 합리적으로 판단하는 상식의 문제를 제기하고 있다. 상식이라는 말처럼 모호한 말도 없지만, 지금까지 우리의 논의를 통해서 이런 정도는 말할 수 있지 않을까 한다.

첫째, 어떤 측면에서 보면 구조적으로 논리가 오류인 논의라도 모든 점에서 오류인 것은 아니다. 인생사가 그렇듯이 복잡한 사건에 대한 탐구나 논쟁은 숱한 추리가 사슬을 이루고 있다. 몇몇 사슬이 잘못되었다고 전체가 잘못이라는 말은 성립하지 않는다. 남의 말 중 어딘가 틀렸다고 해서 더 이상 듣기를 거부하는 것, 오히려 그것이 오류이다.

둘째, 구조적으로 어떤 측면 또는 모든 점이 오류라고 하더라도, 사실의 측면에서 결론이 오류인 것은 아니다. 추론과 전제가 그르더라도 사실은 참일 수 있다.

셋째, 탐구나 논쟁에서 발견되는 오류는 저자가 지닌 악덕이 밖으로 표현된 것이 아니다. 유능한 역사가도 오류를 저지른다. 아니 유능한 역사가일수록 많이 읽고 저작을 남기므로 오류를 범할 가능성이 크다. 그가 독자를 속이려고 했는지 수사하는 것은 역사학의 몫이 아니다. 속였으면 속였다고 적고, 속인 듯하면 속인 듯하다고 적고, 그런 정황이 없으면 오류만 밝히면 그뿐이다.

넷째, 오류가 없는 사유만 건강한 사유는 아니다. 명제만 있는 사유는 골동품이다. 질문하는 사유, 의심하는 사유, 창조하는 사유가 얼마나 우리의 삶을 풍요롭게 하는가. 오류를 피하는 게 좋지만, 오류를 피하려고 풍요로움의 가능성을 포기하는 것도 어리석은 일일 것이다.

다섯째, 오류는 특정한 목적이나 전제와 독립해서 존재하지 않는다. 비논리적인 오류의 형태는 언제나 특정한 논리적 목표나 전제와 연결되어 있다. 이들이 분리되어 있다는 말을 듣는 순간 사사로운 의도의 개입을 의심해야 한다.

역사공부는 나중에 하라?

역사공부의 효용까지 언급하고 싶지는 않다. 친구나 연인이 처음 만나 친해질 때, '호구조사'부터 하는 이유가 곧 역사공부의 효용이다. 서로 다른 사람들이 서로의 경험에 대한 공유와 이해를 통해 가까워지는 것이다. 이 공감과 연대감, 편안함 이외에 무엇이 더 필요하겠는가.

군이 덧붙이자면, 다 변한다는 사실이다. 인생이 변하듯이, 때가 되면 죽듯이, 민주주의도 자본주의도, 곁에 있는 가족도 역사적이다. 언젠가 역사 속으로 사라질 것이다. 그러니까 지금 서로 살 만하게 만들고, 수명이 다할 때 다시 살 만한 세상을 만들어보자는 말이다. 이런 역사성을 인식할 때 역사공부가 가슴에 다가올 것이다.

역사학도로서 자존심이 상했던 두 번째 기억을 소개하는 것으로 결론을 대신하고자 한다. 동아시아 학술사의 경험은 앞 장(24 장) 서두에서 보았던 유럽 쪽 경험과는 달리 '사史'는 언제나 '경經' 과 짝을 이루는 학문 분야였다. 하지만 언제부디인지 경서經書를 충분히 학습해서 마음 수양과 사회에 대한 책임감을 공고히 한 다음에 사서史書를 보아야 헷갈리지 않는다는, 즉 "경학을 우선 공부하고 나중에 역사를 탐구하라[先經後史]"는 선배 학자들의 충고가 이어졌다.

내 궁금증에 대한 해결의 실마리는 선배 역사학자 사마천이 주었다. 그는 〈백이숙제 열전〉 끝에 붙인 평론을 통해, 걸주桀紂 같은 폭군도 아니었는데 백이와 숙제가 왜 수양산에서 고사리를 뜯어 먹다가 굶어 죽어야 하는지 심각한 의문을 던졌다. "도대체 하늘의 도리라는 게 옳은 걸까, 그른 걸까?[天道, 昰耶, 非耶?]"라고 절규하듯 써놓았다.

하지만 천도는, 즉 세계의 변동은 옳은 것도 그른 것도 아니다. 그냥 일어나는 것이다. 어떤 원인이나 인연이 있을 때 결과나 과보果報가 있기도 하지만, 그 결과나 과보는 꼭 원인, 인연에 부응하는 필연성을 띠지 않는다. 왜냐하면 사건에는 늘 조건과 함께 인간의 의지도 작동하고, 거기에 우연이 개입하기 때문이다.

내가 이해하기에 경서를 먼저 공부하라고 한 것은 삶의 원칙과 방향을 잡는 게 안전하다는 가르침으로 보인다. 역사를 보다 보면 어처구니없는 사태가 정말 많이 발생한다. 멀쩡하게 내 땅에 농사 지어 먹고살고 있었는데 세금을 내라고 하고 느닷없이 만리장성

쌓는 곳으로 끌고 가질 않나(국가의 징발), 어느 날 갑자기 나무하고 짐승 잡아먹던 뒷산 혹은 들판에 출입을 막아 살길이 막막해지거 나(인클로저), 민주주의랍시고 보통선거를 했는데 600만 명을 죽이 고도 모자라 8000만 명이 죽거나 다치는 전쟁을 일으키는 집단을 뽑아놓는다거나 하듯이 말이다.

그러다 보면 될 대로 되라거나, 사람들마다 자기 입장에서 보기 마련이라고 체념하거나, 다 잘난 놈들끼리 해먹는 거지 뭐, 하는 태 도를 갖게 된다. 우리가 이미 살펴본 용어로 표현하면, 인생은 어떻 게 될지 모른다는 불가지론, 그 이웃쯤 되는 상대주의, 그리고 무엇 보다 냉소주의에 빠져든다. 특히 역사와 사회에 대한 냉소주의를 나는 '신이 없거나, 신이 인간을 미워한다는 증거'라고 부른다.

그러므로 '선경후사先經後史'의 조언은 역사학도가 그리 기분 나 빠할 가르침이 아니다. 오히려 역사학도가 문제의식을 다듬을 방 법론일 수 있다. 사료의 숲에서 헤매지 않고 구슬을 꿰듯 삶을 정 리할 수 있는 안목이자, 학문에 걸맞은 개념의 확보에 필요한 덕 목이라고 말이다.

역사학이 학문으로 축적해온 그간의 경험, 즉 엄밀한 검증을 거 쳐 사실을 확정하려는 비판적 감각, 인간 세상에 대한 넓은 관점 과 판단, 그리고 사실에 대한 유려하고 아름다운 표현은 근대 역 사학의 성과만이 아니었다. 8세기, 당나라 유지기의 《사통》을 보 라. 유지기는 역사학도의 자격 요건으로, 건전한 이성[才], 연습과 훈련[學], 역사 감각[識]을 꼽았다. 20세기 네덜란드의 역사학자 요한 하위징아도 이를 똑같이 역사학도의 자격 요건으로 꼽았다.

역사학도라서 역사공부의 사례만 들었지만, '사람의 무늬[人文]'에 속하는 학문은 대체로 유사한 성격을 갖는다. 문사철文史哲은 인간의 삶을 기록하고 고민하고 표현하지만, 당초 서로 겹쳐진 것이다. 철학에도 철학사가 있고, 역사에도 역사관이 있으며, 소설과 시에도 역사와 철학이 있다. 역사와 철학을 시로 쓸 수도 있다. 따라서 인문학은 역사-인간처럼 삶의 보편성에 기반을 두고 성립하며, 그 삶이 이루어지는 세상에 대한 이해와 비판을 존재의의로 갖는다는 공통점이 있다.

조선시대 사료에 자주 등장하는 '원기元氣'라는 말이 있다. 주로 국왕이나 권세가가 학생을 비롯한 사림士林의 언론과 공론을 탄압할 때 '원기가 꺾인다'라고 반박하곤 한다. 역사학도의 관점에서 볼 때, 원기는 인간의 삶에 굳게 뿌리내린 보편성과 그 삶이 이루어지는 현실에 대한 비판력이 만들어내는 도저한 자존심과 기상일 것이다. 이는 소재를 따라가며 논문 편 수 채우는 데서 나오는 것도 아니고, 대학의 승진과 정년을 희구하는 관료주의적 안정에서 나오는 것도 아니며, 국가 정책에 따른 연구지원금으로 형성될 수 있는 것도 아니다.

그래서 우리의 논의에서 자주 등장하던 오랜 선배, 맹자께서 여러 번 말씀하지 않으셨던가! "사람이란 스스로 우습게 여긴 뒤에 남들도 깔보는 법이다[人必自侮然後人侮之]", "불안정한 생업 속에서도 성실한 정신을 유지하는 일은 오직 학자만이 가능하다[無恒産而有恒心者, 惟士爲能]", "자신의 일에 긍지를 갖지 못하는 사람과 말을 나눌 수 없고, 자신의 일을 폄하하는 사람과 일을 같이할 수 없다[自暴者, 不可與有言也; 自棄者, 不可與有爲也]."

지금은 인문학도들이 무력감을 느낄 만한 세상임을 나도 알고 있다. 허나 어찌 인문학도뿐이랴! 현대 문명은 자본과 시장의 힘으로 인류가 축적한 겸손, 이해, 협동, 조화, 공존과 같은 고결한 가치를 뭉개고, 그 자리에 '인류세Anthropocene'라는 말을 쓸 수밖에 없는 불안하고 위태로운 세상을 가져다 놓았다. 젊은이들이 아이를 낳지 않는 것이 단기의 사회경제적 문제만이 아니라, 심각한 인류 종족의 위기감 때문으로 보이는 세상 아닌가!

지금도 어느 연구실에서는 과학도들이 밤새워 실험에 몰두하고 있을 것이다. 피폐해진 지원과 생계 속에서도 먼지 나는 고서를 정리, 번역하고 암호 같은 경전과 씨름하며 역사를 이어가고 현실을 고쳐가며 미래를 구상하는 숱한 역사학도들이 우리 사회, 아니 세계 곳곳에 있을 것이다. 그 연대의식을 숭고하게 여기면서 다시 한번 본문에서 인용한 맹자의 말씀을 떠올린다.

천하의 보편적 위상을 차지하고, 천하의 정당한 자리에 우뚝 서며, 천하의 원대한 비전을 실천한다. 뜻을 펼 상황에서는 사람들과 함께하고, 뜻을 펴지 못하는 상황에서는 혼자 할 일을 한다. 부귀도 그를 흔들지 못하고, 가난도 그를 변하게 하지 못하며, 위세도 그를 굴복시키지 못할지니, 이런 사람을 대장부라고 한다.

서문

1. 유지기, 《사통》(713), 오항녕 옮김, 역사비평사, 2012. 유지기는 기원후 710년에 '서序'를 썼는데, 《사통 외편》 13장 '이대로는 안 됩니다[忤時]'에 수록된 소지충蕭至忠에게 보낸 편지는 713년의 일이니, 《사통》은 713년 이후 완성되었을 것이다.

2. 장순휘, 《역사문헌교독법》, 오항녕 옮김, 한국고전번역원, 2018. 중국에서 말하는 '고대古代'는 통상 신해혁명辛亥革命(1911~1912) 이전의 전적을 의미한다.

3. David Hackett Fischer, *Historians' Fallacies: Toward a Logic of Historical Thought*, Harper Perennial, 1970.

4. 오항녕, 《역사학의 1교시, 사실과 해석》, 푸른역사, 2024; 오항녕, 《기록학, 역사학의 또 다른 영역》, 푸른역사, 2024.

1부 역사가도 틀릴 수 있다

1. 오항녕,《실록이란 무엇인가》, 역사비평사, 2018, 17면.

2. 張照侯,《通鑑學》, 安徽人民出版社, 1957.

3. 胡三省,《통감석문변오通鑑釋文辨誤》,〈서序〉.

4. 이덕일,《사도세자의 고백》, 휴머니스트, 2004, 345면.

5. 《정조실록》 즉위년 3월 10일(신사).

6. 정병설,〈길 잃은 역사대중화〉,《역사비평》 94, 2011; 정병설,《권력과 인간》(개정 증보판), 문학동네, 2023 참고.

7. 최병택 외,《고등학교 한국사》, 천재교육, 2020, 72면.

8. 박지원,《열하일기》〈관내정사關內程史〉. 연암의 평론에 '호질후지虎叱後識'라고 표기한 판본도 있다. 원문과 번역문은 한국고전종합DB(https://db.itkc.or.kr/)에서 확인할 수 있다. 번역문은 내가 조금 고쳤는데, 오류가 있다면 내 책임이다.

9. 허태용,〈'성리학 대 실학'이라는 사상사 구도의 기원과 전개〉,《한국사상사학》 67, 2021.

10. 에릭 캔델,《기억을 찾아서》, 전대호 옮김, 랜덤하우스, 2009, 297면에서 재인용.

11. 〈연합뉴스〉, "망각은 뇌세포 새로 생기기 때문에 발생" 日연구팀, 2014년 5월 9일.

12. 《세조실록》 12년 11월 17일(을유).

13. 이흥환,《조선인민군 우편함 4640호: 1950년, 받지 못한 편지들》, 삼인, 2012; 이흥환,《대통령의 욕조: 국가는 무엇을 어떻게 기록해야 하는가》, 삼인, 2015.

14. 공유지는 공통장이라고도 하며 영어로는 commons이다. 위키피디아에서는 "공기, 물, 거주 가능한 지구와 같은 천연 물질을 포함하여 사회의 모

든 구성원이 접근할 수 있는 문화 및 천연자원"이라고 정의하고 있다.

15. 필자의《역사학 1교시, 사실과 해석》(푸른역사, 2024)을 참고하기 바란다.

16. 장휘순,《중국고대사적교독법中國古代史籍校讀法》, 雲南人民出版社, 2004, 16면.

17. 최술,〈원시原始〉,《수사고신록洙泗考信錄》, 이재하 옮김, 한길사, 2009, 97면.

18. 김용옥,《논어한글역주》 1, 통나무, 2008, 120면.

19. 리링,《논어 세 번 찢다》, 황종원 옮김, 글항아리, 2011, 103~104면.

20. 외르크 피쳐,《코젤렉의 개념사 사전 1: 문명과 문화》, 안삼환 옮김, 푸른 역사, 2010.

21. 미셸 푸코,《감시와 처벌》, 오생근 옮김, 나남, 2003.

22. 에드워드 사이드,《오리엔탈리즘》, 박홍규 옮김, 교보문고, 1993.

23. 유럽인들이 만든 중국에 대한 이미지는, 못 먹는 게 없다는 식습관, 중국식 스포츠에 대한 경멸 등 다양한 변종을 낳았다. 유럽 인종주의의 21세기 버전인 셈이다. 이에 대해서는 김희교,《짱깨주의의 탄생》, 보리출판사, 2022, 111~143면 참고.

24. 정수일,《실크로드학》, 창비, 2001; 김기협,《오랑캐의 역사》, 돌베개, 2022.

25. 이희수,《인류본사》, 휴머니스트, 2022.

26. 톰 홀랜드,《페르시아 전쟁》, 이순호 옮김, 책과 함께, 2006.

27. 헤로도토스,《역사》, 박광순 옮김, 범우사, 1987.《역사》의 번역서로는 천병희 옮김(도서출판숲, 2009), 박현태 옮김(동서문화사, 2016) 등이 있다.

28. 두 역사가에 대한 논의는 오항녕,《기록학, 역사학의 또 다른 영역》, 푸른역사, 2024, 2장〈헤로도토스와 사마천〉참고.

29. 미셸 푸코,《말과 사물》, 이규현 옮김, 민음사, 2012.

30. 노르베르트 엘리아스,《문명화 과정》, 박미애 옮김, 한길사, 1996.

31. 홍명희, 〈임꺽정전林巨正傳에 대하여〉, 〈삼천리〉1호, 1926년 6월《임꺽정》
   권10, 사계절출판사, 2008에 재수록).

32. 전석담·허종호·홍희유,《조선에서 자본주의적 관계의 발생》, 이성과현
   실, 1970.

33. 마르크 블로크,《서양의 봉건제》, 이기영 옮김, 까치, 2002.

34. 카를 마르크스,《자본1-1: 정치경제학 비판》, 강신준 옮김, 도서출판 길,
   2008, 253면.

35. 오항녕,〈『宣祖實錄』修正攷〉,《한국사연구》123, 2003(《후대가 판단케 하라》,
   역사비평사, 2018, 제2부 〈주묵사의 출발: 『선조수정실록』〉에 재수록).

36. 오항녕,《실록이란 무엇인가》, 역사비평사, 2018.

37. 《광해군일기》(중초본) 즉위년 9월 17일(신축).

2부 어떻게 믿을 수 있는 기억을 전할 것인가

1. 에릭 홉스봄,《혁명의 시대》, 정도영·차명수 옮김, 한길사, 1998; 에릭 홉
   스봄,《자본의 시대》, 정도영 옮김, 한길사, 1998; 에릭 홉스봄,《제국의 시
   대》, 김동택 옮김, 한길사, 1998.

2. 에릭 홉스봄,《역사론》, 강성호 옮김, 민음사, 2002.

3. 카를 마르크스,《자본주의적 생산에 선행하는 제형태》, 성낙선 옮김, 지
   평, 1988.

4. 카를 마르크스,〈서언〉,《정치경제학비판을 위하여》, 김호균 옮김, 중원문
   화, 2009.

5. 오항녕,《조선의 힘》, 역사비평사, 2010.

6. 폴 벤느,《역사를 어떻게 쓰는가》, 이상길 외 옮김, 새물결, 2004. 이 책은
   곧 절판되었다. 강의 교재로 쓰려고 했는데 구할 수 없어서 역자 이상길

교수의 양해를 받아 복사하여 사용하였다. 이 기회에 감사드린다.

7. 이후로도 나는 책에서 부족했던 부분을 더 보완한 논문을 발표하였다. 〈광해군 대 경제 정책에 대한 교과서 서술〉,《조선시대사학보》83, 2017; 〈왜 백성의 고통에 눈을 감는가: 광해군 시대를 둘러싼 사실과 프레임〉, 《역사비평》212, 2017; 〈조선 광해군 대 궁궐 공사에 대한 이해와 서술〉, 《역사와현실》114, 2019.

8. 오항녕, 앞의 책, 〈오래된 미래, 조선성리학〉 참고.

9. 허태용, 〈'성리학 대 실학'이라는 사상사 구도의 기원과 전개〉,《한국사상사학》67, 2021; 강지은,《새로 쓰는 17세기 조선유학사》, 푸른역사, 2021.

10. 리처드 마리우스, 멜빈 E. 페이지,《역사 글쓰기, 어떻게 할 것인가》, 남경태 옮김, 휴머니스트, 2010, 82~84면.

11. H. R. Trevor-Roper, *Hermit of Peking: The Hidden Life of Sir Edmund Backhouse*, Dufour Editions, 1993(리처드 마리우스 외, 앞의 책, 84~85면에서 재인용).

12. David H. Fischer, *Historians' Fallacies*, HarperPerennial, 1970, ⅹⅶ 참조.

13. 카를 마르크스,《자본》1-1, 강신준 옮김, 도서출판 길, 2008, 184면; 강신준,《오늘 『자본』을 읽다》, 도서출판 길, 2014, 229~234면.

14. 외르크 피쉬,《코젤렉의 개념사 사전 1: 문명과 문화》, 안삼환 옮김, 푸른역사, 2010, 150~160면.

15. 에릭 홉스봄,《자본의 시대》, 정도영 옮김, 한길사, 1998.

16. 〈악비열전〉,《송사宋史》권365.

17. 이런 양상은 쉽게 당쟁론으로 흐른다는 점에서 당쟁론은 식민사관의 소산이 아니라, 역사학의 오류 중 하나이다. 오항녕,《사실을 만난 기억: 조

선시대 기축옥사의 이해》, 흐름, 2024, 제1부 참고.

18. 로렌 슬레이터,《스키너의 심리상자 열기》, 조증열 옮김, 에코의서재, 2005, 3장 〈엽기 살인 사건과 침묵한 38명의 증인들〉의 '달리와 라타네의 사회적 신호와 방관자 효과' 및 5장 〈마음 잠재우는 법〉의 '레온 페스팅거의 인지 부조화 이론' 참고.

19. Alasdair Macintyre, *After Virtue: A Study in Moral Theory*, University of Notre Dame Press, 2007.

20. 티머시 브룩,《능지처참》, 박소현 옮김, 너머북스, 2010, 398면.

21. 하워드 진,《미국민중사 1》, 유강은 옮김, 이후, 2006. 9장 〈복종 없는 노예제, 자유 없는 해방〉 참고.

22. 키스 바턴·린다 렙스틱,《역사는 왜 가르쳐야 하는가》, 김진아 옮김, 역사비평사, 2017, 136면이 포함된 제2부 〈역사교육의 접근 방식〉에서 4장 〈두 번째 스탠스, 분석하기〉 참고.

23. E. H. 카,《역사란 무엇인가》, 김택현 옮김, 까치, 1987, 146~147면.

24. 《현종실록》 10년 6월 11일(임신).

25. 한명기,《역사평설 병자호란》 1, 푸른역사, 2013.

26. 한국고전학연구소,《국역 추안급국안》, 흐름출판사, 2014.

27. 배링턴 무어 Jr.,《독재와 민주주의의 사회적 기원》, 진덕규 옮김, 까치, 1985, 168~169면.

28. 니얼 퍼거슨 외,《버추얼 히스토리》, 김병화 옮김, 지식향연, 2024.

29. 조 굴디·데이비드 아미티지,《역사학 선언》, 안두환 옮김, 한울, 2018, 69~73면.

30. 임지현은《역사를 어떻게 할 것인가》(소나무, 2016)라는 흥미로운 제목으로 역사를 썼다. 제목만 흥미로운 것은 물론 아니다.

31. E. H. 카, 앞의 책, 21면.

32. 카를 만하임, 《이데올로기와 유토피아》, 임석진 옮김, 김영사, 2012, 76면. 이른바 '인텔리겐치아에 의한 종합화' 테제이다. 같은 책, 12면 송호근의 〈해제〉도 참고.

33. 《맹자》, 〈진심盡心 하〉에 공자가 "비슷하지만 아닌 사이비似而非를 싫어하니, 피를 싫어하는 건 벼를 어지럽힐까 우려해서고, 말재주 있는 자를 싫어하는 건 의義를 어지럽힐까 우려해서고, 말 잘하는 입을 가진 자를 싫어하는 건 신信을 어지럽힐까 우려해서다"라고 했다.

34. 《논어》, 〈위령공衛靈公〉에 "군자는 말만 잘한다고 해서 그 사람을 천거하지 않고, 그 사람이 형편없다고 해서 그의 말까지 버리지는 않는다[君子不以言擧人, 不以人廢言]"라고 하였다.

35. 《정조실록》 즉위년 3월 10일(신사).

36. 《사기史記》 권61 〈백이열전伯夷列傳〉.

37. W. G. F. 헤겔, 《역사철학강의》, 김종호 옮김, 삼성출판사, 1990. 〈서론〉 참고.

38. 버트런드 러셀, 《서양철학사》, 최문홍 옮김, 집문당, 1982, 936, 939면.

39. 김서형, 〈빅 히스토리에 한 걸음 다가서기〉([빅 히스토리] 역사를 넘은 역사, 〈프레시안〉, 2013년 2월 1일). https://www.pressian.com/pages/articles/68536.

40. 흔히 인류사와 '빅 히스토리'를 등치하는 듯하다. 그러나 전자는 문명사와 연관 있고 후자는 지금 논의하고 있는 전체사와 관련되는 것으로 보인다. 오항녕, 〈유시민의 『역사의 역사』에 대한 소감 ②〉, 프레시안, 2019.

41. 한누 살미, 《디지털 역사란 무엇인가》, 최용찬 옮김, 앨피, 2024.

42. 헤로도토스, 《역사》, 천병희 옮김, 도서출판 숲, 2009, 78~79면.

43. 권두환 외, 《정조의 비밀 어찰, 정조가 그의 시대를 말하다》, 푸른역사, 2011.

44. 한영우,《율곡 이이 평전》, 민음사, 2013;《율곡의 경연일기》, 오항녕 옮김, 너머북스, 2016 참고.

45. 이재호,《조선사3대논쟁》(e-book), 역사의아침, 2008, 100면에서 재인용.

46. 이재호,〈선조수정실록 기사의 의점에 대한 변석: 특히 이율곡의 10만 양병론과 유서애의 양병불가론에 대하여〉《대동문화연구》19집, 1985(《조선사 3대논쟁》, 역사의아침, 2008에 재수록).

47. 오항녕,〈『宣祖實錄』修正攷〉,《한국사연구》123, 2003(《후대가 판단케 하라》, 역사비평사, 2018, 제2부〈주묵사의 출발:《선조수정실록》〉에 재수록).

48. 허태용,〈정조正祖의 계지술사繼志述事 기념사업과『국조보감國朝寶鑑』편찬〉,《한국사상사학》43, 2013; 엄태용·신승운,〈「國朝寶鑑」의 編纂에 관한 研究〉,《서지학연구》77, 2019.

49. 광해군 대 궁궐 공사에 대한 연구는 많다. 그간의 연구사는 오항녕,〈조선 광해군 대 궁궐 공사에 대한 이해와 서술〉,《역사와현실》114, 2019 참고.

50. 광해군의 '중립외교'라는 식민사관의 오류를 벗어나는 다음과 같은 연구가 있다. 허태구,〈이나바 이와키치稻葉岩吉의 丁卯·丙子胡亂 관련 주요 연구 검토〉,《조선시대사학보》81, 2017; 장정수,〈조선의 대對명·후금 이중외교와 출병出兵 논쟁의 추이〉,《한국사연구》191, 2020.

51.《광해군일기》(중초본) 6년 7월 25일(을해).

52.《광해군일기》 11년 4월 22일(을해).

53.《현종실록》 12년 10월 30일.

54. 이영훈,《한국 시장경제와 민주주의의 역사적 특질》, 한국개발연구원, 2000, 제2장 참고; 이영훈,《수량경제사로 다시 본 조선후기》, 서울대학교출판부, 2004, 총론 참고.

55. 정진영,〈19세기 중반─20세기 초반 在村 兩班地主家의 농업경영: 경상도 단성 金麟燮家의 家作地 경영을 중심으로〉,《대동문화연구》62, 2008,

135~137면 〈표 10〉 참고.

56. 이철성, 〈조선후기 고려홍삼 무역량의 변동과 의미〉, 《인삼문화》 1, 2019.

57. 배항섭, 〈19세기를 바라보는 시각〉, 《역사비평》 101, 2012.

58. 유봉학, 《실학과 진경문화》, 신구문화사, 2012.

59. 폴 벤느, 앞의 책, 21면.

60. E. H. 카, 앞의 책, 149~156면.

61. 김용옥, 《독기학설》, 통나무, 1990; 오항녕, 〈통일시대 역사인식을 찾아서〉, 《삼국통일과 한국통일》 하, 통나무, 1993(《조선초기 성리학과 역사학: 기억의 복원, 좌표의 성찰》, 고려대 민족문화연구원, 2007 재수록); 허태용, 〈'성리학대 실학'이라는 사상사 구도의 기원과 전개〉, 《한국사상사학》 67, 2021.

62. 이 주제는 이미 오래전부터 지적되어왔다. 조남호, 〈주리주기논쟁: 조선에서 주기 철학은 가능한가〉, 《논쟁으로 보는 한국철학》, 예문서원, 1995; 최영진, 〈朝鮮朝 儒學思想史의 分類方式과 그 問題點: '主理'·'主氣'의 問題를 中心으로〉, 《한국사상사학》 8, 1997.

63. 오항녕, 〈석실서원의 미호 김원행과 그의 사상〉, 《북한강 유역의 유학사상》, 한림대학교 아시아문화연구소, 1998.

64. Marc Bloch, *The Historian's Craft: Reflections on the Nature and Uses of History and the Techniques and Methods of Those Who Write It*, New York, 1964, pp.181~182.

65. 토머스 쿤, 《과학혁명의 구조》, 김명자 옮김, 까치, 2010, 23~24면. 읽기 쉽도록 번역문을 조금 고쳤다.

66. 국립국어원, '원인', 《표준국어대사전》(https://stdict.korean.go.kr), 2021년 5월 15일 검색.

67. Oxford English Dictionary, 'cause'(http://www.oed.com), 2021년 5월 15일 검색. 동시에 사물의 조건, 행위의 근거나 이유, 동기(A fact, condition

of matters, or consideration, moving a person to action; ground of action; reason for action, motive)까지도 원인으로 본다.

68. Howard Zinn, *The Southern Mystique*, Haymarket Books, 2014(1964).

69. 헤로도토스,《역사》, 천병희 옮김, 도서출판 숲, 2009.

70. 사마천,《사기》권130,〈태사공자 서太史公自序〉.

71. 《맹자孟子》,〈등문공 하滕文公下〉.

72. 사마천,《사기》권61,〈백이숙제열전〉.

73. https://www.britannica.com/topic/Armada-Spanish-naval-fleet, 2024년 5월 4일 검색.

74. C. P. Fitzgerald, *The Birth of Communist China*, 1966.

75. 국내에 많은 번역본이 있는데, 가장 최근 번역으로는, 막스 베버,《프로테스탄트 윤리와 자본주의 정신》, 박성수 옮김, 문예출판사, 2023.

76. 마커스 레디커,《대서양의 무법자: 대항해 시대의 선원과 해적 그리고 잡색 부대》, 박지순 옮김, 갈무리, 2021, 6장〈아프리카인의 반란: 노예에서 뱃동지로〉.

77. 오항녕,〈왜 백성의 고통에 눈을 감는가: 광해군 시대를 둘러싼 사실과 프레임〉,《역사비평》212, 2017.

78. 이긍익,《국역 연려실기술》, 인조조 고사본말; 오항녕,〈왜 백성들의 고통에 눈을 감는가〉,《역사비평》121, 2017, 270~271면.

79. 칼 폴라니,《거대한 전환》, 홍기빈 옮김, 도서출판 길, 2009. 특히 제6장〈자기조정 시장 그리고 허구 상품: 노동·토지·화폐〉참고.

80. 요한 하위징아,《호모 루덴스》, 김윤수 옮김, 까치, 1993, 9~13면.

81. 오항녕,《조선의 힘》, 역사비평사, 2010, 208면.

82. 오항녕, 위의 책, 231면.

83. 《광해군일기》(중초본) 7년 5월 23일(무진).

84. 〈프레시안〉, 〈이상곤의 '낮은 한의학'〉 광해군의 건강학 ②, 2013년 7월 24일.

85. R. G. Collingwood, *The Idea of History*, Oxford University Press, 1956.

86. E. H. 카, 앞의 책, 79~80면.

3부 어떻게 역사를 해석할 것인가

1. 이광수, 〈민족개조론 民族改造論〉, 《개벽》, 1922년 5월호. https:// ko.wikisource.org/wiki/에서 전문을 확인할 수 있다. 원래 1921년 11월에 쓴 글이다.

2. 김윤식, 《이광수와 그의 시대》 2, 솔, 2008, 28~29면.

3. 김윤식, 앞의 책, 32면.

4. 정일성, 《일본 군국주의의 괴벨스, 도쿠토미 소호》, 지식산업사, 2005.

5. 권력 관계에서 위-아래가 있을 때 인간의 행동과 말은 보이는 대로 해석될 수 없다. 숨어서 보이지 않는 곳을 들여다보아야 한다. 제임스 C. 스콧, 《지배, 그리고 저항의 예술: 은닉 대본》, 전상인 옮김, 후마니타스, 2020.

6. 피에르 클라스트르, 《폭력의 고고학》, 변지현·이종영 옮김, 울력, 2002, 69~70면.

7. 사도세자에 대한 접근은 다음 두 책을 참고하기 바란다. 하나는 연구서로, 하나는 이른바 대중서로. 정병설, 《권력과 인간》(개정증보판), 문학동네, 2023; 박시백, 《박시백의 조선왕조실록 15: 경종·영조실록》(개정판), 휴머니스트, 2021.

8. 김울림, 〈휘경동 출토 백자청화어제 사도세자 묘지명〉, 《미술자료》 66, 국립중앙박물관, 2001, 110면(정병설, 《권력과 인간: 사도세자의 죽음과 조선왕실》,

문학동네, 2012에서 재인용).

9. 《영조실록》38년 윤5월 13일(을해).

10. 《영조실록》25년 2월 17일(을미).

11. 박시백, 앞의 책, 〈작가후기〉.

12. 정병설, 앞의 책, 327면.

13. 지수걸, 《한국의 근대와 공주사람들》, 공주문화원, 1999, 116~124면.

14. 데틀레프 포이케르트, 《나치시대의 일상사: 순응, 저항, 인종주의》, 김학이 옮김, 개마고원, 2003. 뤼트케Alf Lüdtke(1943~2019) 등의 독일 일상사日常史, Alltagsgeschichite 연구는 이런 문제의식에서 발달하였다. 알프 뤼트케, 《알프 뤼트케의 일상사 연구와 '아집'》, 송충기 옮김, 역사비평사, 2020.

15. 《맹자》, 〈양혜왕 상梁惠王上〉.

16. 《맹자》, 〈공손추 상公孫丑上〉.

17. 제1차 세계대전과 셍크 사건에 대한 서술은, 하워드 진, 《미국민중사 2》, 유강은 옮김, 이후, 2008, 12~22면 참고.

18. 친일인명사전편찬위원회, 《친일인명사전》 전3권, 민족문제연구소, 2009.

19. 〈오마이뉴스〉, "〈한국사〉 집필진 사이에 내분… 교사 3명 수정 거부", 2013년 9월 25일(https://www.ohmynews.com/NWS_Web/View/at_pg.aspx?CNTN_CD=A0001909770).

20. Marc Bloch, The Historian's Craft, Joseph R. Strayer, Peter Putnam(trans.) Vintage Books, 1953, p.107.

21. 《인조실록》1년 7월 19일(정미).

22. 《인조실록》2년 3월 27일(신사).

23. 나의 관찰과 좀 차이는 있지만 다음 연구를 참고하라. 권은나, 〈광해군 대 척신의 세력화와 상호갈등〉《대구사학》141, 2020; 권은나, 〈광해군대 반

역 사건을 통해 본 정국운영〉《대구사학》148, 2022.

24. 유지기,《사통史通》, 오항녕 옮김, 역사비평사, 2012, 12~13면 〈1,500년 전에 쓴 '역사란 무엇인가'〉.

25. 서유구의《임원경제지》는 임원경제연구소(소장 정명현)가 공동번역하여 완간을 앞두고 있다.《임원경제지》에 대한 개관은 전종욱,《임원경제지와 조선의 일용기술》, 들녘, 2022 참고.

1부

26면: 〈기억 프로젝트 7.5 Recall〉(4.16기억전시관) 전시 사진.

© 4.16기억저장소.

28면: 영화 〈라쇼몽〉(1950) 스틸 컷. Press photo of Toshiro Mifune and Machiko Kyō for the 1950 film Rashomon. Wikimedia Commons, 2023.

31면: 〈The neurobiology of learning and memory: as related in the memoirs of Eric R. Kandel〉. surgicalneurologyint.com.

48면: 〈공자 초상〉, 1770년경. Wikipedia, 2012.

51면(위): 할머니의 편지. 개인 소장 © 오항녕.

51면(아래): 아버지의 발문. 개인 소장 © 오항녕.

55면(좌): 〈사마천도상〉, 《社会历史博物馆》. Wikipedia, 2020.

55면(우): 〈정현 초상〉, 至聖先賢半身像 冊, 南薰殿旧藏, 现藏于台北故宮博物院.

Wikipedia, 2022.

58면: 왕웨이친의 처형 사진, 1910. Wikipedia, 2018.

61면: 로베르 다미앵 처형 장면을 묘사한 판화(18세기). Wikimedia Commons, 2022.

62면: 윌리엄 월리스 동상. 스코틀랜드 애버딘, Chris Downe 촬영(2007). Wikimedia Commons, 2011.

64면: 프란시스코 데 고야의 〈전쟁의 참화〉(1st edition, Madrid: Real Academia de Bellas Artes de San Fernando, 1863). Wikipedia, 2008.

71면: 퍼시 크룩섕크, 《중국인의 형벌》(1858)에 묘사된 처형 광경. Timothy Brook, Jérôme Bourgon, Gregory Blue, 〈Death by a Thousand Cuts〉, Harvard University Press, 2008, pp. 187-9.

72면: 〈목에 칼을 찬 죄수〉. A Henry Savage-Landor, Corea or Cho-sen: The Land of the Morning Calm(1895). www.gutenberg.org.

79면: 자크루이 다비드의 〈테르모필레의 레오니다스〉(1814). Wikimedia Commons, 2017.

80면: 영화 〈300〉 영어판 포스터(워너브라더스 픽처스). Wikipedia, 2020.

84면: 헤로도토스의 흉상(기원전 484~425년경). Metropolitan Museum of Art 소장. Wikimedia Commons, 2022.

90면: 캉탱 마시, 〈튀니지의 여왕The Queen of Tunis〉, 1513. Wikimedia Commons, 2018.

94면(위): 국가기록원 전경. 행정안전부 국가기록원 홈페이지(www.archives.go.kr).

94면(중간): 국립중앙박물관 상설전시실 1층 선사고대관. Wikimedia Commons, 2017.

94면(아래): 국립중앙도서관 보존서고 내부. namu.wiki/w/보존서고.

97면: 〈白磁唾壺(백자 침 뱉는 그릇)〉, 송나라. 국립중앙박물관 소장(공공누리 제1
유형 공공저작물 자유이용허락).

98면: 복합 현미경(1880년경 제작). Museum of Science and Industry(Chicago).
Wikimedia Commons, 2014.

102면: 19세기에 지어진 독일의 노이슈반슈타인 성(Free Use). pixabay.com.

104면(위): 〈동궐도東闕圖〉(고려대학교 소장본), 1826~1830년경. Wikipedia,
2014.

104면(아래): 〈동궐도〉 부분. Wikimedia Commons, 2009.

111면: 육십갑자 간지(한자와 한글 혼용). Wikimedia Commons, 2023.

114면: 이담명 승정원 사초, 1671~1675년. 서울역사박물관 소장(공공누리 제1
유형 공공저작물 자유이용허락).

121면(좌):《선조소경대왕실록》(선조실록) 8권의 표지. Wikipedia, 2022.

121면(우):《선조소경대왕수정실록》(선조수정실록) 7권의 표지. Wikipedia,
2022.

124면: 〈기록화: 한산도대첩〉, 조선 시대. 전쟁기념과 소장(공공누리 제1유형 공
공저작물 자유이용허락). Wikipedia, 2023.

2부

131면: 에릭 홉스봄. royalhistsoc.org.

139면:《광해군일기》정초본. http://sillok.history.go.kr/intro/haejae.do.
Wikimedia Commons, 2020.

143면: 내털리 저먼 데이비스,《마르탱 게르의 귀향》(1984) 영어판 표지.

150면(좌): 〈송시열 초상〉, 1651년. 국립중앙박물관 소장. Wikipedia, 2012.

150면(우): 〈윤휴 초상〉, 1680년. 문화재청,《한국의 초상화》눌와, 2007.
Wikipedia, 2021.

155면(위): 미국 남북전쟁 당시 치카마우가 전투(1863년 9월)를 묘사한 그림 (1890년경). Wikimedia Commons, 2023.

155면(아래): 1961년, 베트남에서 작전 수행 중인 미군 전투 대원들. U.S. Information Agency. Wikipedia, 2007.

157면: 1888년 8월, 건설 중인 파리의 에펠탑. Wikipedia, 2012.

158면: 허수아비(Free Use). pexels.com.

160면: 1934년 10월, 뉘른베르크 나치당 대회. 독일연방아카이브 소장. Wikimedia Commons, 2008.

169면(좌): 에이브러햄 링컨(1863년 촬영). Wikipedia, 2023.

169면(우): 앤드루 존슨(1870~1880년경 촬영). Wikipedia, 2009.

173면: 1865년, 남북전쟁 당시 링컨 암살 공모자들의 교수형 사진. George Eastman House Collection. Wikimedia Commons, 2016.

177면: 샌 후안 산맥을 운행하는 증기기관차 486호. Wikimedia Commons, 2020.

179면: 광화문 이순신 동상(2016년 촬영, Free Use). flickr.com.

189면: 서울 헌릉(2019년 촬영). 한국저작권위원회 공유저작물.

191면: 1956년 대한민국 제3대 정부통령 선거 포스터. 한국정책방송원(KTV) Wikipedia, 2022.

195면: Santi di Tito, Portrait of Niccolò Machiavelli(1550~1600). Wikipedia, 2010.

202면: 관동대지진 당시 일본 자경단에 의해 학살된 조선인 추정 사진(1923년). 裵昭, 『写真報告 関東大震災 朝鮮人虐殺』, 1988年10月7日, 影書房, 64-65頁. Wikipedia, 2010.

205면: 레오나르도 다빈치의 〈최후의 만찬〉(1495~1497). Wikimedia Commons, 2021.

208면(좌): 〈율곡 이이 영정〉(오죽헌박물관 소장). Wikipedia, 2013.

208면(우): 〈오리 이원익 초상〉, 1590. Wikipedia, 2012.

212면(좌): 〈정조 표준영정〉. 한국학중앙연구원 한국 기록유산 Encyves. dh,aks.ac.kr.

212면(우): 〈애덤 스미스 초상〉, 1789. 퍼블릭도메인. wikiwand.com.

218면: 1820년경 제작된 세계지도. Jacob A. Cummings, School atlas to Cummings' ancient & modern geography(1820), p.6. Wikimedia Commons, 2019.

224면: Platos "Höhlengleichnis", Zeichnung von Markus Maurer, 1996. Wikimedia Commons, 2013.

230면: 〈정조어찰첩正祖御札帖〉, 조선시대. 국립중앙박물관 소장(문화재청 국가유산포털).

232면: 큐어넌 깃발을 든 트럼프 지지자(2021년, Anthony Crider 촬영). flickr.com.

234면: 왼쪽 사진부터 영조 20년(1744) 간행된《율곡전서》(고려대학교 소장), 순조 14년(1814) 간행의《율곡전서》(규장각 소장).

236면: 파주 자운서원. ⓒ 한국문화백과사전(공공누리 제1유형 공공저작물 자유이용허락). Wikipedia, 2023.

241면: 〈백사 이항복 초상〉, 1650. Wikipedia, 2014.

250면(위): 경복궁 근정전. Wikipedia, 2007.

250면(아래): 통계청의 통계전시관. 통계청 홈페이지(kostat.go.kr).

258면: 풍기 인삼(Eugene Kim, 2010년 촬영). Wikimedia Commons, 2017.

267면: 엘리자베스 테일러 전시 모형. flickr.com.

270면: 마사이족(1973년). Wikimedia Commons, 2012.

276면: 마르크 블로크. Wikipedia, 2019.

281면(좌): 콩나무(우단콩). Wikimedia Commons, 2010.

281면(우): 팥(Free Use). pxhere.com.

285면: Cornelis Claesz van Wieringen, 〈스페인 무적함대Spanish Armada〉 (1620~1625). Wikimedia Commons, 2021.

290면: 브룩스호의 내부 도안(1787년). 영국도서관 소장. Wikimedia Commons, 2020.

294면: 〈사르후 전투〉(1635년경). Wikimedia Commons, 2014.

298면: 완주 콩쥐팥쥐 마을의 벽화. 한국관광공사 홈페이지(www.visitkorea. or.kr).

300면: 실험실 쥐. Rama 촬영(2008). Wikimedia Commons, 2008.

302면: 뛰노는 개들(Free Use). pixabay.com.

310면: 뮤지컬 〈레미제라블〉, 2013. ⓒ VillageTheatre. Wikimedia Commons, 2014.

3부

315면: 춘원 이광수(1937년 서울). Wikipedia, 2012.

319면: 도쿠토미 소호(1935년경). Wikimedia Commons, 2007.

322면: 출근하는 시민들(2011년). ecodallaluna 촬영(Free Use). flickr.com.

328면(위): 남북연석회의에 축사를 낭독하는 홍명희(1948년 4월). Wikipedia, 2013.

328면(아래): 1928년부터 〈조선일보〉에 연재된 홍명희의《임꺽정》.

333면: 사도세자 묘지. 국립중앙도서관 소장((공공누리 제1유형 공공저작물 자유이 용허락).

341면: 융릉. Story-grapher(sang hun kim) 촬영. Wikimedia Commons, 2017.

343면: 문정전(휘령전) 전경. Wikipedia, 2010.

349면: 《당염립본왕회도唐閻立本王會圖》(7세기)에 실린 삼국의 사신. Wikipedia, 2016.

351면: 1931년 대전에 새롭게 건설 중인 충남도청. 대전근현대사전시관 소장 (facebook.com/people/대전근현대사전시관-옛-충남도청사/100046311937834).

354면: 시애틀 추장(1864년). Wikimedia Commons, 2013.

357면: '눈 색깔 판Augenfarben Tafel'. United States Holocaust Memorial Museum Collection.

358면: 다양한 인종(Free Use). pexels.com.

362면: 구텐베르크의 《성경Bible》, 15세기. Wikimedia Commons, 2016.

370면(좌): 축구공(Free Use). wallhere.com.

370면(우): 사과(Free Use). pixabay.com.

371면: 〈서부전선 이상없다〉(1930) 포스터(Universal Pictures). Wikimedia Commons, 2022.

374면: 올리버 웬델 홈스 주니어(1902년). Wikipedia, 2008.

386면(위): 훈민정음 해례본(1446년). Wikimedia Commons, 2008.

386면(아래): 구한말 항일의병(1907년 프레더릭 매킨지 촬영). Wikimedia Commons, 2010.

391면: 안개 낀 숲(Free Use). pexels.com.

396면(위): 아놀드 토인비의 《역사의 연구》. ARNOLD TOYNBEE: A STUDY OF HISTORY: 11 BOOKS 1950'S-61 OXFORD HARDCOVERS W/ DJS. www.worthpoint.com

396면(아래): 아인슈타인 강연 칠판. Wikimedia Commons, 2021.

402면: 《광해군일기》 중초본(태백산본).

409면: 유지기의 《사통》. ⓒ 역사비평사.

411면: 경극 〈초패왕 항우가 우희와 이별하다〉 공연 장면(Free Use).

© Mengtianhan. Dreamstime.com.